증오의 세계화

증오의 세계화

반 유 대 주 의 의   역 사 와   재 창 궐

데니스 맥셰인 지음
황승구 옮김

ANTI-
SEMITISM

글항아리

차 례

서문

■

내가 처음으로 정치활동을 시작했던 1970년대에 반유대주의 antisemitism는 역사책에나 존재하는 듯했다. 나는 가톨릭 신자로 자랐고 처음으로 유대인을 만났던 때가 아마 옥스퍼드대학 시절이었을 것이다. 하지만 당시에도 나는 유대인을 잘 알아보지 못했고, 누군가 내 주의를 끌었을 때에나 친구 또는 동료 학생 기자가 유대인이구나 하고 알아차렸을 뿐이었다. 사전 편찬자인 조너선 그린은 예나 지금이나 나의 좋은 친구다. 그가 유대인이라는 사실을 알게 된 건 훨씬 나중의 일이다. 2007년 9월, 본머스에서 열린 노동당 전당대회에 참석하러 가는 기차에서 로버트 페스턴과 만나 이야기를 나누었다. 그는 BBC 경제부 기자로 정치·경제 분야에서 내가 오랫동안 존경해온 언론인이다. 페스턴에게 이 책 이야기를 하자 그는 자신이 유대인이라고 말했다. 역시 전혀 몰랐던 사실이다. 사람 보는 눈이 없다고 할 수도 있지만, 요크셔 선거구에서 무슬림 의원 및 활동가들과 긴밀하게 정치 사업을 함께 꾸려가면서 나는 피부색이나 종교로 사람을 판단하지 않게 되었다.

그렇지만, 그렇지만. 반유대주의는 언제나 그 자리에 있다. 미국의 저명한 정치평론가 앤 콜터는 텔레비전에서 유대인이 "완벽해질" 필요가 있다고 잘라 말했다. 현재 이 글을 쓰는 와중에도 신문 스포츠 면에는 첼시 FC 구단주인 부유한 러시아인 로만 아브라모비치가 유대인이며, 팀을 운용하기 위해 그가 지명한 사람이 이스라엘인이라는 사실이 실려 사람들의 이목을 모으고 있다. 『데일리 메일Daily Mail』은 스포츠 기사 뒷면을 장식하는 가장 중요한 사건으로 두 사람이 유대교 명절인 욤 키푸르(속죄일)를 기념하는 일을 꼽은 듯했다. (그들이 가톨릭 미사에라도 참석하길 기대했던 걸까?) 첼시 클럽 회장은 첼시 프로그램에서 클럽에 쇄도하는 반유대주의 편지와 이메일은 용납할 수 없는 일이라고 밝혔다. 『데일리 텔레그래프Daily Telegraph』는 첼시가 맨체스터 유나이티드와 경기할 때 첼시 팬들이 축구 팬들에게 잘 알려진 멜로디인 "우리는 웸블리로 간다" 부분을 "로마군이 아우슈비츠로 나가신다. 히틀러가 그들을 다시 가스실로 보내리"로 개사해서 불렀다고 보도했다.[1] 같은 시각 프라하에서 체코 텔레비전 채널 CT는 스파르타 클럽에서 팬들이 상대 팀 슬라비아를 향해 "유다" "유대인"이란 괴성을 지르며 구호를 외쳐대는 통에 방송 송출을 차단해야 했다. 2007년 8월 전기 리그에서 체코축구협회는 세계적인 선수 파벨 호르바트에게 벌금 7000유로를 부과했다. 그가 경기 중 오른팔을 들어 반복적으로 나치 경례를 했기 때문이다.

한편 뉴욕 컬럼비아대학에서 마무드 아마디네자드 이란 대통령이 학생들에게 자신은 홀로코스트가 거짓이라는 관점을 고수한다고 발언했다. 인도의 한 회사는 인도 부유층을 겨냥하여 '나치의 소장품Nazi Collection'이라는 침대보를 시장에 내놓았다. 인도의 유대인 공동체 5000곳이 강력하게 반발하자, 회사 소유주는 나치Nazi가 '인도 신상 구역New Arrival Zone for India'에서 따온 머리글자일 뿐이며 반유대주의를 의도한 건 아니었다고 해명했다. 어련하겠는가.

영국에서 데이비드 어빙은 『가디언The Guardian』지를 통해 자신이 반유대주의 발언과 저술 작업을 재개했노라고 거들먹거렸다. 어빙은 2005년 오스트리아 법정에서, 아우슈비츠의 가스실을 "꾸며낸 이야기"라고 언급한 혐의로 징역형을 받았다. 오스트리아와 독일은 홀로코스트를 부인하는(그래서 히틀러를 미화하는) 행위를 영국이나 미국보다 훨씬 더 엄중하게 처벌한다. 어빙은 오스트리아 고등법원에 항소한 뒤에 풀려났는데,

---

1 웸블리는 FA(잉글랜드축구협회) 컵 대회 결승전이 열리는, 런던 인근의 스타디움이다. 런던 서남부 플럼을 연고지로 하는 첼시의 팬들은 유대인들을 비하하거나 모독하는 응원가를 자주 부르는 걸로 유명하다. 유대인이 많이 사는 런던 서북부 토트넘을 연고지로 하는 지역 라이벌인 첼시 팀을 상대로 특히 그렇다.

법원은 그를 석방하면서 어빙의 과거 반유대주의 관점이 "완벽하게 개종"되었다고 했다. 물론 완벽하진 않았다. 어빙은 『가디언』과의 인터뷰에서 홀로코스트에 대한 자신의 관점이 바뀌지 않았으며 오히려 더 확고해졌다고 했다. 그는 제2차 세계대전 중 유대인이 겪은 일은 유대인들 책임이며, 지난 100년 동안 벌어진 거의 모든 전쟁의 원인은 "유대인 문제"라고 생각한다며 "유대인은 자신들의 불행을 자초하는 건축가다"라고 주장했다.

1990년대에 어빙은 BBC를 비롯한 여러 텔레비전 프로그램의 단골손님이었다. 보수 정치인 앨런 클라크는 어빙이 쓴 히틀러 전기 세 권 중 한 권의 출판기념회에 참석했는데, 손님들 칵테일 잔에 나치 깃발이 꽂혀 있었다고 한다. 이 행사에서 어빙은 아래의 2행 연구聯句를 지었고, 그의 반유대주의 관점으로 인해 치러야 했던 많은 재판 중 한 재판에서 이를 낭독했다.

나는 아리아인의 아기,	I am a Baby Aryan,
유대인도 분파주의자도 아니라네	Not a Jewish or sectarian,
나는 유인원이나 래스터패리언2과는	I have no plans to marry,
결혼할 생각이 없다네.	An Ape or Rastafarian.

2 에티오피아의 옛 황제 하일레 셀라시에(1892~1975)를 숭상하는 자메이카 종교 신자. 이들은 흑인들이 언젠가는 아프리카로 돌아갈 것이라고 믿으며 독특한 복장과 행동 양식을 따른다.

어빙도 이제 나이가 들어 칠순이 다 되었지만, 반유대주의는 결코 철들지 않는 모양이다. 해묵은 반유대주의 비유 중 하나는 고위층의 유대인 로비와 네트워크, 비밀 조직이 정치적·경제적 결정권 또는 매체 결정권에 과도한 영향력을 행사한다는 주장이다. 절망적인 마음으로 첼시와 스파르타 팬들, 어빙과 아마디네자드에 대한 소식을 읽었을 때, 파리의 서점에는 유대 민족이 미국의 대외 정책을 통제한다고 주장하는 두 미국인 교수의 책이 프랑스어로 번역되어 나와 있었다. 그리고 회의 참석차 아이슬란드에 갔을 때, 레이캬비크의 한 서점에서 유대 민족의 비밀 세력에 대한 똑같은 책이 판매되고 있었다. 유대인 로비와 비밀 네트워크, 숨겨진 영향력과 권력이라는 핵심적 반유대주의 신화가 미치지 않는 곳은 이 세상에 없다. 영국의 좌파 주간지 『뉴스테이츠먼New Statesman』과 같은 스웨덴의 좌파 주간지 『오르드프론트 마가신Ordfront Magasin』에, 2005년에 "이스라엘 체제가 스웨덴 언론매체를 통제한다"라는 제목으로 기사가 실렸다. 요하네스 발스트룀 기자는—기대하시라—스웨덴의 비밀 "로비"가 스웨덴 내의 이스라엘 비판을 막아주었다고 전했다. 스웨덴에는 좌파 우파를 통틀어 서구 민주주의 사회에서 가장 노골적인 반이스라엘 언론이 있다. 하지만 '비밀'과 '로비'라는 주문만 외우면 모든 결정권은 편집장과 발행인의 책상으로 넘어간다. 2007년 11월에는 알제리 국가보훈처 장관 모하메드 셰리프 아바스가 프랑스 정치 수장으로 유대인 피가 섞인 니콜라 사르코지 대통령이 등장하자 이를 두고 프랑스의 유대인 로비를 비난했다.

여러분은 프랑스 대통령과 그를 권좌에 앉힌 주역들을 잘 알고 있을 겁니다. 선거운동 기간에 이스라엘인들이 니콜라 사르코지 우표를 발행했다는 사실을 아십니까? (…) 왜 [비종교적 유대인 좌파 장관으로 사르코지 대통령의 외무장관직 제안을 수락했던] 베르나르 쿠슈네르가 반대편으로 돌아섰을까요? 그건 바로 사르코지를 권력으로 이끈 실제 설계자들의 관점이 반영된 움직임의 결과입니다. 바로 유대인의 로비죠.

또 로비 타령이다. 그리고 반유대주의 이야기는 계속된다.
어빙, 첼시와 스파르타 팬들, 이슬람주의자나 알제리 장관 아바스, 이스라엘을 세계 지도에서 지워버리고 싶은 이란인에게 당신들의 반유대주의는 잘못되었다고 설득할 수는 없는 노릇이다. 우리는 편협한 정치가 인지도와 득표 면에서 유리한 세상에 살고 있다. 그리고 과장이 아니라 반유대주의는 일종의 산업이 되었다. 반유대주의는, 그 핵심은 인종주의이지만, 타인을 경멸하는 새로운 정치의 일환으로 저열하고 어리석은 편견을 초월한다. 영국의 반인종주의운동과 미국의 민권운동은 정책과 법을 바꿨다. 영국의 유대 민족은 시민권을 누린다. 그러나 너무 많은 유대인이, 특히 엄격하게 종교적 규율을 지키는 유대인들이 주류 정치와 언론매체의 반유대인 담론으로 고통스러워할 뿐 아니라 자녀와 유대 회당 심지어 묘지까지 직접적인 물리적 공격을 당해 죽어서도 평안을 찾지 못하고 있다. 토니 젓과 존 미어샤이머 같은 미국에서 활동하는 교수는 유럽의 반유대주의가 실제로 그렇게 심각하지 않다는 극단적으로 낙천적인 주장을 한다. 그들은 여론 조사를 인용하며 러시아의 집단학살처럼 국가적 반유대주의나 1920~1930년대의 우익 민족주의 정치 문제가 반복되지 않으리라고 너무 쉽게 말한다. 후자의 주장은 사실이지만 우리가 감시하고 싸워 마땅한 새로운 먹구름이 있다. 프랑스에서 가난한 유대인 소년이 납치되어 고문당한 뒤 살해되었을 때, 가해자들은 유대인들이 부자라서 소년의 몸값을 지급할 돈이 있을 줄 알았다고 진술했다. 걱정스러운 일이다. 파리에서 축구 경기가 끝난 뒤에 반유대인 폭행에 휩쓸려 한 남자가 목숨을 잃을 때에는, 경종을 울려야 한다. 런던에서 축구 경기를 하는데 관중이 "유대인이 되느니 파키Paki(영국에 사는 파키스탄인을 경멸적으로 부르는 말)가 되겠네"라고 구호를 외칠 때에는, 뭔가 조치를 취해야 한다. 어쩌면 우리는 미국의 민권운동을 참고해야 할지도 모른다. 루이지애나의 인종주의 또한, 유럽에서 반유대주의가 여전한 것처럼, 소멸되지 않았다. 1950~1960년대 민권운동에 반대했던 디프 사우스(미국의 동남부 끝쪽 지역. 특히 조지아, 앨라배마, 미시시피, 루이지애나, 사우스캐롤라이나 주 5개) 규모의 인종주의는 더는 존재하지 않지만, 인종차별 철폐운동은 여전히 계속되고 있다. 루이지애나에서 몸집이 작은 흑인 아이들을 괴롭히거나 위협하면 반인종주의자들이 다시 인종차별 반대 거리시위를 벌인다. 교활한 인종주의자들이 시들해지긴 했지만 괴멸되지 않았다는 사실을 사람들은 알고 있다. 반反반유대주의자들이 필요한 지금 유럽의 반반유대주의자들은 어디에 있는 것일까?

물론 정치적 반유대주의는 정치적으로 비주류다. 그러나 2007년, 전후戰後 유럽 역사상 처음으로 유럽의회에서 여러 나라의 의원들이 반유대주의 관점에도 불구하고 조직적으로 〔의안에〕 반대 성명을 했다. 성명은 나중에 결렬되었다. 반유대주의자와 초국가주의자 간 결속이란 대개 서로 증오하면서 무너지기 마련이라 그나마 위안이 된다. 영국국민당BNP과 프랑스 국민전선FN 또한 분열로 몸살을 앓고 있다. 영국 시민 대다수는 공식적으로 반유대주의를 부인하고 있으며 미국인 교수들과 마찬가지로 반유대주의가 심각하지 않다고 생각한다. 하지만 영국의 수석 하원의원이 작성한 독자적 의회 보고서는 상당수의 영국 유대인이 자신들의 유대인 정체성이 수용되지 못하는 현실에 대해 두려움과 불안, 걱정을 안고 살아간다고 결론지었다. 미국 학자들은 자국 내 유대인이 행사하는 권력과 영향력을 지적하는 데 열을 올리고 있지만 실상 영국 유대인은 반유대주의가 하찮은 문제로 치부되는 현실을 우려하고 있다.

반유대주의 폭행과 위협을 포함한 인종주의 사건에 대한 영국인의 생각은 1995년 런던 남부에서 살해된 흑인 소년 스티븐 로런스 사건에 관해 윌리엄 맥퍼슨 경이 작성한 보고서로 인해서 변했다. 맥퍼슨 경은 인종주의자(또는 반유대주의자)인지 아닌지를 규정하는 사람은 인종주의 모욕과 공격의 가해자가 아니라 피해자여야 한다고 주장했다. 이런 주장은 피해자들의 주관에 치우친 해석을 용인하는 데서 논쟁을 불러올 수 있다. 개개인은 이렇게 주장할지도 모른다. "나는 반유대주의자는 아닙니다. 그냥 유대인들의 행동거지나 그들이 이스라엘을 지지하는 게 마음에 들지 않아요. 〔유대인들이〕 부자인 것도 싫고, 전문직종이나 매체에서 높은 자리를 차지하고 있다는 사실도 마음에 안 듭니다. 토요일에는 일하지 말라는 둥 시험을 보지 말라는 둥, 까다로운 유대인들의 요구를 좋아하지 않는 것뿐입니다."**3** 그러나 맥퍼슨 경의 보고서가 발표된 이후에는 반유대주의 피해자가 무엇이 반유대주의이고 무엇이 반유대주의가 아닌지를 결정한다. 우익 유대인 박해자와 이슬람주의자, 유대인 혐오자 또는 모든 진보 좌파는 자신이 반유대주의자가 아니라고 선언하지만, 정의상 반유대주의가 존재할 수 없는 세상에서 단 한 국가를 향하는 유대인의 애정을 포함해 완전한 의미에서 유대인들이 유대인답게 사는 것을 부정하기

3 유대인의 안식일은 금요일 해질 때부터 토요일 해질 때까지다.

증오의 세계화

때문에, 그들은 이제 유대인들의 느낌과 표현으로 반유대주의를 정의해야 한다.

맥퍼슨 경이 반유대주의 기준을 높인 일에 많은 사람은 그 기준이 까다롭고 특히 이스라엘과 팔레스타인 문제와 관련해 유대인을 과보호한다고 주장할 수도 있다. 페리 앤더슨은 이튼 졸업생으로 영국 좌파 주지주의자의 원로다. 앤더슨이 『런던 리뷰 오브 북스London Review of Books』(여기가 아니면 어디겠는가?)에서 중동 '테러리즘'을 '무력 저항'으로 그리고 선출된 팔레스타인 자치 정부를 '웨스트뱅크(요르단 강 서안 지구. 1967년 6일 전쟁에서 이스라엘이 점령한 구舊요르단 영토)의 허섭스레기'라고 묘사했을 때, 그는 자기 계층 및 세대 다수와 '전통적이고 보수적인 관점을 고수하는bien pensant' 영국 지식인의 소극적 우월성을 대변한 것이다. 앤더슨의 세계관에서 2005년 7·7 런던 테러 사망자나 2005년 3월 11일 마드리드 테러의 수많은 사망자 또한 '무력 저항'의 희생자들인지 확실치 않지만, 새로운 '지성인의 배반trahison des clercs'이 민주주의를 비난하고 테러리즘을 용인한다면 우리는 이를 좌시해선 안 된다.

공공연한 반유대주의가 있는지 계속 주시하다가, 발견되면 강력하게 제재하는 식의 교묘한 원조가 구체화하고 있지만, 반유대주의를 무시하는 행위는 이것이 당대의 다른 문제만큼 중요하지 않다거나 많은 사람이 말하듯 반유대주의라는 주제는 이스라엘에 대한 비판을 모면하려는 친이스라엘 선동가들이 반유대주라는 낙인을 찍어 소리 높이는 것뿐이라는 주장이 있다. 그러다가 나는 옥스퍼드대학 부총장 존 후드 박사가 학내 이슬람 극단주의 조직의 반유대주의 활동가를 추적해 파헤치는 정부 정책의 주요 강령을 의심한다는 글을 읽었다. 반유대주의 정책 추종자 중 한 사람은 작가 에드 후사인이다. 그는 급진적 이슬람 이론가들과 함께 자신이 어떻게 캠퍼스를 반유대주의 증오의 중심지로 바꿔놓았는지를 묘사했다. 그리고 학교 당국이 반유대주의 확산을 막기 위해 어떤 조치도 취하지 않았다는 사실이 놀라웠다고 회고했다. 1990년대에 있었던 일이다. 옥스퍼드대학의 후드 박사를 보면 별로 변한 게 없다는 사실을 알 수 있다. 학내에서 유대인 대학생들이 두려움과 증오가 없는 생활을 누리지 못함에도 불구하고 여전히 현실에 안주하는 사람들과 이슬람 극단주의자의 반유대주의에 이의를 제기하거나 반유대주의를 타파하기를 거부하는 사람들은 존재한다. 물론 후드 박사는 그럴듯하게 극단주의를 지적하며 "학문적 자유와 언론의 자유에 심각한 결과를 초래할 수 있다"라며 자신의 관점을 포장했다. 하지만 그는 학내 이슬람 극단주의 성향의 신반유대주의가 유대 민족(또는 가부장적 사회에 끌려가기보다는 스스로 인생을 개척하려는 동성애자와 여성들)의 자유를 모두 부정한다는 사실을 간과하고 있다. 어빙이 언론의 자유라는 원칙하에 수년간 영국의 대학을 활보한 것이 유대인의 모든 자유를 부정하는 정책 지지자들에게까지 확장된 것은 어찌 보면 당연한 일이다. 옥스퍼드대학 총장이 공권력과 함께 학내에 유대인을 증오하는 극단주의를 노출한다는 의심을 받고 얼마 지나지 않아 어빙이 (영국국민당의 닉 그리핀과 함께) 옥스퍼드 유니언의 사립학교 출신 인사들로부터 강연 초대를 받았다는 사실은 놀랄 일도 아니다.4 극우 이슬람 극단주의의 반유대주의에 관해 소상히 알고 이것이 유대인 학생들에게 상처가 된다는 사실을 간파한 영국 전국학생연맹NUS, National Union of Students은 다른 태도를 보였다. NUS에는 바로 반유대주의 조직과 유대인 학생에 가하는 모욕적인 언사와 비난을 방지하기 위한 '노 플랫폼No Platform' 정책5이 있었던 것이다.

2008년 6월, 화창한 토요일 파리에서 쇠몽둥이로 무장한 괴한들이 키파6를 쓴 유대인 젊은이를 폭행해 식물인간으로 만든 테러가 발생한 후, 프랑스유대인학생연합은 프랑스 대학에서 유대인 학생의 가입이 점점 더 줄어들고 있다고 우려를 표명했다. 유대인 학생들은 반유대인 발언이나 젊은 프랑스 유

---

4 옥스퍼드 유니언은 1823년에 만들어진 옥스퍼드대학 토론 모임이다(정식 명칭은 옥스퍼드 유니언 소사이어티). 2007년 11월 26일 열린 어빙·그리핀 초청 토론은 초청 연사의 반유대주의 성향 등으로 토론 전후로 많은 논란을 불러왔다.
5 영국전국학생연맹의 정책. 여타의 노 플랫폼 정책과 마찬가지로 금지된 인물 및 단체의 연설이나 출판을 금지하며 연맹 관계자 또한 이들과 함께 연단에 설 수 없다. 이 정책은 전통적으로 NUS가 인종주의자나 파시스트로 간주하는 단체에 적용하며 영국독립당이 대표적 사례이긴 하지만 NUS와 해방운동은 인종주의자와 파시스트 이외의 인물이나 단체의 연설을 금지하는 정책도 있다. 이 정책은 NUS 소속 학생연맹에까지 미치지 않지만 산하의 학생연맹에 유사한 정책이 있다.
6 kippa, kippah. 유대인 남성이 머리 정수리 부분에 쓰는, 작고 동글납작한 모자. 야물커yarmulke라고도 한다.

대인이 지지하는 신앙과 대의명분에 대한 적대감으로 인해 불편해지는 상황을 두려워하기 때문이다. 물론 유대인 조직을 맹렬히 비난하는 강연자와 활동가들은 자기들이 반유대주의자가 아니라고 선언할 것이다. 하지만 서서히 오늘날 유럽의 대학에서 'judenfrei'(유대인이 없는free of Jews) 공간이 탄생하는 현상을 볼 수 있다.

오늘날 반유대주의는 단순히 유대인을 향한 인습적인 반감이 아니며 인종주의의 변종으로 의미를 축소할 수도 없다. 반유대주의는 국제정치를 구성하는 요소로 확대되고 있다. 반유대주의는 수많은 국가로 퍼져나갔고 지정학에도 영향을 미쳤는데, 이는 간과할 수 없는 문제다. 반유대주의는 신新반옥시덴탈리즘(서양숭배사상)의 일부로 르네상스와 종교개혁 이래의 가치, 계몽주의 시대에 부여된 최고의 철학적·정치적 의미의 가치, 지난 세기 중반 및 유엔 창설 이래 모든 민주주의운동과 국제 인권운동을 이끈 정책의 가치를 부정하는 것이다. 오늘날 국가적 반유대주의는 1648년 베스트팔렌 조약 이전의 16~17세기의 정치로 회귀하는 것이다. 16세기에 단일 기독교가 해체되면서 종교적 차이가 상호관계를 정의한다는 사실을 확인했다. 가톨릭교도는 개신교도와 싸웠고, 개신교도는 가톨릭교도와 싸웠다. 그들 모두 국경 너머로 자기네 종교적 신념을 강요할 권리가 있다고 믿었다. 기독교 문명의 충돌로 결국 30년 전쟁이 발발했고, 이로 인해 유럽 대륙은 17세기 초에 50년 동안 초토화되었다. 전쟁은 베스트팔렌의 평화로 종결되었다. 조약은 '쿠이우스 레지오, 에이우스 레리지오*Cuius regio, eius religio*'**7** 기치 아래 체결되었다. 즉, 왕의 종교가 국가의 종교가 된다는 뜻이지만 왕들은 자신들의 종교적 신념을 다른 국가에 강요하지 않았다.

베스트팔렌 체제는 1789년과 1917년에 한 국가가 단 하나의 명확한 진리를 발견하여 이를 다른 국가에 전파하거나 강요할 권리가 있다고 믿었던 혁명적인 순간 때문에 시험대에 올랐다. 수정된 베스트팔렌 체제는 또한 진보적이거나 신보수적인 간섭주의자들의 도전에 직면했는데, 간섭주의가─발칸 반도와 아프리카, 아프가니스탄과 세계 여러 지역에서─정당화하면서 국제 정책에 대한 주요 사상가의 주의를 끌었다. 그러나 불간섭, 종교 정책의 비非전파, 유엔 회원국들의 주권국 지위를 존중하는 베스트팔렌 조약의 일반 규칙은 유효하다. 한 가지 명백한 예외가 있다. 사우디아라비아 왕국은 가톨릭교회가 이단의 신교도를 처단하거나 반대로 이단의 신교도가 가톨릭교회를 없애려는 모든 열망으로 이슬람교의 와하비즘Wahhabism**8** 근

---

7 1555년 9월 아우크스부르크 화의에서 결정된 원칙. 황제가 아니라 지역의 통치자 즉 제후들이 자유로운 선택에 의해 종교 문제를 해결할 수 있게 한다는 내용으로, 신성 로마 제국 내에서 로마 가톨릭과 개신교 사이 분쟁을 일시적으로 종식시켰다. 1648년 베스트팔렌 조약 때까지 효력을 발휘했다.

8 18세기 중엽에 아라비아인 와하브가 창설한 이슬람 근본주의 교파에 의한 엄격하고 청교도적인 수니파 이슬람 원리주의운동. 사우디아라비아 건국 이념의 기초가 되었다. 와파브파.

본주의 체제 안에 반유대주의를 전파할 권리를 주장하며 규칙을 어겼다. 국가가 승인한 반유대주의는 사우디아라비아에만 있는 게 아니다. 이란 정부와 지도자들은 이스라엘의 절멸을 촉구하고, 유대인을 증오하는 홀로코스트 부인을 포함해 핵심적 반유대주의 정책을 지지함으로써 베스트팔렌 조약이 규정한 상호 규범을 어겼다. 이스라엘의 초창기부터, 나세르 대통령이 집권하던 이집트 같은 국가는 19세기와 20세기 유럽의 반유대주의적 망상을 공식 국가 이념의 일부로 소집했다.

그러나 사우디의 와하비즘이야말로 오늘날 조직적 반유대주의의 가장 발전된 형태이며, 가장 패배한 대항 세력으로 유대 민족과 반유대주의를 지지하지 않는 타 국가의 시민들을 기꺼이 살해한 사람이 사우디의 오사마 빈라덴이란 사실은 우연이 아니다. 미국을 비롯한 여러 선진국의 경제가 사우디아라비아와 걸프 만의 석유에 의지하는 현실은 사우디의 와하비즘이 베스트팔렌 체제를 위반하고 종교적 편협성과 증오를 전파하는 데 미국 대통령이나 유럽 지도자들이 어떤 이의도 제기할 수 없음을 의미한다. 사우디아라비아나 이란에서 인권이 거의 존중받지 못하는 현실은 세계적으로 잘 알려져 있다. 하지만 인권 탄압과 부정이 사우디아라비아의 수니파 와하비즘 왕정이나 이란 시아파의 신정정치에 국한되어 있는 한, 종교적 규범의 강제는 두 국가의 내부 문제일 뿐이라고 주장할 수 있다. 그러나 최근 25년간 종교적 불관용의 전파가 증가하면서,

증오의 세계화

무장단체에 재정적·정치적 지원이 이루어졌고, 종교적 증오가 자살폭탄 테러로 변질되어 유대인 증오라는 이름으로 여성들과 아이들이 목숨을 잃었다. 게다가, 사우디아라비아인 15명이 탄 비행기가 뉴욕의 9·11 대학살을 초래한 사건에서 알 수 있듯이, 사우디아라비아의 자본이 유럽과 아시아의 많은 지역에서 무슬림 공동체 내의 경신輕信하는 무슬림을 대상으로 불관용의 와하브 신앙 체계를 설파할 사람들을 훈련하는 데 투입되고 있다. 대개 이슬람교는 신앙과 '책'의 사람들peoples of 'the Book',9 즉 무슬림과 기독교인과 유대인의 관용과 공존을 호소하고 있다. 하지만 와하비즘은 예외라고 할 수 있다.

이처럼 반유대주의의 측면은 다양하다. 반유대주의는 인종주의 표현인 동시에 종교적으로 그 뿌리가 깊다. 반유대주의는 사회적이며, 국가 정책을 설명하는 네트워크와 숨겨진 영향력을 찾는 지식인들의 관심을 끌고, 또한 세계적인 현상이다. 약간의 중상모략이면 반유대주의는 대중영합주의나 국가주의, 제3세계 연대투쟁 뒤에 숨을 수 있다. 반유대주의는 국가적으로 승인되어 국가가 전파한다. 현대의 반유대주의는 다차원적이다. 반유대주의는 한때 바보들의 사회주의라고 불렸다. 그러나 지금은 무한대의 자본과 중대한 국가권력을 배후에 둔 영

---

9 '경전(또는 계시서)'을 가진 사람들이라는 뜻으로, 여기서는 아브라함이라는 동일한 조상의 뿌리에서 비롯한 세 종교인 유대교(오경), 기독교(복음서), 이슬람교(쿠란) 교도를 가리킨다. 특히 이슬람에서 '책'의 사람들이란 무함마드(마호메트)가 나타나기 전에 신의 계시를 받은 자들이라는 의미가 있다.

리한 사람들의 확고한 이념이다. 런던 북부에서 귀가 중인 랍비의 머리를 날려버리고 몇 킬로미터 떨어진 곳에서는 지하철을 탄 런던 시민들을 죽음으로 몰고 간 일이기도 하다. 오늘날 반유대주의는 전 세계에서 가장 치명적인 이념이자 관행이며, 세계 곳곳으로 퍼져나가 대학 캠퍼스에서 상류층 만찬 모임까지 다양한 형태를 갖출 수 있다. 그 범위는 유대인의 영향력에 대한 음모설에서 유대 민족은 물론 두 번 다시 유대 민족 학살을 허용하지 않을 민주주의 국가까지 증오하도록 교육받은 자살폭탄 테러범에까지 이른다.

이스라엘 또한 영국 하원에 이스라엘의 지지자들을 가지고 있다. 이들 중 다수가 유대계 의원인데, 유대계 노동당 의원 제럴드 코프먼 경은 리쿠드Likud(이스라엘의 보수 성향 집권 여당)와 자신이 동의하지 않는 이스라엘 정책을 맹렬히 비난했다. 모든 사람이 이스라엘과 팔레스타인 간 충돌과 해결책에 대해 의견이 있는 듯하다. 유대 국가를 실질적으로 끝장내는 것만을 수용할 극단주의자들이 양쪽 진영에 모두 존재한다. 반면에 팔레스타인 사람들이 이스라엘을 떠나 요르단 시민이 되어야 하며, 1967년**10** 이후에 차지한 영토를 이스라엘이 무력으로 합병해야 한다고 믿는 사람들도 있다.

팔레스타인과 이스라엘 양쪽 진영을 지지하는 발언 또한 찾아볼 수 있다. 1991년에 이라크 침공으로 유엔 가입국 쿠웨이트가 빼앗긴 영토를 유엔이 무력으로 보전할 수 있도록 승인

증오의 세계화

하자, 팔레스타인 지도자 야세르 아라파트는 유엔을 맹렬히 비난했다. 그는 유엔이 쿠웨이트에 군사력 사용을 허가한 것은 "유엔 결의안 준수를 강제하는 것이 아니라 팔레스타인을 파괴하는 행위이며 (…) 이는 더 막강해진 이스라엘이 나일 강에서 유프라테스 강까지 확장하는 길을 열어주는 일이다"라고 성토했다. 그때부터 미국 대통령 조지 W. 부시는 문제를 인식하고 팔레스타인 국가 수립을 공식적으로 요구하고 나섰는데, 미국 역대 대통령 중에 전례가 없는 일이었다. 이스라엘은 1967년 이후 점령해온 가자 지구에서 철수했다.[11] 팔레스타인과 분쟁 중에 이스라엘은 장벽과 방벽을 세우면서 국경을 요르단 강까지만 확장하고 나일 강과 유프라테스 강은 고사하겠다는 포부를 밝혔지만, 현실과 거리가 멀었다. 이런 맥락에서 이스라엘이 1967년 이후 점령해온 광대한 시나이 반도를 [1982년 4월에] 이집트에 반환했다는 사실을 상기할 필요가 있다. 이스라엘은 영토를 대신하여 이집트와 평화를 유지할 수 있었다. 하지만 반유대인 무슬림형제단Muslim Brotherhood[원명칭

10　1967년 이집트가 아카바 만을 봉쇄한 것에 대해 이스라엘이 아랍 국가들을 공격해 압승한 전쟁(제3차 중동전쟁, 6일전쟁, 6월전쟁)을 말한다. 팔레스타인 문제의 분기점이 된 이 전쟁으로, 이스라엘은 팔레스타인 사람들이 거주하던 동예루살렘을 포함한 요르단 강 서안 지구, 골란 고원, 가자 지구, 시나이 반도 등을 점령했다.

11　이스라엘과 팔레스타인은 미국, 러시아, 유엔, 유럽연합 등이 중재한 '중동평화 로드맵'(2003년 4월)을 수용하고, 이스라엘은 이에 따라 2005년 8월 15일부터 1967년 이후 점령해온 가자 지구에서 철수를 시작해 9월 12일 철수를 마쳤다.

은 Society of the Muslim Brothers)이나 정부 인사와 국가가 묵인하는 매체의 발언으로 인해 카이로에 급증하는 반유대주의 때문에 마음을 놓을 수 없었다.

팔레스타인과 예루살렘 간 분쟁과 논의가 안정되려면 역사에 길이 남을 영웅적 정치 지도부가 있어야 하는데, 이스라엘과 팔레스타인뿐 아니라 넓은 의미의 아랍 사회에서도 그런 지도부를 세울 수 없었다. 미국 정부가 이스라엘을 조종할 수 있다고 믿는 허황하고 자기 기만적인 생각도 있다. 미국의 어리석은 망상 두 가지는 첫째, 신보수주의 망상으로 전쟁을 통해 민주주의를 실현하여 민중을 깨우칠 수 있다는 믿음과 둘째, 좌파 진보주의 망상으로 미국 행정부가 이스라엘에 합의 사항을 지시하거나 이스라엘의 유대인을 미국이 원하는 대로 조종할 수 있다는 오해다. 세 번째 망상은 유럽연합이 지역에 평화를 강제하는 의지와 통찰력을 갖고 있어서 유럽 제국주의가 일련의 국가들을 변화시키는 데 실패하지 않는다면 분쟁이 결코 대물림되지 않으리란 믿음이다. 전 이스라엘 외무장관 슐로모 벤아미는 "전과로 이룩한 현재 상황을 고려하지 않고 분쟁 해결을 위한 외교적 계획을 거부한" 이스라엘의 고집스러운 희망 사항 때문에 이스라엘 초창기 정치 지도자들이 실패했다고 묘사했다.

외무부 장관으로서 나는 많은 아랍 국가가 이스라엘과 대외 교섭을 거부하는 것을 도무지 이해할 수 없었다. 유럽연합 중동회의에서 아랍 외무장관들에게 일단 쉬운 단계부터 밟아갈 것을 촉구했지만 돌아오는 반응은 이스라엘의 존립을 부정하는 일이 본분인 사람들의 멍한 표정뿐이었다. 1870년전쟁(프로이센-프랑스전쟁) 뒤에, 독일이 프랑스 동부의 알자스-로렌 지역을 차지하고 있을 때조차 프랑스는 독일과 외교관계를 유지했다. 국가끼리 정치적으로 상반될 수 있다지만 국가가 엄연히 존재하는 현실을 인정하지 않는 정부들은 어리석다고 할 수 있다. 영국은 1950년까지 이스라엘을 인정하지 않았다. 유엔 주도하에 이스라엘이 국가로 수립된 방식에 전후 영국노동당 정부가 모욕감을 느꼈기 때문이다. 현재 미국은 이란을 인정하기를 거부하며 아둔한 자세를 취하고 있다. 처칠의 말을 인용하자면 협상이 전쟁을 대체할 수 없는 노릇이지만, 협상이 없다면 자살폭탄 테러와 군사적 불도저나 핵무기 개발과 같이 폭력을 정책 목표 달성의 최선책으로 믿는 사람들에게 기회를 주는 꼴이다.

이스라엘과 팔레스타인 양측 모두 기회를 놓쳤다. 데이비드 로이드 조지가 1918년 이후 아일랜드 독립투쟁에서 에이먼 데벌레라[12]의 IRA(아일랜드공화국군) 테러리스트와 대화하기를 거부했을 때 자신이 "죽기 직전까지 갔다"라고 주장했던 것과 같

[12] 미국 태생의 아일랜드 정치가. 1921년 영국-아일랜드 조약(아일랜드자유국 협정) 협상 당시, 로이드 조지는 영국 총리였다. 데벌레라는 영국 의회를 거부하고 아일랜드 의회를 수립한 뒤 아서 그리피스와 마이클 콜린스를 아일랜드 협상 대표단으로 영국에 파견했다.

이(결국엔 합의했다), 1948년 이후에 자국을 인정하지 않는 한 팔레스타인과 대화하지 않겠다는 이스라엘의 계속되는 거부 역시 외교가 아닌 폭력을 야기한다. 이스라엘의 원로 공무원 에프라임 할레비 전 모사드 국장은 하마스·헤즈볼라와 교전할 필요가 있다고 서술했지만, 이는 "이상적 선택"이 아니라는 단서를 달면서 이란이 지원하는 레바논의 시아파도 무슬림형 제단이 지지하는 수니파 하마스도 "완벽에 가까운 잠재적 협력 단체"가 아니라고 했다. 그의 말은 경청해 마땅한데, 할레비는 간결하게 이렇게 덧붙였다. "이 세상엔 이상적 상황도 없고 완벽한 조합을 이루는 동맹국 또한 존재하지 않는다."

따라서 유대 민족도 아니고 또 이스라엘 유대인의 두려움과 팔레스타인 사람들의 분노를 모두 이해하는 입장에서, 내가 앞서 언급한 두 이스라엘 정치인보다 더 현명해지기는 어려운 일이다. 만일 그들이 합의를 위해 당신의 방식대로 살아갈 권리를 부정하는 사람들과 대화와 협상이 필요하다고 믿는다면 —그리고 분쟁 양측에 이런 조건이 적용된다면—상대적으로 안전한 런던에서 다르게 주장하는 나는 누구인가?

마지드 나와즈는 파키스탄계 무슬림으로 영국 이민 3세대다. 그는 에식스의 중산층 가정에서 자랐다. 나와즈는 런던대학 소아즈SOAS, School of Oriental and African Studies(아시아·중동·아프리카 지역학을 전문으로 하는 단과대학)에서 이슬람주의 단체 히즈브 우트 타흐리르Hizb ut-Tahrir(해방당)의 지도자가 되어 무슬림이 살아갈 연합 국가를 창설하기 위해 "수백만 명을 처단"할 것을 요구한다고 했다. 나와즈는 해방당 집행위원으로 활동하며, 파키스탄과 이집트에 이슬람 조직을 활성화하는 조치를 취했다. 현재 그는 폭력적인 이슬람주의 정치에서 손을 뗐고, "영국 사회와 세상에 끼친 피해를 반드시 보상해야 한다"라고 말한다. 그는 여전히 무슬림이다. "나는 종교를 잃은 것이 아니라 이념을 잃었다"고 그는 설명한다.

영국 하원에서 진행한 반유대주의 조사에서 우리는 증언을 듣고 문서를 읽으면서 충격과 절망에 빠졌다. 유대 민족에게 사용된 표현은 '문명화된' 영국에서 찾아볼 수 없는 말이었다. 문서는 새로운 세대를 유대인 증오의 길로 인도하고 있었다. 불관용 하면 우리의 타블로이드 신문을 꼽을 수 있다. 동유럽인 특히 폴란드 가톨릭교도와 망명 신청자, 경제 이민자, 무학의 무슬림을 경멸하고 혐오하는 것은 대부분 우파 신문의 공통적 흐름이다. 이런 표현은 좌파 진보주의 신문 대부분에서 미국과 서방의 자유민주주의 가치를 혐오하는, 작가 이안 부루마가 "반옥시덴탈리즘"이라고 불렀던 저속한 표현에 필적한다. 놈 촘스키가 미국에 "필요한 것은 미국 정치의 탈나치화"라고 썼을 때, 그는 부루마가 정의한 반옥시덴탈리즘을 완벽하게 표현했다.

우리 위원회가 조사를 진행하고 구체적 개선책을 건의하려고 노력하면서, 뭔가 더 큰 일이 드러나고 있다는 사실이 명확해졌다. 반유대주의는 단순히 오늘날 유대 민족과 이스라엘의 존립에 관한 문제가 아니다. 반유대주의는 공산주의와 파시즘이 민주주의를 비민주주의로 대체하기 위해 새롭게 몸집을 불리고 있는 이념이다. 현재 반유대주의는 다양한 형태로 나타난다. 옹호 세력도 있고 동조 세력도 있다. 레닌은 그의 독재를 지지하는 미국인과 서부 유럽인을 두고 "유용한 얼간이들"이라고 했다. 반유대주의자들 가운데는 서방의 지식인과 여론 형성 계층에 있는 유용한 얼간이들과 동무들이 넘쳐난다. 종교적 근본주의와 전체주의를 한 맥락으로 봤던 크리스토퍼 히친스가 옳았다. 히친스는 이렇게 서술했다. "전체주의 현상을 고찰하며 반유대주의에 특별한 의미를 부여한 한나 아렌트는 단지 유대 민족을 두둔하는 종족주의자가 아니었다. 집단—국가로 또는 종교로 정의되는—은 언제든 비난받아 마땅하고 비난받을 가능성이 있다는 말은 본질적으로 전체주의적 생각이었다. (지금도 그러하다.) (…) 그러나 이런 사고방식은 종교 덕분에 수백 년 동안 이어졌다." 따라서 반유대주의를 향한 투쟁은 반전체주의 투쟁이기도 하다. 또한 동시에 과학적 합리주의의 아베로에스–갈릴레오–볼테르–다윈의 가치, 표현의 자유와 아리스토텔레스 논리의 가치를 지키는 투쟁이기도 하다.

확실히 종교 간 대화는 많이 관찰된다. 각각의 사회는 코란에서, 또는 유대 민족과 무슬림이 협동했던 사례에서 두 종교 간 평화로운 공존 가능성을 보여주는 표현과 활동을 찾아볼 수 있다. 하지만 이스라엘의 유대인과 팔레스타인의 무슬림이 사는 곳을 벗어난 전 세계 곳곳에서 반유대주의가 사람들의 사고방식을 변화시키고, 행동에 영향을 미치며, 의식적으로든 무의식적으로든 역사상 어느 때보다 많은 사람에게 지지를 받는 징후는 무시할 수 없는 사실이다.

이는 영국의 일부 유대인의 특정한 두려움과 걱정에 관한 하원의 조사는 출구가 없으며 반유대주의야말로 21세기를 정의하는 이념이라는 결론으로 이어진다. 반유대주의는 세계적 현상이다. 언어와 문화를 초월하여 확산되고 또한 국가 차원에서 지원한다. 반유대주의는 명확하고 구체적인 목적이 있는 교활한 사람들의 정치 프로그램이다. 반유대주의를 불식시키기 위해 우리는 반유대주의 반대운동을 전개해야 한다. 반유대주의 반대운동은 문자 그대로 이해되어야 한다. 이스라엘인과 아랍인, 유대인과 무슬림 등 모든 셈족은 인종주의와 종교적 불관용에서 보호받아야 한다. 즉, 이스라엘 점령 정책에 제기되는 비판이란 비판은 모두 반유대주의라고 생각하는 유대인 근본주의 활동가와 그들의 광기가 때때로 그들이 비난하는 상대방을 검열하고 위협할 수 있다는 뜻이다. 그러나 이스라엘의 비판자를 공격하는 유대교 광신자들은, 살만 루슈디와 덴마크 만평가에게 사형을 선고한 지하드 원리주의자들과 달리, 폭력을 지양하는 법과 정책의 테두리 안에서 활동한다는 큰 차이점이 있다. 이스라엘을 비판하는 강연의 장소를 섭

외하는 데 실패한 뉴욕의 교수는 얼마든지 다른 장소를 구할 수 있다. 이스라엘 로비의 힘이 미치지 않는 미국의 매체는 이스라엘과 그 동맹국의 교묘한 책략을 맹렬히 비난하는 책들의 출간을 막을 수 없다. 영국의 대표적 학술지인 월간 『프로스펙트Prospect』의 독자들은 세계에서 가장 중요한 학자로 촘스키를 뽑았다. 언어학 관련 저술 덕분이었을까? 아니면 그가 평생 품고 있는 이스라엘에 대한 적개심과 "히틀러의 가스실과 유대인 대학살이 모두 역사적 거짓말이다"라고 주장하는 가장 악명 높은 유럽의 반反유대 인사 로베르 포리송[13]을 그가 옹호한 것 때문이었을까?

유대인의 권력과 영향력에 관한 고정관념이 지난 수십 년처럼 오늘날에도 확고하다면 그것이 쉽게 바뀌는 일은 일어나지 않을 것이다. 미국의 대외 정책이 사우디아라비아의 자본에 집착하는 현실주의자들의 수중에 있는지 이라크에서 독재자를 없애야 독재국가를 무너뜨릴 수 있다고 믿는 이상주의자들의 수중에 있는지 여부는 중요한 문제가 아니다. 유대 민족의 권

---

13 1970년대 말, 리옹대학 프랑스문학과 교수였던 로베르 포리송은 제2차 세계대전 당시 나치의 유대인 학살을 부인해 대학에서 쫓겨났다. 촘스키는 표현의 자유를 옹호하는 탄원서에 서명해달라는 부탁을 받고 기꺼이 탄원서에 서명했는데, 이 일로 프랑스에서 엄청난 반발과 비난이 일었다. 촘스키는 다시 표현의 자유에 대한 짤막한 글을 썼는데, 이 글은 포리송의 책 『나를 역사의 왜곡자로 비난하는 사람들에게 보내는 글: 가스실의 문제Mémoire en défense contre ceux qui m'accusent de falsifier l'Histoire: La question des chambres à gaz』(1980)의 서문으로 사용되었다.

력을 믿는 사람들에게 정치인들이 반유대주의 독재자와 식사를 하거나 그들을 퇴위시킬 궁리를 하는 일은 문제시되지 않는다. 유대 민족과 로비는 세상 어디에나 존재한다. 반유대주의자인 T. S. 엘리엇은 1920년에 자신의 시 「게론티온Gerontion」에 아래와 같은 시구를 썼다.

쥐는 말뚝 아래에 있고,   The rats are underneath the piles
유대인은 집터 아래에 있네.   The jew is underneath the lot.

그러나 누군가는 이 시가 매우 다른 조건에서 쓰인 작품으로 반유대주의는 그저 상상 속의 산물이라고 주장할 것이다. 그러나 오래되었든 새롭든, 국가적 화제이든 술자리의 안줏거리든, 의도적이든 무의식적이든, 우파 혹은 좌파 그도 아니면 이슬람교의 이념에서 기인했든지 간에, 반유대주의는 현대의 고질적 문제로 남아 있고, 중동 평화라는 중요한 문제의 정치적 이해를 왜곡한다.

제1장

반유대주의적 의원들

다음은 보수파 정치인 앨런 클라크가 1982년 3월 31일에 쓴 일기의 한 부분이다.

오늘 나는 유대인에 대한 불쾌한 질문을 던졌다. '유대 민족'을 언급하면 항상 무례하다고 생각된다. 그렇지 않은가? 의회 방청석에서 아버지가 상원의원으로 취임하는 모습을 지켜보면서 같은 날 오후에 시드니 번스타인[1]이 작위를 받으면서 기독교 서약을 하지 않는 데 화가 났던 약간 우울한 사건이 기억난다. 방청석에 앉은 번스타인의 가족을 당황스럽게 할 심산으로 가능한

---

1 1899~1993. 영국의 정통파 유대인으로 히치콕 감독과 함께 홀로코스트 기록영상을 만들었으며, 이후 홀로코스트 생존자들과 강제수용소에 대한 다큐멘터리 영화의 제작자로 활동했다.

한 큰 소리로 '유대인'에 대해 투덜거리고 중얼거렸다.

나는 외무장관의 이스라엘 방문을 들먹였다. (…) 하원은 제대로 걸려들었고, 몇몇 의원은 시끄럽게 웃었다. 하원에 실제로 충격을 주지 않으면서 터부시되는 주제로 어디까지 얘기할 수 있을지 시험해보는 일은 언제나 재미있다.

이튼 학교를 졸업한 클라크가 남몰래 유대인을 박해하던 시절, 마거릿 대처가 구성한 내각에 유대인도 있었으며, 대처의 핀칠리 선거구는 하원의 여느 의석보다 유대인 유권자가 많았다. 그렇다고 내각에 참여한 유대인 인사를 겨냥한 조롱과 농담, 노골적인 모욕 등 유대인에 대한 전통적 태도가 수정된 건 아니었다. 해럴드 맥밀런[이튼 출신으로, 1957~1963년 영국 총리를 지낸 정치인]은 대처 내각을 두고 "이튼 출신보다 더 이튼 출신답다"라는 악명 높은 발언을 했다. 이 틈을 타 보수당은 하원의 제재를 서둘러 철회하고 대놓고 나이절 로슨, 리언 브리턴, 마이클 하워드를 임명했다. 1990년대, 마지막 홍콩 총독 크리스 패튼—자유당 의원이자 휘그당원으로 관용적인—과 저녁 식사를 하면서 나는 노동당이 중동 사건을 편파적인 정책으로 처리했을 때 대처 총리가 영국 내각이 유대계 정치인을 포용할 수 있음을 잘 보여줬다고 지적했다. 패튼은 이렇게 대꾸했다. "잘 모르겠네, 데니스. 웨스틀랜드 사건 때 자네가 하원에 있었어야 해." 그가 언급한 것은 유대계 내각 인사 브리턴이 1985년에서 1986년 사이에 영국이 미국과 유럽에 군수품을 조달하는 문제로 파문에 휩싸인 사건이다. 게다가 보수당 하원의원 존 스토크스 경은 "내각에 붉은 피가 흐르고 붉은 얼굴을 한 영국인이 부족하다"라고 불만을 제기해, 브리턴을 둘러싼 파문에서 보수당의 고루한 반유대주의를 표면화했다.

1939년 이전에 영국 정치는 반유대주의로 얼룩져 있었다. 그 유명한 오즈월드 모즐리[2]도 있다. 그는 1937년에 의회 선거에서 이스트 엔드[3] 사람들에게 다음처럼 발언했다. "이미 이땅에 들어온 유대인들을 그들이 있어야 할 곳으로 쫓아내야 합니다……. 영국인의 일자리를 차지하려고 이 나라에 들어오는 외국인을 더는 받아들여서는 안 됩니다." 외국인 노동자들에 대한 혐오—1930년대에 유대인을 겨냥한 모즐리, 1960년대에 아시아인을 겨냥한 이넉 파월, 2004년 이후 폴란드인을 겨냥한 이주 감시 단체 마이그레이션 워치Migration Watch UK[4]—는 모두 우파 영국 정치의 병리 현상으로 떼려야 뗄 수 없는 문제다.

2 1896~1980. 영국의 대표적인 파시스트다. 히틀러의 친구로 알려져 있으며, 1932년 당시 유럽을 휩쓸던 군국주의의 영향으로 이탈리아의 무솔리니를 흉내낸 극우파 정치 조직인 영국파시스트연합BUF을 만들어 활동한 바 있다.
3 전통적으로 가난한 노동자 계층이 사는 런던 동부 지역. 유대인 등 이민자가 많이 거주하는 다문화 지역이다.
4 이민·난민 조사 기관이자 싱크탱크로 독립적인 비영리단체. 하지만 일부 정치 논객들과 학자들은 우익 압력 단체로 간주한다.

증오의 세계화

우파뿐만이 아니다. 20세기 전반기의 노동당 핵심 인물인 휴 돌턴은 1923년에 카디프에서 유대계 자유당 하원의원 앨프리드 몬드 경에 맞서 의회 의원에 입후보했다. 몬드 경은 ICIImperial Chemical Industries의 전신인 큰 화학회사를 창립했는데 제1차 세계대전 때 폭리를 취한 계약 혐의로 기소되었다. 연설 중에 돌턴은 몬드가 "구약성서의 이면"을 본 적이 없다고 언급해 박수를 받았다. 명백한 반유대주의 험담이었다. 존 베킷은 노동당의 열성적 하원의원으로 정치를 시작해 영국파시스트연합에서 정치생활을 마감한 인물이며, 돌턴과 연관된 사람은 그의 아들 프랜시스 베킷으로 그는 부친의 자서전을 집필했다. "존[베킷]과 돌턴 모두 몬드가 부패했다는 사실과 그가 유대인이라는 사실 사이의 관련성을 주시한 측면이 있었던 것 같다."

1930년대, 보수당 내무장관은 반유대주의를 타파하려는 단체의 대표단 면담을 거부했다. 오스틴 체임벌린은 벤저민 디즈레일리[5]에 대해 비록 그가 "영국의 애국자이긴 했지만, 영국인은 아니었다"라고 기술했다. 1945년 8월에 보수적 유대계 일간지 『주이시 크로니클Jewish Chronicle』은 "일부 정당 지지자들의 반유대주의로 인해 많은 지역의 정치 단체가 유대인 후보를 천

---

5 1804~1881. 영국의 정치가. 유대계 상인의 아들로 태어났으나 그 자신은 기독교도였다. 『비비언 그레이Vivian Grey』(1826), 『코닝스비Coningsby』(1844) 등 정치소설을 남겼다. 보수당 출신으로 빅토리아 시대의 번영기를 지도하여 전형적인 2대 정당제에 의한 의회정치를 실현했다.

거하지 않는다"라고 보도했다. 게다가 최초의 유대인 보수당 하원의원은 1955년이 지나서야 당선되었고, 1970년까지 단 두 명의 유대인 하원의원이 보수당에서 당선되었을 뿐이다. 현재 유대인 하원의원은 22명으로, 보수당 11명, 노동당 8명, 자유 민주당이 3명이다.

15년 동안 하원의원으로 지내면서 내가 느낀 전반적 인상은 팔레스타인 운동을 적극적으로 지지하는 의원이 이스라엘을 지지하는 의원보다 더 많다는 사실이다. 전 하원의원 그레빌 재너 경은 1981년에 이스라엘의 이라크 원자로 폭격을 지지했을 때, 노동당 동료 앤드루 폴즈가 돌아서서 "텔아비브로 돌아가라"라고 말한 것을 회상했다. 한번은 재너가 하원 회의실에 있는데 동료가 와서 말했다. "당신네 대사가 방청석에 앉아 있네." 이스라엘 대사를 두고 한 말이었는데 유대인 하원의원은 영국인이 아니라는 식이었다. 1973년에 이집트가 이스라엘을 공격했을 당시 노동당 하원의원 코프먼 경은 보수당 정권이 이스라엘에 부과한 무기 인도 금지 조치에 비판적이었다. "외무장관 앨릭 더글러스홈이 내가 영국이 아닌 이스라엘에 충성하는 거 같다고 말하더군. 명백히 반유대적 암시였어." 이스라엘의 영토 점령 정책에 대해 의회에서 가장 강하게 비판적이었던 코프먼 경의 회상이다.

초당적의원그룹APPG에는 아랍 국가들과 연관되어 이스라엘을 반대하는 하원의원이 상당히 많다. 친팔레스타인 하원의원들은 사적인 대화에서 1948년의 이스라엘 건국을 절대로 인정하지 않고 이스라엘에 비판적이며, 그때 이스라엘이 세워지지 않았다면 지금쯤 팔레스타인 국가가 번창했을 것이라며, 팔레스타인 지도자의 자질이나 아랍 국가의 정책이 문제가 아니라고 주장했다. 하지만 어찌 되었든 공공연하게 이스라엘에 적대적인 하원의원들이나, 팔레스타인 또는 아랍의 견해를 옹호하는 사람들, 심지어 아랍 국가와 사업을 하고 재정적으로 연관된 어떤 사람도 영국인다움이 문제시된 적은 결코 없었을뿐더러 이중 충성심이라는 반유대주의적 유언비어에 시달리는 사람도 없었다. 재너 경이 캔터베리 대주교 조지 케리를 동료로 소개했을 때, 두 보수당 의원이 서로 나누는 이야기가 들려왔다. "대주교를 소개한 사람이 누구지?" "어, 그냥 어떤 유대인이야."

극우파에 영국국민당이 있다면 극좌파에는 트로츠키주의자들이 있다. 노동혁명당Workers' Revolutionary Party 당수 제리 힐리는 동료들에게 "노골적인 반유대주의자"라 비난받았다(Andrew Hosken, *Ken*, p. 127). 1980년대, 영국의 강경 좌파 다수는 지금은 고인이 된 유대계 노동당 하원의원 레그 프리슨을 반유대주의자로 간주하는 막말을 했다. 프리슨은 반파시스트 잡지 『서치라이트Searchlight』의 초대 편집자였다. 이 때문에 그는 1960년대에 반유대주의자들의 공격 대상이 되었다. 돼지머리가 그의 집 대문 앞에 못 박혀 있는가 하면 베이컨 조각으로 만든 글자로 인종주의자 포스터가 제작되기도 했다. 1964년에 프리슨은 하원의원이 되었지만 새로운 자리도 그를 보호하지 못했다. 사람들은 여전히 그를 증오했다. 프리슨은 1980년대에 어떻게 자신이 좌파 신문에서 주기적으로 "시온주의자 하원의원 레그 프리슨"으로 묘사되었는지 설명했다. 그는 "'시온주의자Zionist'라는 단어는 기사가 이스라엘이나 시온주의와 전혀 관련이 없을 때도 쓰더군요. 1930년대, 파시스트들이 누군가를 '유대인 남자Jew-boy'라고 지칭하는 거랑 별반 다를 게 없어요. 한번은 노동당 회의에 참석했는데, 한 좌파가 나를 돌아보더니 이렇게 말하는 겁니다. '당신 유대인이죠, 맞죠?'"

노동당 하원의원 오나 킹은 부친이 아프리카계 미국인 정치 망명자로 1950년대에 매카시즘으로 인해 마녀사냥 격으로 추방당했는데, 2005년에 런던 동부 의석을 두고 리스펙트당 Respect party**6**과 붙었을 때 유대인이라고 공격당했다. 킹의 모친은 유대인이다. 킹은 (유대인의 혈통을 자랑스러워 하지만) 유대인의 관례와 규칙을 엄격하게 따르는 사람도 아니고 의회에서 주로 르완다 대학살과 여타 제3세계 사안을 다루지만, 그녀가 유대인의 딸이라는 사실이 반대론자들에게 빌미를 제공한 셈이다. 그녀는 "꺼져, 이 유대인 년아" 같은 조롱을 당했다. 그

---

6 r은 존중respect, e는 평등equality, s는 사회주의socialism, p는 평화 peace, e는 환경주의environmentalism, c는 공동체community, t는 노동조합주의trade unionism를 의미한다.

녀의 정적은 킹이 모사드로부터 비자금을 받고 있으며, 이슬람교 계율에 따라 도축된 고기를 반대한다는 소문을 퍼뜨리면서 그녀를 깎아내리려 했다. "그들은 내가 유대인임을 걸고 넘어졌다. 이 세상엔 유대인 음모가 있으니, 난 어떻게든 그 음모와 관련되는 것이다." 그녀는 일기에 다음과 같이 썼다. "총선운동 중에 나의 유대인 배경은 나를 후려치는 잣대로 몇 번이고 되풀이되어 이용되었다." 킹이 선거에서 패배한 결정적 요인이 반유대주의가 아니었다고 말하긴 조심스럽지만, 그녀는 "반유대주의는 정치적 말살을 위해 교묘하게 꾸며진 또 하나의 요소일 뿐이다"라고 주장했다. 1964년에 보수당 후보가 "깜둥이 이웃이 좋다면 노동당에 투표하라"라는 인종주의 구호를 내걸고 선거에서 승리했을 때, 해럴드 윌슨 총리는 그를 "의회의 왕따"라고 일갈했고 바로 의원직을 박탈했다. 하지만 킹을 이긴 사람은 이미 1인 1당 체제를 구축했다. 그래서 그의 지지자 일부가 내뱉은 반유대인 망언을 질책하는 사람은 아무도 없었다.

2008년에 런던 시장 켄 리빙스턴은 서유럽 통합을 반대하는 우파 보수당원 보리스 존슨에게 패하면서 시장직에서 물러났다. 보수당 하원의원은 아프리카 어린이들을 묘사하면서 '피카니picaninny들'(흑인 아이라는 뜻. 경멸적 의미가 강하다)이라는 모욕적인 단어를 사용했다. 그는 그들의 '수박 미소water-melon smile'7를 예로 들었다. 파월은 영국 정계에서 "피카니"란 단어를 마지막으로 쓴 하원의원이다. 그는 악명 높은 피의 강물 연설River of Blood Speech[1968년 4월 20일 웨스트미들랜즈에서 열린 보수 연합 집회]에서 그 표현을 사용했다. 파월은 이 발언으로 보수당의 수석 의원석에서 물러났다. 존슨은 수년간 막말을 일삼고 그 망언으로 물의를 일으킨 데 사죄하는 일을 반복했다. 반면, 존슨에게 패한 상대는 유대인 기자 올리버 파인골드를 나치와 비교하는 발언을 한 뒤에 사과하기를 거부했다. 2005년 초기에 파인골드는 런던 『이브닝 스탠더드Evening Standard』에서 리빙스턴을 취재하려고 했다. 파인골드는 카메라를 들고 기자 정신으로 리빙스턴의 발언을 담으려고 분투하며 그에게 질문을 던졌다.

리빙스턴: 전에 무슨 일 했습니까? 독일 전범자 아닙니까?
파인골드: 아니요, 전 유대인입니다. 저는 독일 전범자가 아닙니다······.
리빙스턴: 아, 그렇군요.
파인골드: 사실 말씀하신 내용이 매우 불쾌합니다. 어떻게 생각하십니까?
리빙스턴: 글쎄요, 그럴 수도 있겠군요. 하지만 실제로 당신은

---

7 흑인 노예에게 수박을 주면 아주 좋아한다는 모욕적인 농담에서 비롯한 말. 과거 최하층의 흑인들이 수박 농장에서 일하고 임금 대신 수박을 받았는데 이때 노예들이 수박을 받고 함박웃음을 지었다는 데서 유래했다. 흑인과 수박의 조합은 인종주의 표현으로 간주된다.

강제수용소 경비대 같습니다.

유대인 기자를 나치로 비유한 발언은, 런던 시장에게는 안 된 일이지만, 거대한 정치 담론이 되었고, 결과적으로 리빙스턴이 입은 피해는 막심했다. 그는 파인골드에게 사과할 것을 단호하게 거부했다. 기자는 로더미어 경이 고용한 사람이었고, 확실히 로더미어 신문[『데일리 메일』]은 1930년대에 반유대주의와 친나치 색깔로 악명을 떨치던 신문이긴 했다. 하지만 영국의 유대인들은 리빙스턴이 든 비유의 잔인성에 충격과 상처를 받았다. 이탈리아의 총리 실비오 베를루스코니가 독일의 유럽의회 의원을 강제수용소 경비대에 비유했을 때, 이 말은 전 세계적으로 회자했고, 독일 총리 게르하르트 슈뢰더는 이탈리아 보수파의 모욕적인 발언에 대한 항의 표시로 여름휴가차 이탈리아를 방문하려던 일정을 취소했다. 런던에서는 토니 블레어 총리를 비롯하여 유대인 니키 가브런 런던 부시장에 이르기까지 모든 사람이 리빙스턴에게 망언에 대해 사과해야 한다고 주장했다. 리빙스턴은 거부했다. 『가디언』 기자 조너선 프리들랜드는 리빙스턴에 대해 다음과 같이 썼다.

위험한 게임을 하고 있다. (…) 상당수 유대인은 시장이 흑인이나 무슬림, 동성애자 기자들이 비슷하게 상처받았다는 말을 들었다면 그가 바로 사과했을 것이라고 생각했다. 스스로 런던의 소수자를 세심하게 배려한다고 자부했지만 그는 결국 솔직하게 사죄하기를 거부하면서 그날 밤 시청 밖에서 유대인의 원초적 신경을 짓밟았다.

리빙스턴은 습관적으로 반시온주의, 반이스라엘 발언을 일삼는 다수의 68세대 좌파 정치인의 전형이다. 그는 『레이버 헤럴드Labour Herald』의 편집자로 1982년에 이스라엘 총리 메나헴 베긴이 검은색 친위대 복장을 하고 아랍인들의 해골이 산처럼 쌓인 곳에 서 있고 거기에 "최종 해결?[8] 샬롬?The Final Solution? Shalom?"이라는 구호를 적은 만평을 실었다. 리빙스턴은 또한 네오파시스트들이 영국 유대인대표자회의The Board of Deputies 를 지원하고 있다고 의심하며, 유대인이 노동당을 지지하는 이유가 "그들이 유대인이라서가 아니라 보수당 노선이 반유대주의이기 때문이다"라고 주장했다. 그러나 노동당 하원의원으로 리빙스턴 때문에 하원의원직에서 물러났던 프리슨은 전 런던 시장을 "반유대주의자"로 생각하지 않는다며, 리빙스턴이 런던 시장이었을 당시 유대인 축제를 지원했으며 그의 지지자 중에 유대인이 많다고 말했다. 어디나 마찬가지겠지만, 문제는 스펙트럼과 담론이다. 이스라엘을 합법적으로 비판하거나 시온주의 말살과 유대인 혐오라는 정치 이념에 반대하는 현상은 어디

---

8 나치스의 유럽 유대인 대학살 계획. 유대인 문제에 대한 최종 해결Endlösung der Judenfrage.

서 시작된 것일까? 발언이 정치적 강경함에서 공격적 모욕이 되어 반유대주의적 담론으로 넘어가는 지점은 어디일까? 모욕과 분노를 정의하는 것은 피해자들의 일인가? 아니면 막말하는 사람이 상대방에게 너무 예민하게 군다고 말할 수 있는 걸까? 문제는 사과할 의지가 있는지와 그 발언이 문제가 된다는 사실을 인식하고 있느냐가 될 것이다. 존슨은 사과하려는 의지가 있었지만 리빙스턴은 그렇지 않았다. 둘 중 한 사람(보리스 존슨)이 현재 런던의 시장[9]이다.

2007년, 미래의 영국 정치 지도자 훈련장인 옥스퍼드 유니언은 홀로코스트를 부인하는 어빙과 유대인 혐오자인 국민당 대표 그리핀을 초청하여 토론회를 했다. 옥스퍼드 유니언 회장은 웨스트요크셔 핼리팩스 지역 젊은 보수당 지도자였고, 핼리팩스에서 국민당은 광범위한 노력을 기울여 약간의 성공을 거두었고 의원 선거를 확신하고 있었다. 국민당은 그 근간에 반유대주의가 있고, 현재까지 흑인과 아시아 시민들을 이용해 백인 노동자 계층의 두려움을 자극하는 인종주의 정책을 펴고 있다.

내가 처음으로 영국의 네오나치를 가까이서 본 것은 국민당의 전신인 국민전선당 National Front이 파월의 지원으로 웨스트미

---

9 2016년 5월 실시된 런던 시장 선거에서 파키스탄 이민 2세 무슬림 사디크 칸 (1970~)이 당선되었다. 칸은 영국 역사상 첫 무슬림 런던 시장이다.

들랜즈에서 조직적으로 행진할 때였다. 그들은 현장에서 이민 제한을 요구했고, 영국이 "인구 과밀 섬"이라며, 이민자들이 다른 시민들처럼 복지 혜택을 받고 있다고 주장했다. 노동당의 기자이자 정치활동가로서 나는 국민전선당 지도자 존 틴들의 연설을 들었다. 틴들 역시 많은 사람처럼 유대인에게 비밀 권력이 있다고 믿었다. "아주 천천히 명백한 징후를 띠며 현재 영국뿐 아니라 전 세계적으로 확실한 유대인 네트워크가 즉각적인 영향력과 권력을 행사하고 있음을 뼈저리게 느끼고 있습니다. 유대인이 자본과 정치, 강건한 발판을 통해 매체를 실질적으로 독점하고 있습니다." 내가 보고 들은 1970년대 인종주의 캠페인에서 틴들은 '인종 관련 산업'의 지도자를 자극하는 장소로 길거리의 가로등을 선택했고, 반유대주의 역할은 미미했다. 그러나 2004년에 죽기 직전 후계자 그리핀에게 쓴 글을 보면 틴들이 자신의 오랜 집착으로 돌아갔음을 알 수 있다.

우리는 이 세상에서 유대인들이 그들만의 명분으로 가공할 권력을 조직적으로 형성하는 현실을 간파해야 한다. (…) 우리는 시온주의와 체계적인 시온주의 세력에 대한 주제를 터부시해서는 안 된다. 정계와 간행물에서 유대인 권력에 관해 허심탄회하게 토론할 수 있도록 허용해야 한다. (…) 국민당은 법의 한도 내에서 될 수 있는 한 유대인을 배제해야 한다.

증오의 세계화

이런 말도 안 되는 글을 읽고 있으면 바로 치워버리고 싶은 생각이 든다. 물론 반유대주의 불꽃이 필수적인 영국의 강경 우파 정치인은 그렇지 않을 것이다. 그리핀은 케임브리지 출신의 달변가로 국민당 당수다(1999. 9.~2014. 7). 잉글랜드 중산층(특히 전통적인 사회적·정치적 가치관을 지니며 런던에 거주하지 않는 잉글랜드인)부터 중산층 말씨와 외모에서 풍겨오는 합리성까지, 그리핀은 「투데이Today」 같은 BBC 시사프로그램의 정치 기사를 돋보이게 하고 싶은 편집자에게 인기다.

그리핀이 영국의 정치 갈등에 주로 한몫한 것은 '이미그레이션 워치' 같은 단체처럼 이민자를 걸고넘어지는 일 외에 영국을 유럽연합에서 탈퇴시키기 위해 영국독립당UK Independence Party 같은 보수적 하원의원들과 정치적 견해를 함께하는 일이다. 하지만 그의 주요 활동은 유대인 '로비'의 강력함에 대한 경고다. 그리핀은 유대인이 영국의 매체를 좌지우지한다고 말한다. 간혹 글을 연재하기도 하는데 소논문 「회유하는 자 누구인가?Who are the Mindbenders?」에서 그는 언론매체에서 일하는 유대인 명단을 작성했다. 그는 특히 이민자 조상의 이름을 쓰지 않는 전 BBC 회장이자 ITV 사장 마이클 그레이드 같은 이들이 영향력을 행사한다고 주장했다. 그리핀에 따르면, "극소수의 영국인만 특정 소수민족 집단 즉 유대 민족이 대중매체에 엄청난 영향력을 행사한다는 사실을 알고 있다." 그리핀은 유대인들이 "친다민족, 친동성애, 반영국인쓰레기" 같은 도가 지나친 상식을 우리에게 주입한다고 비난했다. 동성애자에 대한 집착이 백인 영국인과 아시아 무슬림 반유대주의자를 하나로 묶어주는 듯하지만, 그리핀은 반유대주의라는 꼬리표를 싫어한다. 그는 다음처럼 서술한다. "오늘날 영국의 대중매체는 유대 단체의 일원이 우리 뉴스를 조종한다는 사실을 인정만 해도 '반유대주의'라고 많은 사람의 머릿속에 주입하고 있다." 그리핀은 "영국에 충실한 유대인과 법을 위반하거나 민심에 해악을 끼치는 영국에 충실하지 않은 유대인" 사이에서 선택을 한 것이다.

그리핀은 자유민주당Liberal Democrats 하원의원인 앨릭스 칼라일을 "이 망할 놈의 유대인 자식……. 부모가 홀로코스트에서 죽었다는 이유로 유명세 치르는 종자"라고 비난했다. 그리핀의 우익 세계관에서 유대인은 자기들 말고는 어느 누구도 탓할 수 없다. "어떤 '반유대주의'는 유대인 특유의 행동 때문에 발생한다. 그러므로 합리적 근거가 있는 것이다." 이러한 추론에도 국민당의 반유대주의는, 해로운 하수관이 넘쳐 시궁창으로 흘러가듯이, 끓어올랐다. 그리핀은 국민당의 반아시아, 반유럽연합, 반이슬람 노선을 받아들이는 일부 유권자와 대중이 노골적 반유대주의에 가차 없다는 사실을 알고 있다. 하지만 원로 국민당 의원이자 국민당 활동가는 유대인에 집착하며 홀로코스트를 부정하는 어빙의 절친한 친구이자 후원자 레이디10 미셸 르노프의 의견을 경청한다. 르노프는 2006년 12월

증오의 세계화

에 이란 대통령 아마디네자드가 소집한 반유대주의 테헤란 회담의 영국 연설자 중 한 사람이었다. 그녀의 연설은 20분가량이었고 무슨 의미인지는 몰라도 연설 제목은 '홀로코스트교Holocaustianity[11]의 심리'였다. 으레 홀로코스트를 부정하는 내용이었지만 주요 정치적 관점은 "팔레스타인 내 이스라엘 독립체의 평화로운 해체"를 촉구하는 것이었다. 유엔이 인정한 이스라엘 국가를 묘사하는 데 "독립체entity"라는 단어를 사용한 것은 반유대주의 표현의 핵심이다. 르노프는 현재 이란이 주도하는 세계적 반유대주의 정책에 힘을 실어주기 위해 테헤란에 설립한 '홀로코스트 연구위원회: 잠정위원회Holocaust Research Committee: Interim Committee'의 회원이다. 이 단체의 사무장은 독일에서 교육받은 모하마드−알리 라민 박사다. 그는 이란 대통령 아마디네자드의 '보좌관'이다. 라민은 유대 민족이 "불결하다"며 "이스라엘 이전"을 촉구했다. 르노프와 나란히 세계적인 연설자로 연단에 선 사람은 미국 극우단체 KKK의 전 단장이자 또 다른 강박적인 유대인 혐오자 데이비드 듀크였다. 듀크는 테헤란으로 가는 도중에 벨기에 회담에서 그리핀과 함께 연설했다.

국민당 당수의 유대인 증오는 그 뿌리가 깊다. 1988년에 그

---

10 Lady. 귀족의 아내나 딸. 또는 남성의 나이트Knight에 해당하는 작위를 받은 여성이나, 나이트의 부인을 가리키는 칭호.

11 홀로코스트Holocaust와 기독교Christianity의 합성어로 홀로코스트 사건을 유대인의 종교적 신념으로 비약하여 조롱하는 말.

[닉 그리핀]는 『룬The Rune』을 출간했다. 홀로코스트 부정에 초점을 맞춘 책으로 기이한 왜곡이 추가되었다.

과거 1960년대, 유대 민족은 이제는 아무도 믿지 않는 독일의 다하우와 벨젠, 공산국가 폴란드의 아우슈비츠와 트레블링카 같은 수용소에 있는 대형 가스실이라고 주장하는 부지를 몰래 바꾸었다. 현재는 치클론 B[12] 몰살에 대한 발상이 비과학적 헛소리임이 밝혀졌다. 그들은 재차 삼차 역사를 왜곡하며 가스실을 축소시켰으며, '지금까지 알려지지 않은 동쪽의 수백 곳에서 100만 명이 넘는 유대인이 총살당했다'라고 주장한다.

다하우와 벨젠은 강제수용소가 있던 곳으로 고문과 살인이 자행된 현장이다. 노동조합원과 사회민주주의자, 공산주의자와 그 밖의 나치에 반대하던 사람들이 유대인과 함께 투옥되었다. 나치가 폴란드 땅에 세운 아우슈비츠 수용소는 가스실에서 유대인과 집시를 말살하기 위해 산업적 규모로 세워졌다. 하지만 1939년 이후 동유럽에 독일 군대가 도착한 순간부터 1941년 히틀러의 이전 동맹국 러시아를 침공할 때까지 엄청난 수의 유대인이 빠른 속도로 계속 총살당했다. 그리핀의 관점을 가진 반유대주의자는 이 사실을 그저 모순으로 바라볼 뿐

12 Zyklon-B. 독일에서 만들어진 시안화계 화합물. 원래 살충제로 쓰였으나 나중에 독가스로 사용되었다.

이다.

정치적 반유대주의라는 왜곡된 이념 작업으로 들어가면 또 다른 모순이 수면에 떠오른다. 유대인과 무슬림 다음으로 영국의 극단주의자와 극우파와, 국민당이 증오하는 세 번째 대상은 유럽연합 그리고 영국이 유럽연합 가맹국이란 사실이다. 그러나 가장 강력하고 공식적이고 조직화된 반유대주의가 정치적으로 표출되는 곳은, 이론적으로는 민주주의 발상지로서 유럽의 이상을 정치적으로 실현하기 위한 곳인 유럽의회다. 비례대표 선출 방식 덕분에 얼마 안 되는 표로 극단주의, 종파주의 또는 그와 유사한 정책을 펴는 유럽의회 의원 20명이 의회 대표로 선출되어 현재 유럽연합 27개[13] 회원국에서 극우적·반유대주의적 정치 단체를 대표하고 있다.

처음 유럽의회에 '정체성, 전통, 주권ITS, Identity, Tradition and Sovereignty' 단체가 설립되었을 때, ITS는 중도 좌파 사회주의자와 중도 우파 유럽인민당European People's Party, 자유당Liberals으로 구성된 전통적인 당보다 훨씬 규모가 작았다. 유럽의회에서 대표가 된 프랑스의 반유대주의 국민전선을 비롯해 대大루마니아당Partidul România Mare(Greater Romania Party)과 불가리아의 아타카당Ataka(The National Union Attack)은 노골적인 반유대주의 색깔

---

13 2013년 크로아티아가 가입해 2016년 6월 기준으로는 28개 회원국이다.

을 띠고 있다. 불가리아의 유럽의회 의원 디미타르 스토야노프는 이렇게 주장했다. "막강한 유대인이 정말 많습니다. 엄청난 자본을 언론매체에 지원해서 사람들의 사회적 인식을 형성하는 데 영향을 미치죠. [유대인들은] 또한 불가리아의 경제를 위기로 몰아넣고 자기들은 부자가 됩니다." 영국의 유럽의회 의원 애슐리 모트는 ITS 회원이 되었다. 2004년에 국민당은 수천 표 차이로 유럽의회에서 의석을 얻지 못했는데 반유럽연합 단체인 영국독립당이 맹렬하게 추격했기 때문이다. 영국독립당은 유럽공포증에 빠진 타블로이드 신문과 일부 주류 정치인이 퍼뜨리는 유럽에 관한 거짓말을 믿는다. 리옹 출신 학자이자 ITS 지도자 브뤼노 골니슈는 프랑스의 극우 인사이자 독보적인 반유대주의 정치인 장마리 르펜과 비견할 만한 인사다. 골니슈는 홀로코스트 부정 혐의로 프랑스 법정에서 유죄선고를 받았다. 또 다른 유럽의회 의원 알레산드라 무솔리니는 듀체(이탈리아 파시스트 당수 베니토 무솔리니의 별칭)의 손녀다.

그러나 유럽의회의 반유대주의로 가장 악명 높은 사람은 ITS 일원이 아니다. 마치에이 기에르티흐는 폴란드 유럽의회 의원으로 폴란드가족연맹Liga Polskich Rodzin(League of Polish Families)의 대표다. 2007년 2월, 그는 소책자『유럽 전쟁의 문명Civilisation at War in Europe』을 출간했다. 이 소책자는 스트라스부르에서 나왔고 유럽의회 로고가 박혀 있다. 폴란드 유럽의회 의원은 유대인들이 비윤리적이고, 유난히 따로 떨어져 살고 싶어하는 데다 예수와 메시아를 믿지 않는 "비극적인 사회"라고 주장했다.

그것은 주변 사회가 프로그래밍한 독립과 차별의 문명이다. (…) 그들 스스로 주변 사회로부터 분리된 삶을 추구하며 아파르트 헤이트 안에서 살아가길 선호한다. 유대 민족만의 공동체를 형성하고(카할Kahal), 그들만의 법칙으로 스스로 통치하며 공간적 분리를 유지하기 위해 심혈을 기울인다. 유대인은 유대인끼리 함께 살기 위해 그들 스스로 고립된 지역을 만들었고, 그 지역은 미국의 차이나타운에 필적한다.

기에르티흐의 아들 로만은 2007년 9월 폴란드 총선에서 패배한 야로스와프 카친스키의 우파 정권 당시 부총리이자 교육 장관이었다. 무슬림 반유대주의자인 로만 기에르티흐는 진화론 교육과 동성애에 적대적이다. 로만은 소책자 32쪽에서 아버지를 인용하며 유럽의 문화와 교육, 도덕성은 하나의 기독교 문명에서 생겨났다고 주장한다. 기에르티흐의 세계관으론 폴란드와 그 밖의 유럽 가톨릭 국가는 유대교 율법을 기반으로 하는 문명과 공존할 수 없다. 누군가 반박하면 기에르티흐는 자신은 그저 다른 사람들의 생각을 반영한 것뿐이라며 반유대주의자들의 전통적인 응수법에 기댄다. 기에르티흐가 말하는 다른 사람이란 폴란드의 역사가이자 철학자 펠릭스 코네

치니인데 1930년대의 철학자로, 유대인은 법을 준수하지 않고 비도덕적이기 때문에 가톨릭교도와 한 나라에서 살 수 없다고 주장한 인사다.

오늘날 반유대주의적인 국가와 유럽 의원들은, 늘 그래왔듯이, 자기들이 비주류 정치인으로 부당하게 무시당한다고 발끈한다. 폴란드 하원의원 지그문트 브르조다크는 2002년에 폴란드 라디오 방송국 마리야에 출연하여 다음처럼 발언했다. "프리메이슨이 유럽연합을 조종한다는 것은 공공연한 사실입니다. (…) 세계적인 유대 국가와 독일에 자율권을 부여한다는 이점을 누리고 있죠." 하지만 반유대주의 발언에도 불구하고 이런 정치인들이 당선된다. 기에르티흐나 ITS 보좌관으로 당선된 오스트리아인의 경우를 보면 그들의 당은 정부와 연합한다. 그들은 유럽 전역에서 서로 연합하여 중동의 극단적인 반유대주의적 이슬람주의 정책과 합류한다. 히틀러가 패배한 지 60년이 지났지만, 유럽 민주주의에서 많은 정치인이 반유대주의 이념을 포용하고 있다.

예상대로, 유럽의회가 공식적으로 자금을 지원했던 단체 ITS는 오래가지 못했다. 로마 부근에서 루마니아인이 이탈리아 여성을 잔인하게 살해한 사건이 일어난 뒤에 무솔리니의 딸은 루마니아와 루마니아인을 공격했다. 그녀의 맹렬한 비난은 초국가주의자인 루마니아 유럽의회 의원들 사이에서 공분을 일으켰고, 이들은 ITS를 탈퇴했다. 사회주의자와 중도 우파 유럽의회 의원들은 극단주의적인 ITS가 빠르게 분열하는 양상을 보고 크게 기뻐했다. 그러나 축배를 들기엔 아직 이르다. 왜 유럽의회 의원들은 인종주의와 반유대주의를 성토하는 유럽의 민주주의와 유럽연합 기본권 헌장이라는 이름으로, 유럽의회가 반유대주의 정치권력의 발상지가 되는 것을 막기 위한 조치를 전혀 취하지 못했던 것일까. 진짜 문제는 이것이다.

제2장

유럽과 전 세계의 신반유대주의

독일

■

"독일인이 반유대주의를 발명하지는 않았지만, 아우슈비츠는 독일의 발명품이다. 독일의 반유대주의가 세계 어느 나라의 반유대주의와도 다른 이유는 바로 그것이다." 독일의 유대인 공동체 지도자 이그나츠 부비스는 이처럼 단언한다. 독일은 반유대주의를 심각하게 받아들인다. 최근 몇 년간 엄청난 규모의 유대인 이민자가 유입된 유일한 국가가 바로 독일이다. 수십 년 혹은 그보다 더 오래전부터 독일에서 발생한 공동체가 독일 법의 허가를 받고 근원적 고향으로 돌아온 것이다. 이런 공동체 가운데 많은 유대인이 있고, 독일 정부는 유대 회당과 랍비 학교를 세우는 데 자금을 지원하며, 비록 대단한 규모는 아니지만 성심성의껏 히틀러 이전의 독일에 살던 유대인들의 도시를 재건하고 있다. 독일 정부는 독일 내 유대인 공동체에 보조금으로 연간 300만 유로를 지원한다. 이란 대통령이 반유대주의 홀로코스트를 부정하는 전람회를 열었을 때[1] 독일 외교부는 이슬람 극단주의를 교묘히 피하거나 얼버무리지 않고 2007년 여름에 "반유대주의? 반시온주의? 이스라엘의 기독교?"라는 자체 전람회를 개최하며 대응했다. 독일 외무차관 게르노트 엘러는 단호했다. "아아, 반유대주의 같은 과거의 병폐가 아직 존재한다니! 하지만 이는 현대 유럽에서 나타나는 현상으로 독일 대외 정책이 감당해야 할 문제다." 유대인과 이스라엘을 증오하는 모든 이슬람주의자에게 태도를 분명히 밝히기 위해 그는 이란으로 갔다.

이스라엘이 공인된 국경 안에서 평화롭고 안전하게 존립할 권리는 독일연방공화국 대외 정책의 타협 불가능한 초석이며 앞으로도 그럴 것입니다. 이란 대통령을 포함해 홀로코스트를 부정하고 이스라엘에 증오 섞인 발언을 하거나 이스라엘의 존재권에 간접적으로 의문을 제기하는 사람은 그런 발언을 거부하

---

1 이란홀로코스트국제회의International Conference to Review the Global Vision of the Holocaust는 2006년 12월 이란정치·국제연구소 주최로 테헤란에서 열렸다. 홀로코스트가 어디까지 역사적 사실인지를 가리겠다는 취지로 열린 이 제1회 국제회의에는, 예전부터 홀로코스트는 허구라고 발언해온 아마디네자드 이란 대통령이 직접 참석했고, 30개국에서 온 반이스라엘 인사 67명이 모였다.

고 그에 항의하는 독일의 반대를 감당해야 할 것입니다.

1970년, 전후 독일의 훌륭한 지도자이며 유럽에서 가장 위대한 사회민주주의자인 빌리 브란트2는 30년 전 독일이 전 유럽의 유대인에게 저지른 범죄에 참회하는 의미로 바르샤바 게토에서 무릎을 꿇고 전 세계를 향해 독일과 유대인에 관한 메시지를 전달했다. 그로부터 2년 뒤 뮌헨 올림픽—전쟁이 잊힌 순간을 천 년 동안 상징한—에서 최초로 반유대주의 무슬림들이 이스라엘 선수들을 살해했던 사건은 아마도 우연이 아니었을 것이다. 뮌헨은 히틀러가 가장 사랑한 도시였고, 나치 독일 무렵 팔레스타인의 지도자 대大무프티Grand Mufti 하즈 아민 알후세이니가 1937년 이후 거주한 곳이다. 〔히틀러의〕『나의 투쟁 Mein Kampf』(1925~1926)은 아랍어, 이란어, 터키어로 번역되어 여전히 판매 중이고, 오늘날 나치와 히틀러를 향한 이슬람주의자들의 열망은 현대 반유대주의의 중요한 부분으로 남아 있다.

유럽연합이 반이스라엘 노선으로 나아가길 바라는 사람이라면 반드시 독일을 염두에 두어야 한다. 한번은 외무장관들이 모이는 유럽연합 이사회에서 프랑스 외무장관 도미니크 드빌팽이 이스라엘의 죄상 보고서를 낭독하며 유럽연합이 팔레스타인 대신 주둔해서 조처할 것을 요구했다. 그의 연설은 프

---

2 1913~1992. 독일의 정치가. 독일 사회민주당 당수(1964~1987), 외무장관 (1966~1969), 총리(1969~1974)를 지냈다.

랑스어로 '브리스틀Bristol'이라고 불리는 커다란 카드에 인쇄되었다. 드빌팽이 열변을 토하며 연설을 이어가자 같은 자리에 있던 독일 외무장관 요슈카 피셔는 점점 신경이 거슬리고 지겨워졌다. 세계 문제에 관한 관대하고 트인 시야를 가진 브란트를 계승한 피셔(하지만 안타깝게도 독일 총리 슈뢰더와 총리 측근들로 인해 자신의 능력을 모두 쏟아부을 수 없었다)는, 카드가 다 넘어가길 기다렸다가 드빌팽의 연설이 끝나자, 독일이 프랑스 우파 인사가 조직한 반이스라엘 운동에 불참하겠다는 뜻을 분명히 밝혔다.

홀로코스트 부정은 반유대주의를 가장 지능적으로 표출하는 행위이며 독일과 오스트리아에서 불법이다. 또한 스와스티카(卍자 모양. 독일 나치즘의 상징이다.) 같은 반유대주의 휘장을 차는 일도 불법이다. 절대적 표현의 자유를 옹호하는 순수주의자들은 홀로코스트 부정주의자들이 독일에 자기들의 관점을 표현할 권리를 부정하는 것은 표현의 자유를 제한하는 행위라고 항의한다. 해방당 같은 유대인 혐오 정치 조직은 독일에서 불법이지만, 영국의 보수당과 노동당 내무장관은 반유대 이슬람주의자의 복장에 대해 어떤 조치도 취하지 않았다. 또 정치적 자유를 지향하는 순수주의자들은 이에 대한 제재가 권리를 부정하는 일이라고 주장할 것이다. 영국의 전멸 전법과 인종주의, 강제수용소concentration camps(영국 용어로 보어인 소작농과 소농 가구가 '강제로 수용된concentrated' 곳을 묘사할 때 사용된다. 20세기 초 영국의 다양한 백인 우월주의에 대항하는 보어인의 저항운동을 지지하는 사람들에게 교훈을 줄 목적으로 이들을 기아에 빠뜨렸다)의 발명은 유럽이 아닌 대영제국과 식민지에서 탄생했으며 영국은 나치즘 같은 이념의 유산을 정면으로 마주한 적이 없다.

1933년[3] 이전에 독일인이 듣고 읽은 이야기는 향후 몇 년간 그들이 얻을 기회였다. 그러므로 1950년 이래로 독일인은 반유대주의를 허용하면서 홀로코스트를 부정하거나 이슬람주의자의 반유대주의를 허용하거나 캠퍼스를 어지럽히는 이스라엘 증오 또는 어떤 형태로든 독일에서 인종주의를 허용하는 크나큰 위험을 감수하지 않았고 그런 준비도 하지 않았다. 1977년,[4] 이념적 테러리스트인 독일 적군파RAF가 서독 경영자협회 회장을 납치했다. 그는 오늘날 중동 이슬람주의 납치범들의 인질과 똑같이 그들의 요구사항을 들고 있는 모습으로 사진이 찍혔다. 극단주의자들은 그를 이용한 후 살해했다. 독일 적군파는 반서구적·반민주적 조직으로서 전체주의 이념에 따라 무장 투쟁이 더 나은 새로운 세상을 가져온다고 믿었다. 독일 극단주의자와 초기 반유대 이슬람주의 테러 조직은 긴밀

---

3 1933년 3월, 독일 총선에서 민족사회주의독일노동자당(나치당)이 288석을 얻으면서 제1당이 되었다. 총리로 임명된 히틀러는 의회를 해산하고 나치당과 독일 국민당의 연합정부를 세우면서 바이마르 공화국은 사실상 무너지고 나치 독일이 시작된다. 이 선거는 바이마르 공화국 마지막 총선으로 기록에 남아 있다.
4 1977년은 독일 적군파 테러리스트들이 독일의 정치계, 경제계, 법조계 인사들에 대한 테러를 감행한 해로 '독일의 가을(또는 가을의 독일)'로 알려져 있다.

한 관계였다.

같은 해 독일 항공기가 납치되어 강제 착륙했을 때, 이슬람주의자들은 승객을 유대인과 비유대인으로 나눌 것을 요구했다. 독일 특공대가 항공기를 제압했지만, 이슬람주의자들이 승객을 유대인과 비유대인으로 분류한 행위는 독일 나치가 바로 죽일 사람과 강제 노역을 시킬 대상으로 좀더 살려둘 사람을 구분했던 아우슈비츠 수용소의 악명 높은 도착 경사로를 연상시킨다. 이런 광경은 1945년 이후 태어나 1960년대에 세상을 다른 방식으로 재건하려 했던 독일인의 정신에 깊이 새겨졌다. 피셔로 상징되는 68세대는 브란트가 선택한 친미 대외 정책에 분노를 표출하기 위해 경찰과의 시가전도 마다하지 않았지만, 자유민주주의에 반대하는 증오 시위의 종착지가 지도자를 납치·살해하고, 이스라엘의 존립에 항의하기 위해 항공기를 납치하여 유대인 탑승객을 따로 구분하는 행위를 의미한다면, 그건 자신들이 바라는 목적지가 아니라는 사실을 깨닫게 되었다.

그래서 오늘날 독일은 끊임없이 반유대주의를 감시한다. 독일만큼 당대의 반유대주의에 관해 깊이 있는 연구를 많이 하는 국가는 없다. 독일에도 여느 유럽 국가들과 마찬가지로 유대인과 유대 회당에 대한 물리적 공격이 있다. 2006년에 11개 유대인 묘지가 훼손되었고, 유대 회당과 유대인 기념비가 공격당한 사건이 77건 보도되었다. 프랑크푸르트에 사는 독일인 친구의 아파트 건너편에 작은 유대 회당이 있다. 건너편의 여느 건물과 마찬가지로, 독일 시민들이 거주하는 평범한 거리에서 볼 수 있는 친근한 퍼브pub 분위기의 식당처럼 생겼다. 하지만 만일에 대비해 건물 밖에 항상 경찰차가 대기 중이다. 유럽의 반유대주의가 실제로 그렇게 심각하지 않다는 글을 읽었을 때, 나는 조용하고 친근한 프랑크푸르트 거리를 지키는 경찰들을 떠올렸다. 이들이 다른 범죄나 사회문제를 처리하는 데 배치되었다면 더 좋았겠지만, 반유대주의 때문에 그 경찰들은, 가톨릭교도와 개신교도가 경찰이 밤낮으로 지킬 필요가 없는 성당과 교회에 기도하러 갈 수 있는 것처럼 독일의 유대인도 평화롭고 안전한 곳에서 기도할 수 있다는 사실을 보여주기 위해 반드시 회당을 지켜야 한다.

10만 독일 유대인은 신변을 걱정해야 할까? 대답은 유감스럽게도 '그렇다'다. 최근 연구에서, 독일 전체 학생의 20퍼센트가 "독일 내 유대인들이 너무 많은 영향을 끼치고 있다"라는 데에 동의했으며, 조사에 응한 학생 중 17퍼센트가 "유대인들은 이상하고 특이하며, 우리와는 다르다"라는 데에 동의했다. 베를린의 독일 유대인중앙위원회는 매일같이 반유대주의 증오로 가득한 이메일과 편지, 팩스를 받는다. '반유대주의'라는 용어가 발명된 땅에서, 반유대주의는 동시대의 문제가 되었다. 2006년에는, 독일에서 계속 진행 중인 사회학적 조사에서 30세 이하의 독일인 절반이 "이스라엘이 팔레스타인을 절멸시키려 한다"고 생각한다고 보고했다. 젊은 독일인의 3분의 1, 60세 이상 인구의 거의 절반이 유대 민족이 과거사, 이를테면 홀로코스트를 이용해 이득을 챙기려 한다고 믿었는데 학자들은 이를 간접적 반유대주의의 한 예라고 규정했다.

독일 역사의 반유대주의 전통주의 연구의 저자인 아르민 팔–트라우크흐버 교수는 반유대주의를 여섯 형태로 구분했다.

1. 종교적 반유대주의
2. 사회적 반유대주의
3. 정치적 반유대주의
4. 인종주의적 반유대주의
5. 간접적 반유대주의
6. 반시온주의적 반유대주의

반유대주의는, 반유대주의를 해결하려는 독일 당국의 노력에도 불구하고, 여러 양상이 혼합되어 현대 독일에서 다양한 형태로 출현한다. 팔–트라우크흐버는 반유대주의에 이용되는 주장들을 설명한다. 그들은 유대 민족이 언제나 서로 조화롭게 살고 싶은 독일인을 방해하고, 자본주의와 자유주의, 사회주의와 페미니즘을 발명해서 이런 불건전한 사상을 전 세계에 확산시키려 한다고 주장한다. 팔–트라우크흐버의 분석을 보면, 현대 독일의 반유대주의자는 유대 민족이 엄청난 수준의 영향력을 가진다고 믿고 있다. 유대인들이 대중매체를 규제하고, 배후에서 정부를 조종하며 세계 경제를 통제한다고 믿기 때문이다. 유대인의 세계적인 음모는 프랑스혁명에서 9·11에 이르기까지 현대의 역사 대부분을 설명한다. 유대 민족은 또한 무자비한 보편구제설을 옹호하는데, 자신들이 사람들(민족)과 문화의 차이점을 강조하기 때문이다. 사회에 완전히 동화되어 통합되기를 거부한다는 점에서 유대인도 반유대주의에 책임이 있다. 유대 민족을 혐오하는 현대의 반유대주의와 이스라엘 반대는 불가분의 관계다. 반이스라엘 발언으로 시작해서 부지불식간에 반유대주의적 발언으로 넘어가는 분명치 않은 회색 지대가 있다. 이스라엘 반대와 유대인 반대 사이의 명확한 경계를 규정하는 일은 쉽지 않다. 그러나 팔-트라우크흐버에 의하면, 반유대주의자들은 유대인들이 홀로코스트 기념행사와 교육을 강조하면서 더는 논의할 필요가 없는 일을 계속 들먹인다고 주장한다.

독일에서 가장 조직적인 반유대주의는 극우파 정당과 그 지지자 및 동조자 혹은 옹호자들이 막연하게 연관된 단체에서 비롯되었다. 이들은 영국국민당, 프랑스 국민전선과 정치적 동족이다. 독일 극우파는 홀로코스트 부정이 독일 법에 저촉되는 범죄행위이며, 정식으로 조직된 정당은 공개적인 반유대인 발언을 될 수 있으면 피해야 한다는 사실을 알고 있다. 독일에서 두각을 나타내는 반유대주의자 호르스트 말러는 극우 독일국가민주당NPD에서 쫓겨나, '홀로코스트 부정 박해자 갱생 협회'를 발족했다. 독일 법정은 끈질기게 홀로코스트를 부정하는 사람들을 엄중하게 처벌했지만, 반유대주의자들이 그들 자신을 정치적 순교자로 묘사하는 위험도 항상 도사리고 있다. 따라서 유대인과 홀로코스트에 관한 자기 연민적 관점을 가지고 반유대주의로 투옥된 사람들을 '정치적 순교자'라고 주장하는 현대 독일의 반유대주의는 홀로코스트가 미신일 뿐이며 오늘날 유대인과 유대 국가에 맞서는 사람들을 순교자로 칭하는 이슬람주의자의 반유대주의 주장과 연결된다.

프랑스 지식인과 반유대주의

■

프랑스 반유대주의의 중심에도 홀로코스트 부정이 깔려 있다. 19세기 말 프랑스는 독일과 러시아 다음으로 악랄한 반유대주의 정책의 진원지였다. 이러한 반유대주의 정책은 결국 드레퓌스 사건으로 절정에 달했다. 당시에 테오도어 헤르츨은 유대 민족만의 보금자리와 국가가 없다면 유럽에서 절대 그들의 안전을 확신할 수 없을 거라 결론 내렸다고 말했다. 전간기戰間期에 프랑스 베스트셀러 작가였던 루이페르디낭 셀린은 노골적인 반유대주의자였다. 그는 한 희곡에서 국제연맹이 유대인의 음모라고 주장하며, 유엔이 하마스 헌장을 맹렬하게 비난한 행위가 유대인의 창조물이라고 추정했다. 프랑스의 인민전선 정부가 수립되었을 때, 셀린은 "나는 단 한 명의 전지전능한 블룸보다 열두 명의 히틀러가 더 좋다"라고 썼다. 셀린이 언급한 사람은 유대계 사회주의자 총리인 레옹 블룸으로 프랑스 반유대주의가 겨냥한 특별한 표적이었다. 제2차 세계대전 당시, 프랑스 고위층은 나치와 협력해 유대 민족을 동유럽의 절멸 수용소로 강제 추방 했다. 1946년에 장 폴 사르트르는 『유대인 문제 고찰Réflexions sur la question juive』이라는 짧은 책을 한 권 썼는데, 볼테르식으로 "만일 유대인이 존재하지 않았다면, 반유대주의가 유대인을 생산했을 것이다"라고 주장했다. 다르게 표현하면 반유대주의는 민족주의적 증오의 이념으로서 유대인 로비, 유대 국가, 유대인 기업가, 유대인 편집자 등 그 대상이 무엇이든 간에 끊임없이 유대인을 표적으로 삼는다. 사르트르는 불길한 말로 글을 끝맺는다. "유대인 동조자들이 유대인 적들이 파괴에 전념하는 만큼의 열정과 인내로 유대인들을 방어한다면, 유대 민족이 추구하는 목적은 이미 반은 달성된 것이다. (…) 유대인이 프랑스에서든 세계의 다른 어느 곳에서든 생명의 위협을 느끼는 한, 프랑스인도 절대 안전하지 않다." 아아, 여생 동안 정치적·철학적으로 갈지자 행보를 한 사르트르는 스스로 경멸해 마지않던 반유대주의에 스며든 명분과 운동을 종종 지지하게 되었다.

프랑스 공산주의자는 스탈린 시대의 공개 재판 중에 동유럽의 유대계 공산주의 정치인을 '미국 스파이'라고 비난했다. 게다가 우리는 오늘날 프랑스 좌파가 반시온주의와 반유대주의를 구분하면서 나타나는 비유를 읽을 수 있다. 질 마르티네는 비공산주의 좌파의 기둥으로 1981년에 프랑수아 미테랑에 의해 이탈리아 대사로 임명되었다. 그는 독자들에게 왜 많은 유대인이 1952년에 프라하의 여론 조작 재판에서 "반시온주의와 반유대주의를 절대 혼동해서는 안 된다"라고 판단했는지 아느냐며 확언을 했다. 클로드 부르데 같은 일부 주류 좌파 지식인과 저술가는 동유럽 공산주의 지배체제로 인한 "반유대주의 열기의 조직적 이용"을 강조하기도 했지만, 부르데는 프랑스 공산주의 일간지 『휴머니티L'Humanité』에서 "미국 첩보국 소속인 시온주의 범죄자를 엄중하게 처벌해야 한다"라고 주장했다. 1967년, 중동 분쟁 기간 드골 장군은 유대인을 "독단적이고 거만한 사람들"로 묘사하며 조롱했다. 68세대 좌파는 이런 비난에 더해 1973년에 『휴머니티 공산주의L'Humanité rouge』에서 "시온주의는 파시즘이다", 또한 전통적인 이슬람주의자의 발언과 함께 "이스라엘의 존재 자체야말로 중동 분쟁의 근원"이라고 했으며, 프랑수아 퓌레는 1978년에 "현재 사고방식으로 이스라엘인을 정복하는 것은 19세기의 좌파와 우파 모두가 존재한다고 믿었던 유대인 금권정치를 대체하는 것이다"라고 주장했다.

드골 장군과 그의 추종자들은—1995년에 자크 시라크가 대통령으로 당선되기 전까지—1940년 이후 프랑스에서 통과된 반유대주의 법안에 대한 프랑스의 책임과 과실을 인정하지 않았다. 프랑스는, 비시 정부[5]는 프랑스 정부가 아니었다는 거짓을 방패 삼아, 1940~1944년에 유대인에게 저지른 일에 대해 국가적 차원에서 사과할 필요가 없다고 주장했다.

반유대주의의 결과를 인정하지 않는 이런 불쾌한 현상은 1970년대에 프랑스 반유대주의 지식인들이 주류 정치 이론으로 홀로코스트 부정이라는 부정주의 발상을 채택하여 발전시키면서 다시 현실화되었다. 이 같은 현상은 1930년대 블룸이 사회당에 가입하기 전에 프랑스 공산당에서 정치를 시작한 폴 라시니에가 1950년대 초반에 발전시킨 것이다. 그는 레지스탕스 활동을 하다 붙잡혀 부헨발트 수용소로 강제 추방 되었다. 프랑스 하원의원으로 선출되었지만, 그 유명한 드레퓌스 장군의 먼 친척인 유대계 사회주의자 피에르 드레퓌스 슈미트한테 패하면서 의원직에서 물러났다. 이 일이 계기가 되어 좌파 반유대주의로 도피하게 된 듯하다. 1950년에 출간된 라시니에의 저서 『율리시스의 거짓말Le Mensonge d'Ulysse』에서 이러한 견해가 나타났다. 저자는 유대인의 국제적 로비 때문에 제2차 세계대전이 발발했으며, 유대인들이 폴란드의 나치 절멸 수용소에서 유대인 집단학살 보고서를 날조했다고 비난했다. 라시니에는 1964년에 출간된 『유럽 유대인의 드라마Le Drame des Juifs Eu-

---

5 1940년 6월 나치스 독일과 정전협정을 맺은 뒤 오베르뉴의 온천 도시 비시에 주재했던 프랑스의 친나치 정부.

ropéens』에서 600만 유대인이 학살당했다는 사실이 아니라 유대인들이 그 같은 주장을 지어냈다는 사실이 극적인 사건이라고 주장했다.

부정주의나 홀로코스트 부정은 프랑스 지식인 집단과 반유대주의 정치 집단이 굳건하게 고수하는 전후의 가장 중대한 반유대주의적 표현이다. 루이 다르키에 드펠푸아는 비시 정부 장관으로 유대인문제위원회 위원장이었는데, 1978년에 프랑스 주간지 『렉스프레스L'Express』에서 다음처럼 발언했다. "아우슈비츠에서 질식한 거라곤 기생충뿐이다." 그의 뒤를 이어 프랑스에서 홀로코스트를 부정한 인물은 포리송이다. 그는 대학에서 문학을 가르치는 교수인데 가스실의 존재를 부정하는 인사다. "허구의 유대인 집단학살과 허구의 가스실이 결합해 정치적 금융사기를 만들어냈고, 주요 수혜자는 이스라엘과 국제적 시온주의운동이다." 포리송이 프랑스 라디오에서 한 발언이다.

반유대주의는 프랑스 공화국에서 심각한 수준으로 재부상했다.

1980년대에 프랑스 국민전선과 유대인을 배척하는 지도자들에 의해 포리송의 관점이 확산했다. 르펜의 국민전선은 영국이나 독일 같은 주변부 반유대주의 우파 정당과는 달리, 2002년 대선 1차 선거에서 프랑스 사회당 후보 리오넬 조스팽을 꺾으면서 자크 시라크에 이어 득표 2위를 차지했다. 1980년대 말에 나는 남부 브리타니에서 열린 르펜의 회의에 참석했다. 그는 전후 프랑스 유대계 중도 좌파 총리인 피에르 망데스-프랑스(1954~1955 재임)와 로랑 파비위스(1984~1986 재임) 두 사람 이름을 계속 들먹였다. 르펜은 유대인이라고 노골적으로 공격하지 않았지만 비난 섞인 어투로 험악한 억양에 유대인 혐오를 실어, 경청하는 회의 참석자들에게 그들이 프랑스 좌파를 배신했으며, 유대인이라 혼자 사는 거라고 확신에 차서 비난했다. 르펜이 거대한 텐트 안에서 추종자들에게 장광설을 늘어놓는 동안 활동가들은 매부리코를 한 망데스-프랑스의 포스터와 파비위스 때문에 프랑스 어린이들이 에이즈에 걸린 피로 오염되었다고 비난하는 포스터를 판매했다. 프랑스의 반유대주의로 재부상한 피의 비방blood libel**6**은 이스라엘과 유대인을 증오하면서 부활했다.

르펜과 그의 추종자들은 노골적이고 지속적인 반유대주의 발언을 피하려고 했지만, 홀로코스트를 '역사적으로 사소한 일'로 표현했고 2004년에 프랑스의 인기 코미디언 디외도네 음발라 음발라가 유대 민족이 과거 노예상인이었으며 현재는 금융과 연예 사업을 통제한다고 발언하는 일을 막을 수 없었다. 르펜의 오른팔 브뤼노 골니슈가 2007년에 홀로코스트 부정 혐

---

6 특정인이나 집단에 대한 부당한 비방을 일컫는 말. 유대인이 종교적 의식을 위해 기독교인을 제물로 바친다는 믿음으로 19세기 러시아와 20세기 독일에서 유대인 학살과 홀로코스트를 정당화하려는 반유대인 선전 활동에 이동되었다. 『비밀과 음모의 세계사: 세계사를 미궁에 빠뜨린 35가지 음모와 스캔들』(조엘 레비 지음, 서지원 옮김, 휴먼앤북스, 2005) 참조.

의를 받은 한편 포리송은 이란의 위성방송 사하라 I을 통해 아우슈비츠에 가스실이 없었기 때문에 나치가 유대인을 절멸한 것이 아니라는 자신의 관점을 프랑스에 내보냈다.

로제 가로디는 1945년 이후에 나타난 뛰어난 프랑스 공산주의자로 스탈린의 반대자에 맞서는 사상 공격의 최전선에 섰던 사람이다. 그는, 많은 사람이 그랬듯, 교회를 떠났지만 몇 년 후에 유대인을 공격하는 새로운 대의명분을 찾았다. 1998년에 그는 홀로코스트에 관한 허위 사실을 저술했다는 이유로 프랑스 법정에서 유죄선고를 받았다. 그러나 프랑스가 거부한 그를 이슬람 세계가 포용했다. 이집트에서 가장 영향력 있는 이슬람교 성직자인 대★셰이크 무함마드 사예드 탄타위는 알아즈하르 모스크를 책임지고 있으며, 이 지위는 이슬람 수니파의 최고 권한을 보여주는 것이다. 2007년 2월, 그는 카이로에 방문한 가로디를 환대했다. 셰이크 탄타위는 과거에 이스라엘을 포함하여 자살폭탄 테러로 규탄받은 바 있다. 이러한 우발적 성명은 종종 볼 수 있지만, 반유대주의 이념을 일관성 있게 배제하진 않는다. 셰이크는 과거 좌파 인사였지만 현재는 프랑스의 반유대주의 정치 인사 가로디에게 경의를 표하며 그가 혼자가 아니라는 사실을 보여주었다.

이번 세기에 프랑스 사회당은 국제관계전략연구소IRIS 소장 파스칼 보니파스가 쓴 보고서 형식으로 이스라엘을 공격하면서 프랑스 무슬림 유권자의 환심을 사려 했다. 보니파스는 프랑스 유대인들이 "자신들이 선거에 미치는 영향력을 강조하며 이스라엘 정부가 책임을 회피하게 한다. (…) 하지만 이슬람 사회에 더 많은 유권자가 있다"라고 주장했다. 2002년 총선 전에 보니파스가 무슬림 유권자를 위해 이스라엘 존재권 지지를 희생양으로 삼아야 한다고 제안했을 때 사람들은 격분했다. 사회당 활동가들은 반이스라엘이라는 대의는 20세기 유럽의 민주적 중도 좌파 정당 어디에서든 볼 수 있다고 말해 사회당 후보를 돕기는커녕 아예 유대인 유권자가 사회당을 외면하는 결과를 초래하고 말았다.

2005년 프랑스 최고의 인종주의 연구자 미셸 비비오르카가 이끄는 사회학자 팀이 프랑스 무슬림의 반유대주의 사고에서 보이는 심각성과 다양성을 조사했다. 프랑스 도시계획자들은 프랑스 백인 시민들이 꺼리는 온갖 비위생적이고 위험한 저임금의 단순노동을 하기 위해 프랑스로 대거 몰려든 북아프리카 사람들을 사회적으로 궁핍한 변두리 지역에 몰아넣었으며, 그들의 반유대주의 감정 범위는 암울하고 충격적이었다. 가난한 무슬림들이 거주하는 고층 아파트 단지 승강기에서 스와스티카가 발견되었다. 담벼락에는 스프레이로 낙서한 반유대인 욕설이 가득했고, 조사 팀이 진행한 모든 인터뷰에는 지독한 반유대주의 욕설과 공격적 발언이 녹음되어 있었다. 모든 독자적인 조사연구는 프랑스의 500만 무슬림 사이에 반유대인 감정이 충격적인 수준임을 보여준다. 해외 이슬람 운동과 노선을 달리하는 이슬람 단체는 틈만 나면 이스라엘을 공격한다. 다수의 좌파 지식인과 좌파 정치 활동가는 중동에 비판적 판단을 내리기를 유보한다.

2006년 1월에 휴대전화 판매원으로 일하는 유대인 일란 할리미는 유수프 포파나가 이끄는 유대인 증오 갱단에 붙잡혔다. 그들은 할리미를 고문했고, 그가 고통으로 비명을 지르면 반유대주의 욕설을 퍼부었다. 그해 2월, 할리미는 고문으로 사망했다. 갱단은 할리미가 프랑스 유대인 구역의 유대인이 운영하는 가게에서 일했기 때문에 그를 선택했다고 경찰에 자백했다. 유대 민족은 부자니까 그를 구출하기 위해 비싼 몸값을 지급할 줄 알았다고 갱들은 말했다. 포파나의 집을 급습했을 때 경찰은 이슬람주의자 웹사이트에서 내려받아 인쇄한 네오나치와 반유대주의 물품을 발견했다.

하지만 반유대주의 비평을 하거나 이슬람 사상에 심각하게 경도된 사람들만을 탓하는 일은 너무 쉽다. 프랑스 지식인 스테판 자그단스키는 저서 『반유대주의De L'antisémitisme』(1995)에서 "제2차 세계대전 중 독일이 프랑스를 점령했던 기간만큼이나 프랑스 역사상 오늘날의 반유대주의 감정이 팽배해 있다"라고 주장한다. 그는 1945년 이후로 '쥐Jew'(유대인을 차별해서 쓰던 말)라는 단어의 의미가 모두 소멸했고, 유대 국가 이스라엘이 반유대주의 국가가 되었다고 주장하는 동시대 프랑스 작가의 말을 인용한다. 프랑스 유대 단체의 전 회장이자 제2차 세계대전 때 레지스탕스 지도자였던 테오 클라인은 "사람들과 정치적 상황에서 존재할 수 있는 감정들 사이에 명확한 특징이 있다"라며 자그단스키의 난해하고 복잡한 논거를 지적했다. 오늘날 프랑스는 드레퓌스 시절 혹은 강제 추방을 위해 유대인을 나치에게 넘기던 시절만큼은 아니지만, 책들이나 지식인들의 글을 대강 읽어보면 20세기에 그랬던 것처럼 프랑스의 반유대주의는 21세기 정치의 일부라는 우려가 현실로 나타난다.

프랑스의 거대 향수 기업 로레알L'Oréal을 예로 들어보자. 로레알은 독일 카를스루에 유대인 가문의 재산을 몰수해서 사업을 일궈온 일로 프랑스에서 수치스럽게 여겨졌다. 『로레알에 빼앗긴 보금자리L'Oréal Took My Home』(2006)의 저자 모니카 바이츠펠더는 유대인이라는 이유로 세계적인 다국적기업에 빼앗긴 자신의 집에 대한 배상과 보상을 받아내기 위한 끝없는 투쟁을 강한 어조로 묘사한다. 홀로코스트 부정과 유대인에게 자행한 범죄 공모에 대한 프랑스의 책임 회피는 모두 프랑스에서 계속되는 반유대주의 문제를 다양한 방식으로 암시하는 것이다.

나는 프랑스를 알고 또 사랑한다. 우리 아이들은 영국 국적은 물론이고 프랑스 국적도 갖고 있다. 프랑스는 영국 같은 반유대주의국가는 아니다. 그럼에도 지금 프랑스에는 프랑스의 유대인이 두려워하고 우려할 만한 다양한 스펙트럼의 정치활동이 존재한다. 디외도네가 르펜을 두둔하며 "그는 진정한 우파이고 나는 진정한 좌파다"라고 외쳤을 때, 디외도네는 유대인에 대한 르펜의 관점과 2005년 1월에 "제2차 세계대전 때 독일의 프랑스 점령이 특별히 비인간적이진 않았다"라고 한 르펜의 발언을 알고 있었다. 하지만 르펜 본인은 당시 디외도네쇼의 반유대주의 언급에 대해 질문을 받았을 때 "재미있었다"고 답했다. 2007년 3월에 레몽 바르(프랑스 정치가)가 프랑스의 유대인 '로비'를 언급했을 때, 그것이 전 세계적으로 가장 극단적인 유대인 혐오 이슬람 단체가 사용한 용어라는 사실을 그는 알고 있었을까? 타리끄 라마단(스위스 국적의 이슬람 학자)이 프랑스에서 가장 존경받는 유대인 철학자와 작가를 자신의 세계 정치 노선을 따르지 않았다는 이유로 비난했을 때, 지식인의 유대인다움을 공격하는 일련의 행위가 아직 때 묻지 않은 이슬람 청년들의 사상에 영향을 미쳐서 그들을 반달리즘이나 범죄로 유인할 가능성을 그는 과연 숙고했을까?

반유대주의는 프랑스에서 새삼스러운 일이 아니다. 150년이 넘도록 흥하고 이울기를 거듭했다. 반유대주의 사건이 터질 때마다 반유대주의자들은 매번 증오 캠페인을 위한 새로운 변명거리를 찾아냈다. 19세기 프랑스 반유대주의는 프랑스의 문제가 유대인 자본 때문이라고 비난했다. 1936년에 그들은 프랑스를 배신했다고 유대인 블룸을 고발했다. 1950년대, 동유럽에서 프랑스의 스탈린주의 반유대주의자가 유대인을 공산주의 공개재판에 세워놓고 공격했다. 10년 뒤 1967년에 이스라엘이 아랍 군대를 격퇴한 이후 프랑스 반유대주의는 극에 달했다. 1980년대, 르펜은 프랑스가 홀로코스트에 협조했음을 강조하는 유대인의 운동을 공격했다. 마지막으로 21세기에 들어서 라마단은 이스라엘의 존재권을 거부하고, 이스라엘을 두둔하는 유대인 지식인을 공격하는데, 그 이유는 이슬람주의자 및 『르몽드 디플로마티크Le Monde Diplomatique』와 정치적 견해가 달라서가 아니고 그들이 유대인이기 때문이다. 때때로 반유대주의 공격은 민족주의자와 극우 가톨릭교도, 어떤 때는 반미·반세계화를 주창하는 좌파와 프랑스에서 탄탄한 조직력과 자금력을 자랑하는 이슬람 정치세력에서 비롯한다. 그러나 어떤 핑계를 대든지 간에 일란 할리미 사건의 시작에서 그의 죽음에 이르기까지 증오의 표적은 변함이 없다.

늘 그래왔듯이 오늘날 반유대주의적 성향의 의회 의원과 유럽 의회 의원들이 출현하면, 그들은 영향력 없는 주변부 정치인일 뿐이라고 일축된다. 하지만 여전히 그들은 당선된다. 그들의 정당은 기에르티흐 사건[7]이나 ITS 보좌관으로 뽑힌 오스트리아인처럼 연립 정권에 참여하고 있었다. 이들은 유럽 곳곳에 서로 얽혀 있고, 중동의 더 극단적이고 반유대주의적인 정책과 연결되어 있다. 히틀러를 몰아내고 60년 이상이 흘렀지만 유럽의 민주주의 국가에서 반유대주의적 색깔을 띠는 정치

[7] 2007년 유럽의회 폴란드 의원 기에르티흐가 반유대주의 내용을 담은 소책자를 출간한 사건.

증오의 세계화

인 수는 걱정스러운 수준이다.

세계적인 신반유대주의

■

이와 같은 집착 때문에 유대인은 시기와 경멸의 대상이 되었으며, 설상가상으로 이런 현상은 유럽 대륙에만 국한되는 게 아니다. 이는 실로 전 세계적인 현상이다. 2001년 8월에 더반에서 열린 악명 높은 '인종주의, 인종차별, 외국인 혐오 및 이와 관련한 불관용 철폐를 위한 세계회의World Conference against Racism, Racial Discrimination, Xenophobia and Related Intolerance' 유엔 총회에서 유대인 증오를 희화화하는 포스터가 나붙었는데 히틀러 그림에 "내가 이겼다면 어땠을까? 아마 이스라엘과 팔레스타인의 유혈 사태는 없었을 것이다"라는 글귀가 적혀 있었고, 『시온 장로 의정서The Protocols of the Elders of Zion』**8**를 판매해서 현존하는 민주주의 국가의 모든 대표를 충격에 빠뜨렸다.

민주주의 세계가, 국제사회의 유대인 증오가 일부 국가와 수많은 불관용한 이들의 지원으로 국제사회에 얼마만큼 재진입했는지 각성하면서 유럽안보협력기구OSCE와 유럽연합은 특별조사위원회를 만드는 작업에 박차를 가했다. 당시에 나는

---

8 19세기에 시온 지도자들이 세계 정복을 위해 은밀히 작성해왔다는 문서. 당시에 이미 위조된 문서로 확인되었다.

영국 정부의 장관으로 새로 임명되어 남미 순방 중이라 정신이 없었다. 더반 총회에서 특히 NGO 인권 포럼 기간에 벌어진 최악의 반유대주의 난행은 총회가 끝난 뒤에도 제대로 알려지지 않았다. 그때 내가 영국 대표였다면 용기를 내서 영국 대표를 끌어내리고, 불쌍한 유대인 소년과 여성 살해를 두둔하는 사람들을 포함하여 이슬람주의 이론적 지지자를 회유하기 위해 안간힘을 쓰는 화이트홀(영국 정부 청사와 의사당 건물이 있는 거리)에 있는 고위급 인사들의 분노를 감수했을 것이다. 유대인을 향한 격렬한 증오가 총회나 관련 행사에서 표출되는 현상을 걱정스러운 마음으로 바라보면서, 나는 세계 정치의 새롭게 조직화한 세력인 현대판 반유대주의 부상을 전 세계 민주 정부가 과소평가하고 있다는 사실을 깨달았다.

반유대주의에 한 번이라도 끌린 국가는 인민주의와 민족주의 세력이 자유 권력을 쥐고 있는 곳이다. 경제정책으로 합리적 성장과 물질적 만족, 사회정의가 실현되지 못할 때 정체성의 정치가 그 자리를 대신한다. 아르헨티나의 후안 페론 같은 남미 인민주의자나 그의 동시대 후계자인 베네수엘라의 우고 차베스는 반유대주의에 편승했다. 아르헨티나는 유대인이 상당수 사는 나라로, 프랑스와 같이 전체 인구의 1퍼센트가 유대인이다. 1945년 이후 페론은 전쟁이 끝난 뒤 반유대주의의 극단적 표출로 유대인을 대량 학살한 책임자를 재판에 부치려는 유럽의 노력을 피해 도망친 나치 전범에게 아르헨티나의 국

증오의 세계화

경을 개방했다. 아돌프 아이히만[9]은 재판을 받고 유럽에서 처형당해야지, 라틴 아메리카로 탈출하도록 도움을 받아서는 안 됐다. 결국, 그는 모사드 요원에게 붙잡혀 용의자로 인도되어 이스라엘의 재판에 넘겨졌다. 아르헨티나에 유대인이 많이 거주하고 있음에도, 외무장관과 국방장관 자리는 유대계 아르헨티나인에게 닫혀 있다. 1976년에 아르헨티나에서 군사정권이 권력을 잡았을 때, 워싱턴이 관대하게 지켜보는 가운데 체포되어 구금·고문당한 유대인은 아르헨티나의 비유대인에 견주어 너무 많았다. 군인들이 정권을 장악했을 때 비유대인의 약 10배 정도 되는 유대인이 체포된 것이다. 저명한 아르헨티나의 기자이자 작가 야코보 티머만은 『이름 없는 죄수, 번호 없는 감옥Prisoner Without a Name, Cell Without a Number』(1981)에서 "전 세계의 유대인 음모"에 대해 계속해서 캐묻던 조사관을 묘사했다. 군인에게 체포된 다른 유대인 피해자는 군인들이 나치와 관련된 욕설을 퍼붓고, 유대인 단체와 사람들 정보를 캐내려 했다고 보고했다.

아르헨티나에서 쿠데타가 일어나기 5년 전인 1971년, 민족주의 정치인 월터 베버라지 아옌데는 '안디니아 계획Plan Andinia'을 폭로했다. 그는 이 계획이 파타고니아(아르헨티나 남부)에 새

---

[9] 1906~1962, 독일의 나치스 친위대 장교. 제2차 세계대전 중 유대인을 대량 학살 한 책임자로, 아르헨티나로 도망쳤으나 이스라엘 비밀경찰에 체포되어 예루살렘에서 재판을 받고 처형되었다.

로운 유대 국가를 세우려는 "시온주의 프로젝트"라고 했다. 군부가 정권을 잡은 1976년에, 아옌데는 『시온주의자 굴레가 아르헨티나에 미칠 영향Del Yugo Sionista a la Argentina Posible』을 출간했고, 안디니아 계획의 허튼소리와 민주주의 전복을 지지하는 아르헨티나 우익에게 반유대주의를 부추기는 내용까지 추가했다. 군사정권은 반유대주의 잡지 『사건들accidents』(서방) 출간을 허가했는데, 창간호 표지에는 커다란 스와스티카가 있었다. 『시온 장로 의정서』의 저자가 겨냥한 것과 동일한 증오를 양산하려는 이런 현대판 노력은 우스갯소리로 일소에 부쳐질 수 있었지만 30년이 지난 2003년에 육군참모총장이 참모대학 강의에서 유사한 발언을 한 덕분에 사건의 심각성을 파악할 수 있었다. 아르헨티나 로베르토 벤디니 장군은 "파타고니아에 미치는 외세의 암묵적 요구"를 군이 우려하고 있으며, 주의할 인물 중에는 "표면상 관광객으로 이 나라에 들어오는 이스라엘인이 있다"라는 발언을 했다고 한다. 최근 아르헨티나의 정치인들과 고위급 인사들의 교묘한 정치 공작으로 어두운 세계에서 근거 없이 주장되는 발언의 전체 범위는 밝혀지지 않았다. 그러나 일단 반유대주의 음모론이 국가의 정치적 DNA에 개입하면 오랫동안 똬리를 튼다.

1993년에 반유대주의자들이 부에노스아이레스의 유대인 공동체 건물에 폭탄을 설치해서 80명 넘는 유대인이 사망했다. 이는 나치 시대 이후 단일사건으로 가장 규모가 큰 반유대주의 공격이다. 아르헨티나 정부는 오랫동안 미루다가 국제적으로 압력이 상당해지자 구속영장을 발부했고, 이란과 헤즈볼라가 공격에 가담했다고 밝혔다. 하지만 1992년에 이스라엘 대사관을 공격한 사람들은 결국 잡히지 않았다. 많은 아르헨티나 사람은 비밀스러운 우파 네트워크와 나치에 동조하는 반유대주의자의 책임이 막중하고, 1940년대 이후에 아르헨티나 정부 최고위층과 군대, 교회의 용인하에 지금까지 반유대주의 정책이 수행되었다고 생각한다. 2006년에 부에노스아이레스 거리에는 스프레이로 쓴 "더러운 유대인에게 죽음을" "애국 행동을 개시하라. 유대인을 죽여라"라는 구호가 눈에 띄었다. 코르도바(아르헨티나 제2의 도시) 지방 상원의원 호르헤 아비브는 2006년 이스라엘과 레바논 전쟁 중에 라디오 청취자들에게 "[1993년에 유대 건물에] 폭탄을 설치한 자는 유대인이다. 히틀러가 유대인에게 한 일은 좋은 일이었다"라고 말했다.

남아메리카 대륙 최북단 베네수엘라에서, 테헤란을 주기적으로 방문하는 베네수엘라 대통령 차베스가 환대하는 그의 이란인 동지 아마디네자드 대통령은 심각한 반유대주의적 발언을 하여 베네수엘라의 유대인을 경악케 했다. 2006년 7월, 아마디네자드와 함께 차베스는 "제국[이스라엘]과 사람들을 끝장낼 (…) 세력이 나타날 겁니다"라고 말했다. 2006년 8월에 차베스는 독재국가 시리아의 수도 다마스쿠스에서 유대 국가를 "중동에 있는 북아메리카 제국의 작품"으로 묘사하고 이스라엘이 "지역 분쟁의 원인"이라고 비난하여 시리아를 기쁘게 했다. 유대 혐오적 이슬람주의자와 중동의 아랍 선동가들이 지겨운 반유대주의적 비유를 전적으로 지지하는 가운데 역사도 인과관계도 차베스의 장광설을 막을 수 없었다.

베네수엘라의 지도자뿐만이 아니다. 베네수엘라 다수의 주요 언론인이 광적인 우파 관점에서 차베스를 싫어한다. 이런 깊은 반동 보수주의 또한 좌파 차베스의 반유대주의에 맞서기 위한 우파 반유대주의를 조성한다. 베네수엘라 신문 대부분은 격렬한 반유대인 칼럼과 기사를 싣는다. 베네수엘라도, 많은 라틴 아메리카 국가처럼, 신문을 보면 여론과 논평 기사는 장황한 데 반해 정확하고 균형 잡힌 기사를 위한 의무론적 시도를 기반으로 하는 사실 보도는 훨씬 적다. 레바논 분쟁과, 유대인·이스라엘을 공격해도 좋다는 대통령의 청신호로 베네수엘라에서는 중동의 여느 신문처럼 유대인을 혐오하는 불쾌한 기사가 활개를 치게 되었다. '로스 주디오스 시오니스타스Los judíos sionistas'는 전형적 여론 기사다. 2006년 9월에 『카라카스 일간El Diario de Caracas』에 익명으로 실린 이 기사에는 전 세계 사람들이 유대인을 증오하기 때문에 시온주의자들은 다시 홀로코스트를 겪을 것이고, "그들에게 고향이 없는 이유는 예수를 죽였기 때문이다"라는 주장이 들어 있었다.

예수 살인범이라는 유대인 이미지는 차베스가 자본주의의 세계화를 비난하는 연설을 하던 중 "예수를 죽인 자의 후손"

이 "전 세계의 모든 부를 소유하고 있다"라고 언급하면서 사용되었다. 차베스는 거리낌 없이 미국을 비판하는 카리스마적 인물로 전 세계 많은 곳에서 영웅 대접을 받고 있다. 나는 미라플로레스에 있는 대통령 집무실에서 밤늦게 차베스를 만난 적이 있다. 카라카스 중심에 있는 소박한 건물이 바로 대통령의 거처였다. 베네수엘라뿐만 아니라 라틴 아메리카 곳곳에서 자기 잇속만 차리고 빈민의 존재를 알지 못하는 부유한 엘리트의 결함에 치를 떠는 이 군인에게서 어떤 오만함이나 흉계도 느낄 수 없었다. 그는 듣는 사람의 기분을 맞추기 위해 노력하며, 무역과 복지와 사회 정의의 성장을 가로막는 국가 사이의 높은 관세 장벽과 그 밖의 장애물을 대체할 본보기로 유럽연합의 사례를 긍정적으로 평가했다. 자본가에게 경제활동 기회를 제공하고, 차베스에 반대하는 민주정책을 지원하지 않았던 차베스 정권하 베네수엘라의 자본주의는 어떤 위협도 받지 않았다. 차베스는 베네수엘라의 석유 자원 덕분에 관대한 지도자가 되었다. 빨간 베레모를 쓴 그는 흡사 남자 에비타[에바 페론]처럼 베네수엘라의 빈민을 헌신적으로 도왔지만, 정치 엘리트들로부터 푸대접을 받았다.

설명하기 어려운 일은 차베스가 전 세계에서 가장 혐오스러운 유대인 증오자인 이란의 아마디네자드 대통령을 "나의 형제여"라고 부르며 고집스럽게 포용한다는 사실이다. 더구나 멀리떨어진 베네수엘라에서 차베스가 남미의 정치 담론이라는 솥에서 끓고 있는 인민주의와 민족주의, 반유대주의를 표면화하는 이유도 설명하기 어렵다. 차베스는 자신의 석유 자원이 지원하는 대중영합주의가 21세기의 새로운 사회주의라는 환상을 품고 있다. 쿠바의 감옥에서 작가들과 기자들이 쇠약해져 가는 동안 그는 병상에 누워 있는 카스트로를 찾아가 다른 석유 생산자들과 제휴를 맺을 수 있으며, 미국을 비난할 수 있다. 하지만 그는 왜 하필 유대인을 고른 걸까? 실제로 반유대주의는 유용하다. 차베스는 유대인 증오자가 될 필요가 없지만, 반유대주의자들은 카라카스의 새로운 챔피언을 존경한다. 1999년에 차베스가 대통령이 된 이후로 베네수엘라의 유대인 인구 5분의 1이 나라를 떠났다. 반유대주의는, 석탄 광산의 카나리아 새처럼, 들어가면 위험한 곳을 알려주는 지표다. 차베스 자신은 유대인을 반대할 의도는 없었다고 부정하지만, 베네수엘라 해설가인 사미 에펠은 다음과 같이 지적한다. "그들은 유대 회당에 불을 지르거나 길거리의 유대인을 박해하진 않지만, 공식적으로 반유대주의가 용인되는 곳이 확실하게 존재한다. 베네수엘라 사람들은 반유대주의자가 아니다. 이 같은 현상은 몇몇 활동가가 의도한 것이다."

일본: 유대인 없는 반유대주의

■

일본은 유대인이 없는 국가지만, 여전히 반유대주의적 저술과 정책을 내고 있다. 『시온 장로 의정서』는 일본 군대가 신생 소비에트 연방과 정면으로 맞서고 난 뒤인 1920년대에 여러 곳에서 번역되었다. 1905년에 일본인은 러시아 제국의 함대에 굴욕을 안겨주었다. 30년이 지난 후 젊은 장군 게오르기 주코프가 이끄는 러시아의 탱크 부대가 만주에서 시베리아로 기반을 확장하려는 일본 군대를 격파했다. 일본은 나치 독일과 방공 협정을 맺으면서 연결되었는데 일본어로 번역된 『시온 장로 의정서』는 일본이 세계적인 유대인의 위협에 직면하고 있음을 '입증하고' 있다. 그러나 일본이 점령했던 상하이는 1930년대와 나치가 유럽 국가를 지배하고 난 뒤인 1939년과 1940년에 반유대주의를 피해 탈출한 수천 유럽 유대인에게 도피처였음이 밝혀졌다. 일본제국 군국주의의 아시아 희생자에 대한 일본인의 잔학 행위는 끝을 몰랐다. 하지만 1942년부터 상하이에 있던 유럽 유대인이, 억류된 다른 유럽인들과 같이 궁핍한 생활로 고통받긴 했지만 특별히 유대인을 배척하는 정책이나 유럽 반유대주의식의 절멸 정책의 기미는 없었다. 전쟁이 끝나고 1970년대부터 일본이 주요 경제 주체로 귀환하면서, 일본의 민족주의자와 인민주의자, 좌파는 부활한 반유대주의에 탐닉했다. 기독교 전도사 우노 마사미는 1980년대에 집필한 베스트셀러에서 유대인들이 미국과 일본 사이의 무역과 여러 분쟁을 도발한다고 주장했다. 미국에 유대인의 비밀 '그림자 정부'가 실재하여 미국의 정책을 통제한다는 내용도 있었다. 1986년에 출간된 이 책의 제목은 '유대인을 알면 세계가 보인다'였다. 그는 일본 지도자들에게 히틀러를 본받아 일본 민족을 순수하게 보전하자고 촉구했다. 1945년 이후에 일본에서 민주주의를 장려하고, 일본을 세계 정세에서 시장 민주주의를 차용한 국가로 만들기 위한 노력은 다름 아닌 '일본의 유대교화'였다.

존경받는 경제학 교수 야지마 긴지는 1986년에 『유대인 의 정서 전문적으로 읽기ユダヤ・プロトコール超裏讀み術—あなたに起こるショッキングな現實』를 출간했다. 그리고 그해에 무려 55쇄를 찍었다! 동시에 수염이 덥수룩하고 한쪽 눈을 잃은 아사하라 쇼코가 옴진리교를 세웠다. 그의 특징과 메시아사상은, 7월 7일[2005년 7·7런던 연쇄 자살폭탄 테러] 영국 정부의 눈을 가리던 눈가리개가 떨어질 때까지 영국에 빠르게 퍼지던 증오에 찬 이슬람 설교자들과 묘하게 닮아 있었다. 옴진리교의 대표적 공격은 1994년에 도쿄에서 대형 트럭이 살포한 사린가스로 7명이 사망한 사건과 이듬해 도쿄 지하철 독가스 공격으로 12명이 사망하고 5000명이 중경상을 입은 광기 어린 사건이다. 그런데 1995년, 공격을 감행하기 석 달 전 교단의 공식 기관은 유대인의 "그림자 세계 정부"가 "엄청난 인명을 살해하려고 하며

(…) 나머지 사람들을 통제"하려 한다며 전쟁을 선포했다. 극단주의 사상 및 민족주의운동과 관련된 일본의 정치 선전은 일본 특유의 것이다. 나는 폴란드 노조인 자유노조에 관한 짧은 책을 한 권 썼는데 바로 일본어로 번역되었다. 폴란드 노동자에게 관심이 있거나 무역 노조주의에 동조해서가 아니었다. 나중에 안 사실인데, 출판인은 대표적인 반소비에트 작가이자 선동가로 그저 폴란드 노동조합의 반공산주의 유형을 강조하고 싶었을 뿐이다. 그래서 1980년대에 광적인 반유대주의 책들이 수백만 부 팔린 일은 일본이 이슬람주의자나 서구의 전통적 유대인 혐오와 이스라엘 증오에 굴복한 것이 아니라, 일본의 민족주의 맥락과 국가의 '닛폰' 정체성이 세계화와 서구주의로부터 위협받고 있다는 우려 측면에서 바라봐야 한다. 그러나 대량 살상을 기도한 무기로 가스를 선택한 점이나 나치식의 절멸 계획을 노골적으로 기원하는 모습을 보면, 최악의 반유대주의 역사가 되살아날 수 있음을 분명히 보여준다. 일본은 반유대주의 국가가 아니며 소수의 유대인이 거주하는 나라다. 그러나 반유대주의가 적의를 품고 악의를 불러일으키는 데에는 유대인이 없어도 된다.

제3장

반유대주의의 온상이 된 캠퍼스

모든 유형의 반유대주의가 나쁘지만 어떤 반유대주의는 다른 유형보다 더 우려스럽다. 원칙적으로 대학은 자유민주주의 체제에 사는 유대 민족이 불편을 느끼는 최후의 장소여야 한다. 대학 내 반유대주의는 현재 심각한 문제다. 프랑스의 포리송 같은 교수는 자신의 학문적 위치를 이용해 증오에 차서 홀로코스트를 부정하고, 히틀러의 반유대주의 야욕으로 가스실에서 희생당한 가족에 대한 기억으로 하루하루를 보내는 전 세계의 수백만 유대인을 모욕했다. 미국의 대학은 오랫동안 신중하게 유대인을 노골적으로 비판하지 않는 학자들에게 종신 재직권과 주거지를 제공했는데, 대신에 그들은 이스라엘을 끊임없이 비판하는 것은 물론이고 유대인 영향력 네트워크에 대한 오래된 비유를 다시 들기 시작했다.

증오의 세계화

세계적 반유대주의운동에서 젊은이들의 전폭적 지지를 얻는 일은 매우 중요하다. "나에게 일곱 살 아이를 달라. 그 아이는 이제 평생 내 사람이 되리라"라고 말했던 예수회 사람들은 18세기부터 지금까지 유럽의 가톨릭 학교를 통제하는 일이야말로 자신들이 교회에 할 수 있는 최선책이라는 사실을 깨닫고 있다. 마찬가지로 유대인을 증오하는 자들의 사명은 이스라엘 증오와 유대 민족이 악질적 통제 음모를 일으킨다는 믿음을 되도록 많은 젊은이에게 설파하는 일이다. 대학 캠퍼스에서는 유대인을 증오하는 와하비즘 신학 이념을 전파하는 데 상당한 자금이 사용되고 있다.

해방당 같은 반유대인 정치 조직은 캠퍼스 내에 정식으로 자리 잡기 위해 노력한다. 후사인은 런던대학 시절을 떠올린다. "무슬림 학생 집단을 통제하는 이슬람주의자 (…) 많은 대학에서 해방당 활동가들의 지도하에 이슬람 감정의 대립과 통합 전략이 받아들여졌다. 해방당은 유대인 강사들과 정면으로 충돌했다. 우리는 학교 당국이 단 한 번도 우리를 저지하지 않았다는 사실이 놀라웠다." 후사인은 학창 시절에 이슬람교에 매료되었다. 그의 방에는 라마단의 조부이자 무슬림형제단의 창시자 하산 알반나(1906~1949)의 유명한 호소를 인용한 포스터가 붙어 있었다.

알라는 우리의 신이다.

무함마드는 우리의 지도자다.

코란은 우리의 경전이다.

지하드聖戰는 우리의 길이다.

순교는 우리의 소망이다.

학교나 대학에 다니는 전 세계 학생들은 체 게바라나 마오쩌둥 같은 '혁명적' 영웅의 포스터를 붙이고 오늘날 차베스나 셰이크 하산 나스랄라[1]의 포스터를 붙이는데, 그들이 실제로 무엇을 지지하고 어떤 일을 했는지에 대해서는 생각하지 않는다. 하지만 얼마나 많은 학생이 숙제를 끝내고 머리맡에 지하드와 순교에 대한 소망을 표현하는 포스터가 붙은 방에서 잠이 들까?

후사인은 대학 시절 길거리는 물론이고 대학 건물 벽면에 "'이슬람: 최종해결' 왜냐하면 우리는 궁극적으로 절대 홀로코스트를 반대하지 않았기 때문이다 (…) 당연히 우리는 유대인을 경멸하고 그들의 음모를 감지한다"라고 적힌 포스터를 도배하고 다녔다. 해방당 또한, 도시를 옮겨 다닐 때마다 이름을 바꾸는 사기꾼처럼, 반유대주의 핵심 신념에 학생들의 관심을 끌기 위해 새로운 모습을 차용하는 데 능숙하다. 이슬람주의자 대변인은 후사인이 대학에서 해방당의 반유대인 작업을 노

---

1 1960~, 레바논 정치·종교 지도자. 레바논 시아파 이슬람 무장 정파 헤즈볼라의 제3대 지도자(1992. 2~)다.

출한 일을 두고 1990년대에 발생한 반유대주의 사례라고 비난했다. 그러나 2005년 12월에 반유대주의에 대한 초당적 의회 조사에서 이슬람공보위원회영국MPACUK, Muslim Public Affairs Committee UK은 "시온주의: 유대인의 최대 적"이라는 제목으로 토론을 준비했다. 명단에 오른 논객들은 이전의 사건에 반유대주의 의견을 표명하면서 알려진 인사들이다. 대학은 행사를 취소했다. MPACUK는 웹사이트에 '유대인 사회'는 '시온주의자 사회'와 동일하다고 반격했다. 그들은 유대인 학생들이 모사드에서 활동한다는 의혹을 제기했고, 유대인들이 통제의 그물을 친다는 의미를 내포하는 전통적 반유대주의 모티프인 스파이더맨 사진을 올렸다. 2002년에 맨체스터대학 학생회는 반시온주의는 반유대주의가 아니라고 제안하는 내용으로 토론을 진행했다. 팔레스타인학생연맹은 선거 전에 벤저민 프랭클린 날조Benjamin Franklin forgery[2]가 나치에 의해 순환되고 있다는 전통적 반유대주의 선전을 포함해, 미국 정치인이 유대인을 '흡혈귀'라고 부른 18세기 반유대인 소책자를 썼다고 주장하는 전단을 배포했다. 이 같은 활동은 저지되었다. 유대인 증오자들은 유대인 학생의 기숙사 창문에 벽돌을 던지고 "유대인을 살육하라"라는 문구가 있는 포스터를 정문에 붙이면서 이에 대

---

2 반유대주의 연설을 뜻하는 어구. 1787년 미국 필라델피아 제헌회의 때 프랭클린이 유대인이 가상적 위험을 일으킬 수 있다고 경고한 데서 유래하는데, 사실이는 잘못 기록된 것이라고 한다. 프랭클린의 예언Franklin Prophecy이라고도 한다.

응했다.

1990년대, 후사인이 대학에서 이슬람 반유대주의를 설파한 일은 그때까지 유일한 사례였지만 영국 대학에서 유대 민족 혐오는 금세기에 더 심해졌다. 글래스고에 본사를 둔 스코틀랜드 국영신문 『헤럴드The Herald』는 2005년에 해방당과 이름은 다르지만 해방당처럼 반유대인에 집착하고 동일한 정치적 유전자 풀을 공유하는 여타 이슬람주의 단체가 스코틀랜드대학에 침투하고 있다고 보도했다. 해방당 대변인은 극단주의 조직이 "글래스고와 던디, 에든버러대학들"에서 작업 중이라고 시인했다. 해방당에서 독립한 조직이자 확실히 한층 더 폭력적인 반유대주의를 표방하는 단체 알무하지룬Al-Muhajiroun은 던디와 여러 스코틀랜드대학에서 활동하고 있었다. 『헤럴드』에 따르면 던디대학은 "급진적 무슬림 단체의 학내 활동에 대해 전혀 아는 바가 없다"라고 말했다. "에든버러대학은 (…) 법의 테두리에서 활동하고 부적절한 전략을 세우지 않는 한 학내 종교단체의 모임을 반대하지 않는다"라는 견해를 밝혔다. 하지만 해방당과 알무하지룬 모두 자유 발언을 금지하고 민주주의를 대신한다. 퀘이커교도와 불교도, 모르몬교도나 정통파 기독교도 등 자신의 종교적 신념을 다른 사람들과 공유하길 바라는 측면에서 보자면, 그들은 종교단체가 아니다. 해방당과 그 분파는 전적으로 정치적이며 전 세계적인 유대인 공격을 비난하는 캠페인에 참여하길 거부한다.

영국 전국학생연맹은 용감하게도 증오 극단주의를 방지하기 위해 '노 플랫폼' 정책을 도입해 각 대학 학생회 본부에 유대인에 대항하는 해방당 및 국민당과 알무하지룬 연합 활동을 거부하도록 촉구했다. 반유대주의적 국민당 또한 캠퍼스에 완전한 표현의 자유를 요구하는 학생회 결의안을 위한 지원자를 찾는 활동을 하고 있다. 얼핏 매력적으로 들리지만 실제로 이 제안은 캠퍼스에서 증오 발언을 금지하려는 민주적 학생회의 노력을 겨냥한 것이며 이들은 물론 그들의 이념이 권력을 장악한 나라의 모든 자유 발언을 거부한다. 해방당 대변인 임란 와히드 박사가 "우리는 영국전국학생연맹의 금지 조치가 몹시 부당하다고 생각하며 이 조치를 철회하려고 노력하고 있다"라고 말했을 때, 그는 국민당 대열에 합류한 셈이다.

유대인 학생들은 대학에서 무슬림 학생들이나 여느 학생들과 마찬가지로 더 넓은 사회에서 자신들이 마주칠 수 있는 증오에서 자유로워야 한다. 진보적인 대학의 전통적 역할은 자유의 수호이지 자유를 제한하는 정책을 장려하는 것이 아니다. 혹자는 대학의 교육자나 관리자가 이런 관점을 지지하리라 생각할지도 모른다. 또 누군가는 대학 교수들이 현실적으로 대처해야 한다고 생각할 수도 있다. 이제 세 미국 학자의 이야기를 들어보자. 나타나 드롱바스는 보스턴대학에서 신학을 가르치고 브랜다이스대학의 서아시아과 유대인 연구부 소속으로 자신은 "오사마 빈라덴이 쌍둥이빌딩을 공격한 배후의 인물이라고 동의할 만한 어떤 증거도 찾지 못했다. 우리가 빈라덴에게서 들은 것이라곤 그 작전을 수행한 자들에 대한 찬양과 찬사뿐이다"라고 말했다. 이런 사람이 젊은이들을 지도할 수 있을까? 컬럼비아대학 현대 아랍 정치와 정신사 교수 조지프 마사드는 "내 생각엔 홀로코스트를 부정하는 아랍 세계의 모든 사람은 시온주의자다"라고 썼다. 잠깐 실례. 다시 읽어볼까? 홀로코스트 부정자가 시온주의자라고? 이 남자는 또 뭘 믿고 있는 걸까? 버클리 캘리포니아대학에서 이슬람교를 연구하는 석좌교수 하템 바지안은 "이 나라에서 정치 역학 관계를 근본적으로 변화시킬 아랍인 봉기가 일어날 때다"라고 확언했다. 아마도 테러리스트의 폭탄, IRA와 통합 지상주의 세력 간 살상에 대한 걱정으로 성인기의 상당 시간을 보낸 내 또래의 영국인이라면 이 발언을 아주 심각하게 받아들일 것이다.

반유대주의에 대항하는 미국인 활동가들 사이에서 격렬한 유대인(그리고 이스라엘) 증오운동에 휘말린 유럽을 묘사하는 일이 유행이다. 하지만 최악의 반유대주의 행위와 발언이 관찰된 곳은 다름 아닌 미국의 캠퍼스다. 2001년 10월, 9·11 직후에 뉴욕대학 학생들은 미국 우파의 유력 인사 듀크가 쓴 기사 사본을 배포했다. 듀크는 다음처럼 주장했다. "미국에서 우리가 테러로 고통받는 근본적 원인은 우리 정부 정책이 이스라엘과 전 세계에 퍼져 있는 유대인 지상주의자들의 활동으로 외세에 철저하게 종속되었기 때문이다." 2002년 4월, 덴버대학

증오의 세계화

에서 이스라엘 반대 시위가 벌어지는 동안 한 학생이 동료 유대인 학생을 키케kike(유대인을 모욕적으로 이르는 말. 금기어다)라고 불렀다. 같은 날 버클리 캘리포니아대학에서 반유대주의 학생들이 홀로코스트 기념일 행사에 급습하여 행사를 와해하려고 시도했다. 스프레이로 써 갈긴 "뒈져라 유대인들아Fuck Jews"란 낙서가 유대인 학생회관에서 발견되었다. 해안선을 따라 한참 올라간 곳에서 학생들은 수프 캔의 내용물에 "팔레스타인 어린이 고기Palestine Children Meat"라고 표시된 포스터를 만들었다. 2002년에 샌프란시스코주립대학 학생들은 "유대인=나치 Jews=Nazis" 포스터를 붙였다.

필리스 체슬러는 미국의 학자이자 가장 존경받는 페미니스트 저자 중 한 사람이다. 그녀는 현대 미국 대학과, 1960년대에 급진적 정치 모임에서 환생한 좌파 지식인을 현재로 돌려놓았다. 그녀의 책 『신반유대주의The New Anti-Semitism』(2003)에는 개인적으로 친분 있는 동료 학자와 페미니스트, 지식인과의 관계에 대한 열정적 이야기가 담겨 있다. 그녀는 이념적, 국가적 반유대주의가 초래할 위험성을 깨달은 많은 사람처럼 이스라엘에 비판적이다. 체슬러는 이스라엘은 "신정 국가다. 즉 국가가 개인을 특히 여성을 지배하며 여성혐오를 신성시하는 데 사로잡혀 있다"라고 서술했다. 그녀는 1967년 이전에 이스라엘 국경 안에 살던 아랍 시민들에 대한 이스라엘의 처우를 못마땅하게 생각한다. "이스라엘의 아랍인들은 동등한 시민권을 보장받지 못했다. 이는 용서받지 못할 일이며 납득할 수 없는 엄청난 과오다." 그녀는 열렬하게 비판을 전개한다. 그러나 이 책의 목적은 다른 이스라엘을 위한 변론이 아니라 미국 지식인 세계와 대학 생활에서 그녀가 일하면서 목격한 반유대주의자들의 이름을 밝히고 그들을 망신 주는 것이다. 이는 어떤 점에서 반유대주의자가 거둔 큰 승리다. 반유대주의자들은 유대인 지식인과 인본주의자의 열망이 새로운 유형의 반유대주의로부터 다시 한번 스스로를 방어하기 위해 인간과 법적 권리 또는 스피노자처럼 신앙과 이성의 어떤 협상을 제안하는 영역의 발언을 못 하도록 막고 있다.

유대인은 결국엔 셈족이고 중동에 있을 때 그들은 여느 셈족처럼 보인다. 따라서 반유대주의는 비록 유대인에게 적대적인 것으로 정의되지만, 사실은 그들[셈족] 자신의 존재를 이끄는 셈족 범주에 막연하게 분류되는 모든 사람의 권리를 부정하는 것이다. 지식인과 대학의 역할은 역사와 정치, 인류 발전의 가능성을 공정하게 고찰하는 것이다. 영국과 미국, 유럽, 라틴 아메리카, 아시아 대학의 주요 역할은 아랍 국가와 이스라엘 대학과 연계하여 보편적 지식에 도전하고 사람들이 다르게 세상을 바라볼 수 있도록 안내하는 것이다. 아주 소수의 책들만 아랍어로 번역되었을 뿐이다. 지역의 대학은 신념의 중심으로 사실상 독립적 사상이 존재할 수 있는 곳이다. 결과적으로 유럽과 북아메리카의 많은 캠퍼스 또한 안정적 위치에 있

증오의 세계화

는 사람들이 서로 목소리를 높이거나 서로 다른 의견을 피력하는 곳이다. 교수와 교원 등 대학 관계자들과 학생들은 토론과 학문적 질의 시간에 관점이 다른 사람들을 만나야 한다는 의무를 회피한다. 21세기 대학의 임무는 반유대주의에 이의를 제기하고 무슬림과 이스라엘 학생들이 만나서 어울리는 접점을 찾을 수 있도록 돕는 것이다.

영국 정부 부처는 대학들이 대학 내 반유대주의 문제를 바로잡는 데 실패한 현실에 책임을 느끼고 2008년 1월에 "대학과 고등교육기관의 원활한 학내 관계 촉진과 공유 가치 조성 및 폭력적 극단주의 방지"라는 제목 아래 공식 지침을 내렸다.

- 학교는 학생들의 안전을 보장하고 학교 폭력과 괴롭힘, 위협이 없어야 한다.
- 약한 학생들을 보호하고 지원한다.
- 폭력적 극단주의를 책임지고 반대한다.

영국의 대학에 이 같은 지침을 내린 일은 정부 부처가 캠퍼스에서 벌어지는 반유대주의 공격이 심각하다는 사실을 시인하는 것이다. 일단 영국 당국은 상황을 파악했다는 점에서 성원을 받을 것이고 적어도 정부 차원에서 문제를 해결하기 위해 노력할 것이다. 하지만 반유대주의 폭력을 막기 위해 유럽의 정부가 개입했다는 사실 자체가 문제의 심각성을 잘 보여준다. 다른 국가들은 유대인 대학생을 겨냥하는 반유대주의가 단순히 일시적 현상이며, 많은 학생이 경험하지만 금세 벗어나는 흥분 상태 혹은 극단적으로 표현되는 정치적 사건이라 치부해 수수방관하고 있다. 그러나 이러한 사건과 종종 나타나는 폭력적 행동이 흑인이나 무슬림 학생을 겨냥했다면 교수와 교직원, 학생 모두 격렬하게 항의했을 터였다. 영국을 비롯한 유럽 국가, 북아메리카 지역에서 젊은 유대인 대학생에게 이중 잣대가 적용되고 있다. 이 이야기는 상상의 산물이 아니고 꾸며낸 이야기도 아니며, 다음 장에서 분명하게 보이듯, 과장되지도 않았다.

제4장

유대인에 대한 공격

기본권—시민권, 인권, 시민권의 권리 등 여러분이 뭐라고 부르든 간에—은 가능하면 두려움을 느끼지 않고 삶을 영위하는 것이다. 몇 세기 동안 유대 민족은 두려움 속에서 살았다. 법적 권리도 누리지 못했는데, 이는 하물며 영국같이 의회 민주주의를 자랑하는 국가에서도 마찬가지였다. 유대인들은 자녀를 유럽 국가의 대학에 보낼 수 없었다. 기독교도들이 유대인 학생 수를 제한해야 한다고 요구했기 때문이다. 홀로코스트 이후 분쟁도 있었지만, 마침내 유대 민족은 아랍 국가들이 차지한 영토 520분의 1 크기의 작은 국가를 세울 수 있었다. 웨일스 크기만 한 이스라엘—두 번 다시 유대 민족이 이등 시민이 되지 않고, 종교적인 유대인들이 신앙을 따를 수 있는 곳—이라는 바로 이 개념은 격렬한 반대에 부딪혔고 폭력적 증오의 대상이 되었다.

21세기 초에 유럽 대서양 지역과 멀리 떨어져 사는 수천만 명의 사람은 그들의 부모와 조부모 혹은 조상과는 비교할 수 없을 정도로 평화로운 세상에서 살고 있다. 그러나 유대 민족은 예외다. 이런 두려움은 비유대인이 이해하려 노력하지만 유대인이 아니고서는 직접 경험할 수는 없는 내밀한 방식으로 돌아왔다. 민주주의가 정착된 많은 국가에서 유대 민족은 종교와 공동체 또는 태생이 다른 무리가 직면하지 않는 두려움을 느끼며 살아가야 한다. 유대 회당이 공격당하고, 유대인 묘지가 훼손되며, 유대인 어린이들이 학교에 가면 다른 아이들이 유대인 어린이들에게 침을 뱉는다. 유대인 시민들은 추가로 경찰 보호를 요청해야 하고, 영국의 경우 유대인 관련 기관과 행사에 철통 보안을 위해 수백만 파운드를 들여야 한다. 극단주의자는 유대인 대학생을 정치적으로 악용하고 물리적 폭력의 대상으로 삼는다.

영국 유대인은, 17세기나 18세기에 영국의 가톨릭교도가 로마에 속해 있었듯이, 이스라엘에 속해 있었다. 오늘날 이스라엘은 우리의 대중매체와 정치적 논쟁에서 유례를 찾아볼 수 없는 증오 캠페인의 대상이다. 시리아나 이집트의 고문과 속박 혹은 사우디아라비아의 여성에 대한 비인도적 처우로 책임을 느끼는 영국 무슬림은 아무도 없다. 하지만 영국의 유대인은 이스라엘이 자행하는 모든 인권 침해 행위에 책임을 지거나 테러 위협을 계속 받으면서 세계 지도에서 이스라엘을 축출하기 위한 작업에 가담하기를 강요당한다. 기자나 대학 교수회는 이스라엘의 유대인과 관계를 끊을 것을 요구하고 나섰다. 공식적으로 기자나 학자들이 버젓이 보이콧을 요청하리라고는 꿈에도 생각지 못했을 것이다. 그들의 이런 행위에 비하면 가장 잔인한 이스라엘의 행보조차 제한된 느낌마저 든다. 확실히 단위 노조 분과회의에 참석하거나 조합회 대표자로 당선을 확보한 정치 활동가가, 회비를 내는 다수의 조합원을 대표하지는 않는다. 영국 전국언론인노동조합NUJ, National Union of Journalists 대표는 (노조원 4만 명 중에서) 투표수 64 대 56으로 이스라엘 보이콧 요구가 채택된 2007년 조합대표 연례회의에서 의무적 결의안을 폐기하는 절차적 방법을 찾았다. 노조 지도부는 조합 지도부를 향한 멸시와 비난을 불식하기 위해 그 결정을 지지했다.

이와 유사하게, 영국 대학교직원노동조합UCU, University and College Union 지도자들은 법적 권고를 받아들인 후 협회가 합의한 반유대인 결의안에서 빠져나갈 방법을 찾았다. 그들은 보이콧 요구라는 객관적 견지의 반유대인 본능으로 인해 새로이 합병된 노조가 전 세계로부터 비난을 받을 수 있다는 두려움에서—누군가는 부끄러움을 느껴서였길 바라지만—그렇게 한 것이다. UCU는 지금까지 영국의 대학 캠퍼스에서 유대인 학생을 보호하지 못하고, 파시스트나 나치를 추종하는 정치 단체와 하등 다를 바 없이, 유대인과 이스라엘을 비난하는 극단주의 단체가 학생들을 조직하는 행위를 용인했다는 이유로 하원에서 큰 비난을 받았다. 이스라엘의 유대인 학자들과 함께 연구하는 데 적대적이었던 UCU 활동가들은 포기하지 않았다. 2008년 5월에 이스라엘 대학의 유대인과 관계를 끊는 데 혈안이 된 소수의 노조 대표들은 유대인 교수와 강사가 분쟁에 '공모'하고 있다는 혐의를 제기하며 그들을 중상하는 결의안을 통과시키는 데 성공했다. 노조 결의안 내용은 보이콧이라는 명시적 요구는 하지 않았지만, 영국 대학의 교육자들에게 이스라엘의 유대인 학자들과의 협업은 도덕적·정치적 암시가 있다고 간주하기를 촉구했다. 전 세계 모든 국가의 모든 학자 중에서 영국 대학의 교직원 노조가 이스라엘의 유대 민족을 지목한 것이다. 이러한 이유로 과거에 유대인 교수직은 견디기 쉬운 자리는 아니었다.

반유대주의는 현재 사건보다 역사를 가르치는 데 더 치중한다. 국가마다 일 년에 한두 번은 끔찍한 반유대주의 공격이 발생할 것이다. 또한 낮은 단계의 공격과 기물 파손에 몸싸움, 욕설까지 있다. 내가 이런 주제로 작업 중이라는 걸 아는 어떤 사람은 자신이 수십 년 전 학생일 때 유대인이라서 얻어터지고 욕도 먹었는데 "그게 뭐 어쨌다고?"라면서 항의했다. 이 같은 접근은 '인생의 고락을 함께 받아들인다Let's take the rough with

증오의 세계화

the smooth(모든 일엔 빛과 그림자가 있다)'라는 전통적인 영국식 철학이 보이는 미덕이다. 하지만 세계 각국에서 발생하는 반유대주의 사건에 대해 우리는 뉴스 편집자의 시선을 끄는 사건만 읽게 되는 경향이 있다.

모든 뉴스는 지역, 국내, 해외로 보도 범위가 확대되는데, 이는—정중하게 말하자면—결코 영국 언론의 전문 분야가 아니다. 미국 동부 대도시나 서부 해안 도시 외곽의 신문을 읽는 독자들에게 다른 나라에서 무슨 일이 벌어지는지 취재한 심도 있는 국제 기사와 뉴스는 오래전에 사라졌다. 그러나 폭력을 통해 유대인에게 자행된 반유대주의의 일 년을 구성하는 일은 가능하다. 매우 건조하지만 엄격하게 사실적인『OSCE 지역의 증오 범죄Hate Crimes in the OSCE Region』가 민주제도인권사무소ODIHR, Office for Democratic Institutions and Human Rights의 연례 보고서로 출간되었다. ODIHR는 유럽안보협력기구OSCE, Organization for Security and Co-operation in Europe 소속으로 1970년대에 유럽과 북아메리카에 공산주의자들과 비공산주의자 국가들이 함께 모여 설립한 기구다. 유감스럽게도 현재 러시아는 회원국의 선거 감시와 표현의 자유 쟁점 조사를 크게 강조하는 OSCE의 작업을 고의로 방해하고 있다. 모스크바는 많은 OSCE 회원국—또는 소련이 붕괴하고 부상한 문제 지역—이 OSCE의 세력권 안에 포함되었다고 간주한다. 러시아는 OSCE와 OSCE 인권 부서 ODIHR가 모든 회원국이 자유선거를 어떻게 치르고 또 표현의 자유를 지키기 위해 어떤 조처를 하는지 보고하려는 의도를 괘씸하게 여긴다.

연간 증오 범죄 조사는 엄격하며 다른 나라에서 충실하게 보도된 사건을 바탕으로 한다. 2006년 ODHIR 보고서를 보면 많은 국가에서 반유대주의 공격이 얼마나 증가했는지 알 수 있다. ODHIR 보고서는 일상적으로 벌어지는 반유대주의 범죄까지는 다루지 않기 때문에 뒤에 제시한 범죄 보고 중 일부는 다른 보고서를 참조했다. 역사학자 토니 젓이 집필한 권위 있는 책 『포스트워: 1945년 이후의 유럽 역사Postwar: A History of Europe Since 1945』[1]는 공산주의 시기 반유대주의에 관한 훌륭한 요약이라 할 수 있다. "스탈린은 한결같은 반유대주의자였다." 젓은 분명하게 서술했다. 하지만 뉴욕에서 경력의 상당 시간을 보낸 젓은 21세기 탈공산주의 시기 유럽의 반유대주의를 일축했을 때 신뢰를 잃었다. 더 최근의 유럽 정치에 관해 서술하면서 그는 "무슬림 특히 아랍계 유럽인들을 **제외하고**(인용자의 강조) 반유대인 감정은 당대의 유럽에 널리 알려지지 않았다"라고 자신 있게 선언했다. 이런 언급은 유대인들이 경험한 두려움에 대한 책임이 주로 무슬림과 아랍인들에게 있다고 고정화하는 것이다. 그러나 가장 터무니없고 불쾌한 반유대주의 사례는, 아래 목록을 보면 알 수 있듯이, 무슬림이나 아랍

---

1 국내에서는 『포스트워 1945~2005』로 출간되었다.

사회가 없는 나라거나 있더라도 미미한 수준인 나라에서 발생한다. 확실히 19세기 말 또는 전간기 몇 년 동안의 반유대주의 유형에 근거가 없다는 것의 말은 사실이다. 하지만 유대인을 향한 증오와 의혹 그리고 경멸과 폭력은 이제 현대 유럽의 일부이며, 것의 견고하고도 뛰어난 명성도 그 현상을 경시하는 데 별다른 영향을 미치지 못했다. 반유대주의가 우발적 사건인지 역사인지 독자들이 판단하길 바란다.

2006년 1월 5일 벨기에 앤트워프로 가는 기차에서 한 남자가 유대인 부부와 아기에게 욕설을 퍼붓고 폭행을 가하다. 남자는 체포되었다.

2006년 1월 11일 러시아 모스크바 유대 회당에서 9명이 칼에 찔리다.

2006년 1월 14일 캐나다 한 교사가 학생들에게 유대인이 대중매체를 통제하고 있으며 홀로코스트는 이 매체들의 발명품이라고 설명하다.

2006년 1월 27일 라트비아 탈린 나치와 나치 동조자들에 의해 유대인 6000명이 살해당한 칼레비리바에 있는 홀로코스트 기념관이 훼손되다.

2006년 1월 27일 **프랑스** 한 유대인 학생이 교사의 반유대주의 발언을 고소, 교사는 4개월 정직 처분을 당했다.

2006년 2월 3일 **우크라이나** 칼로 무장한 남자가 키예프의 브로드스키 유대 회당에 들어가 "유대인들은 모두 죽어야 한다"라고 외치다가, 경비에 의해 저지당했다.

2006년 2월 8일 **루마니아** 바트라도르네이에 있는 유대인 묘지가 훼손되고 무덤 3기가 파손되다.

2006년 2월 13일 **프랑스** 유대인 청년 일란 할리미가 납치되어 중상을 입은 채 발견되었고, 곧이어 사망했다. 납치범들은 유대 회당에 할리미의 몸값을 요구했는데 그 이유가 "유대인은 모두 부자이기 때문"이라고 했다.

2006년 2월 14~15일 **이탈리아** 밀라노와 체세나의 학교 담벼락이 반유대주의 낙서로 뒤덮이다.

2006년 2월 19일 **러시아** 한 이스라엘 학생이 상트페테르부르크의 익명의 젊은이 무리에게 공격당해 다치다.

2006년 2월 27일 **프랑스** 생트준비에브 데부아의 한 학교 담벼락이 반유대주의 낙서로 도배되다.

2006년 2월 27일 러시아 유대인 자선단체 정문에 스와스티카가 칠해지다.

2006년 2월 이란 이란의 판매 1위 일간지 『함샤리Hamshahri』가 '홀로코스트 국제 만평공모전'을 주최하여 덴마크의 우파 일간지에서 발행한 마호메트 만평에 응수했다. 전 세계 62개국에서 1000여 개의 반유대주의 만평을 보냈고, 일부가 게재되었다.

2006년 2월 이탈리아 이탈리아의 유럽 의회 의원이자 삼색불꽃당Fiamma Tricolorey**2** 사무총장은 인터뷰에서 홀로코스트 기간에 가스실 사용 여부를 확인하거나 부정할 방법이 없다고 발언했다.

2006년 3월 3~4일 프랑스 랍비의 아들, 키파를 쓴 장년의 유대인 남성이 사르셀에서 반유대주의적 모욕을 당하고 폭행으로 상해를 입다.

2006년 3월 10일 캐나다 유대 회당에서 화재 발생. 2월에 이미

2　1995년 창당된 이탈리아의 신나치 정당. 당원 5000명 규모의 군소 정당이다.

두 차례 반유대주의 메시지와 함께 훼손된 곳이다.

2006년 3월 25일 러시아 상트페테르부르크에서 스킨헤드 무리가 반인종주의 집회를 마치고 귀가하는 학생 3명을 뒤따라가 공격하고 폭행했다.

2006년 3월 26일 폴란드 300만 청취자가 듣는 라디오마리야라는 프로그램의 진행자가 유대인이 '홀로코스트 산업'을 착수한다는 의혹을 제기한 내용이 그대로 방송되다.

2006년 4월 20일 우크라이나 드니프로페트롭스크에서 유대인 청소년 공격이 두 차례 발생하다.

2006년 4월 20일 러시아 스킨헤드 15명이 아돌프 히틀러의 생일을 기념하기 위해 오렌부르크 유대 회당을 습격하여 유리창을 파손하다.

2006년 4월 29일 러시아 러시아 의원 2명이 집회 연설 중에 반유대주의 발언을 하다.

2006년 5월 영국 영국 강사노동조합인 전국고등교육교원협회 NATFHE(대학교원협회AUT와 합병하여 현재는 대학연맹UCU로 통합되었다) 연례회의에서 모든 이스라엘 학자의 회원 가입 거부운동이 통과되다. 이 운동은 유대인 학자들과 학생들을 겨냥한 것이다.

2006년 5월 11일 우크라이나 드니프로페트롭스크 유대 회당 담벼락이 반유대주의 표식으로 도배되다.

2006년 5월 28일 폴란드 네오나치 완장을 찬 남자가 랍비장長을 주먹질하고 공격하다.

2006년 5월 라트비아 레제크네에서 곧 제막식이 열릴 예정이었던 홀로코스트 기념비가 파손되다.

2006년 6월 3일 크로아티아 나치 셔츠를 입은 젊은 남성이 랍비장에게 언어폭력을 행사하며 물리적 공격을 감행하다.

2006년 6월, 리투아니아 수도 빌뉴스 근교 수데르베에 있는 유대인 묘지에서 비석과 기념물 19개가 훼손되다.

2006년 6월, 크로아티아 자그레브 유대인 공동체의 일원이 반유대주의 서신을 받았다. 메일을 보낸 학생은 체포, 기소되었다.

2006년 6월 우크라이나 키로보그라드에 있는 유대 회당이 2006년에만 다섯 차례 파손되다.

2006년 6월 독일 작센안할트 주州 프레치안에서 열리는 공공 모닥불 축제가 신나치를 위한 장으로 변질하여 스킨헤드 약 100여 명이 책을 불태우고 반유대주의 구호를 외치다.

2006년 6월 미국 뉴저지 주 변두리에 있는 유대인 묘지 2기가 훼손당하다.

2006년 7월 오스트레일리아 시드니에 있는 유대인 청년 센터가 습격을 받고 멜버른에 있는 유대 회당 두 곳이 파손되었고 랍비와 그의 가족들이 폭행당했다. 몇몇 도시의 벽에 '유대인은 신나치다' '유대인을 죽여라' 같은 구호가 쓰여 있었다.

2006년 7월 4일 벨기에 젊은 초정통파 유대인 학생이 다른 학생 무리들로부터 괴롭힘과 구타를 당하다.

2006년 7월 5일 러시아 러시아 정통파 극단주의자들이 러시아 종합 전시 센터에서 유대인 단체를 공격하다.

2006년 7월 16일 우크라이나 키예프 바비 야르(키예프 교외의 협곡. 1941년 독일군에 의해 유대인이 학살된 곳이다)의 대학살 희생자 기념비가 파손당하다.

2006년 7월 중순 영국 맨체스터에서 한 무리 청소년이 유대인에게 욕설하며 벽돌을 던지다.

2006년 7월 24일 캐나다 몬트리올에서 성인 3명이 유대 회당 바깥에서 예배하던 사람들에게 돌을 던지다.

2006년 7월 25일 벨기에 브뤼셀에서 유대인 순교자 추모 봉안당이 심각하게 훼손당하다.

2006년 7월 27일 아제르바이잔 전 내무장관 이스켄다르 가미도프는 유대인들이 아제르바이잔 북부 땅을 다 소유하고 있으며 워싱턴과 텔아비브가 시리아와 이란 두 나라를 차지한 후에 아제르바이잔을 점령할 음모를 꾸미고 있다고 주장했다.

2006년 7월 28일 미국 한 남성이 시애틀 메트로폴리탄 센터에 있는 유대인협회Jewish Federation에 총격을 가하다. 1명이 죽고, 임신한 여성을 포함해 5명이 부상당했다.

2006년 7월 31일 영국 한 남성이 뉴캐슬 유대 회당에 전화를 걸어 레바논에 있는 아이들을 모두 죽인 다음에 유대인 아이들을 죽이겠다고 협박하다.

2006년 7월 31일 미국 영화배우 멜 깁슨이 "전 세계 모든 전쟁은 유대인 책임이다"라고 발언하다.

2006년 8월 이탈리아 리보르노에서 열린 국제 친선 축구 경기 도중 크로아티아 팀을 응원하던 관중 60명이 인간 스와스티카를 만들고 나치 경례를 하다.

2006년 8월 1일 이탈리아 로마에 있는 상점 20곳에 스와스티카가 그려지다.

2006년 8월 6일 덴마크 코펜하겐 유대인 학교가 반유대주의 협박 편지를 받다.

2006년 8월 14일 우크라이나 키예프에서 열린 세미나가 끝나고 학생들과 함께 이스라엘 노래를 부르던 강사가 남성 3명에게 욕설과 구타를 당하다.

2006년 8월 18일, 9월 13일 영국 맨체스터 유대인 묘지가 훼손되고 묘비 47기가 손상되다.

2006년 8월 22일 벨기에 정통파 유대인 가족이 반유대주의 구호를 외치는 사람들에게 봉변을 당하다.

2006년 8월 24일 독일 극단주의자 신나치 운동 구성원 50여 명이 "이스라엘이 있는 한 평화는 없다. 이란과 연대하자"라는 표어 아래 결집하다.

2006년 8월 세르비아 스킨헤드 무리가 베오그라드에서 열린 록 뮤직 페스티벌에서 이스라엘 관광객 2명을 공격하고 구타하다.

2006년 8월 영국 런던의 버스 안에서 13세 유대인 소녀가 습격당해 의식불명 상태로 발견됐다. 소녀가 '유대인인지 영국인인지' 질문을 들은 후에 벌어진 일이다.

2006년 8월 불가리아 불가리아 축구 팬들이 이스라엘 팀과의 경기에서 "유대인에게 홀로코스트를"이라 고함을 지르다.

2006년 9월 러시아 로스토프나도누 유대 회당에 한 남성이 난입해 친나치, 반유대주의 구호를 외치다.

2006년 9월 러시아 오데사에서 훌리건들이 이스라엘 축구 팬들을 공격하다.

2006년 9월 **캐나다** 몬트리올에서 정통파 유대인 소년이 화염병 피습을 당하다.

2006년 9월 11일 **폴란드** 폴란드 정부가 미국에 '레드워치Red-watch'라는 반유대주의 웹사이트를 폐쇄할 것을 요청하다. 이 웹사이트는 반유대주의는 물론이고 동성애 혐오 폭행에 대한 지시도 내린다.

2006년 9월 16일 **리투아니아** 빌뉴스 유대인 묘지가 훼손되고 무덤 20기가량이 뭉개지고 파헤쳐지다.

2006년 9월 17일 **노르웨이** 오슬로 유대 회당이 공격당해 파손되었다. 남성 4명이 체포, 기소되고, 이스라엘 대사관 폭파 계획에 연루되었을 가능성 때문에 조사를 받았다.

2006년 9월 17일 **잉글랜드** 맨체스터 유나이티드 팀이 경기할 때 아스널 팬들이 "유대인을 아우슈비츠로 보내라"라는 구호를 외치다.

2006년 9월 18일 **러시아** 오데사의 수많은 인파가 오가는 거리에서 한 유대인 남성이 구타당하다.

2006년 9월 20일 크로아티아 자그레브 유대인 학교 담벼락에 친나치 구호가 쓰이다.

2006년 9월 22일 러시아 하바롭스크와 아스트라한에서 유대 회당 2곳과 모스크가 파손되다.

2006년 9월 23일 체코 공화국 프라하 시장이 유대인 신년이 시작될 때 유대 회당이 심각한 안보 위협을 받고 있다고 확증하다.

2006년 9월 26일 러시아 볼가의 오아 아브너 유대인 학교가 공공기물 파손자들에 의해 공격당했다. 창문이 박살 나고 경비가 다쳤으며 스와스티카를 비롯한 반유대주의 낙서로 벽면이 뒤덮였다.

2006년 9월 29일 노르웨이 총으로 무장한 남성이 오슬로 유대 회당에 자동 소총을 발사했다. 4명이 체포, 기소되었다.

2006년 9월 독일 베를린에서 유대인 마카비 클럽(독일 최대의 유대인 축구 구단)과 축구 경기 중에 "유대인을 질식시켜라" "유대 회당을 다시 불태우자" "아우슈비츠가 돌아왔다"라는 구호가 일제히 되풀이되다.

2006년 10월 10일 영국 서로 다른 두 무리의 소년들이 정통파 유대인 소년에게 욕설과 공격을 가하다.

2006년 10월 23일 헝가리 수백 명이 반유대주의 구호를 외치며 부다페스트의 대大시나고그에 물건을 집어 던지다.

2006년 10월 체코 공화국 잠베르크에 있는 유대인 묘지에서 무덤 55기가 훼손되다.

2006년 10월 러시아 홀로코스트 부정자이자 전 KKK 지도자인 데이비드 듀크가 러시아에서 저서 『미국인의 눈으로 본 유대인 문제The Jewish Question Through the Eyes of an American』 출간을 기념하기 위해 사립대학 인사 관리 지역 간 아카데미MAUP에서 강연을 했다. 반유대주의 문학서가 배포되고, 반시온주의자 회의도 열렸다.

2006년 10월 네덜란드 위트레흐트 팬들이 아약스 팀과 홈경기에서 "하마스여, 하마스여, 유대인들을 가스실로"라는 구호를 연호했다. 아약스 팀은 런던의 토트넘 홋스퍼 축구 클럽처럼 유대인으로 간주된다.

2006년 11월 이란 '홀로코스트 국제 만평 공모전'에 뒤이어 함샤리 신문사 직원인 주최자가 『뉴욕 타임스』를 통해 전시회는 "이스라엘이 멸망할 때까지 계속될 것이다"라고 인용했다.

2006년 11월 6일 헝가리 부다페스트에 있는 유대인 학교가 파손되었다. 예전에 지역 유대 회당과 홀로코스트 기념관이 파손되는 사건이 벌어진 곳이다.

2006년 11월 9일 독일 프랑크푸르트에서 신나치 무리가 마을의 연례 추모식이 끝난 몇 시간 후에 크리스탈나흐트 Kristallnacht(수정의 밤)[3] 기념비를 파손하다.

2006년 11월 9일 영국 런던 남부에서 유대 회당 외관이 훼손당하다.

2006년 11월 12일 벨라루스 민스크의 야마 홀로코스트 기념관이 파손되다.

2006년 11월 13일 스위스 제네바에 있는 베트 하바트 유대인 학교 옆에 있는 창고 문 앞에 반유대주의 그래피티가 그려지다.

---

3 1938년 11월 9일은 나치 대원들이 독일 전역의 수만 개 유대인 가게를 약탈하고 250여 개 유대 회당을 방화한 날이다. 약탈당한 가게의 깨진 유리창이 수정같이 반짝였다 하여 '수정의 밤'이라고 불린다.

2006년 11월 23일 **프랑스** 프랑스와 이스라엘이 축구 경기를 마친 뒤에 지역 팬 약 150명이 젊은 프랑스 유대인을 공격하며, "유대인을 죽여라" 등 여러 반유대주의 구호를 외쳤다. 한 남성이 이 소동으로 사망했다.

2006년 11월 26일 **오스트리아** 빈에 있는 유대인 학교 라우더 차바트에 불법 침입자가 난입해 창문을 깨고 기물을 파손하다.

2006년 11월 30일 **벨기에** 베링언 수학여행 기간에 10대 청소년 10명이 정통파 유대인 학생들에게 반유대주의 구호를 외치며 돌을 던졌다.

2006년 11월 30일 **벨라루스** 브레스트 게토 희생자를 기리기 위해 세워진 유대인 기념비가 파손되다.

2006년 12월 **독일** 베를린의 14세 유대인 소녀가 수개월 동안 유대인이라는 이유로 또래로부터 욕설을 듣고 구타와 모욕을 당해 경찰 보호를 받다.

2006년 12월 12일 **프랑스** 버스 운전사가 키파를 썼다는 이유로 젊은 유대인 무리의 버스 탑승을 거부하다.

증오의 세계화

2006년 12월 15일 **러시아** 프스코프 주의 지역 유대인 문화회관에서 열린 하누카**4** 기념행사에서 무력화 가스가 살포되다.

2006년 12월 16일 **우크라이나** 정통파 유대인 3명이 반유대주의 구호를 외치는 젊은이들에게 공격당하다.

2006년 12월 **러시아** 울리야놉스크 지역 유대 회관에 화염병이 투척되다.

2006년 12월 **이란** 이란 정부가 홀로코스트 부정을 촉진하기 위한 회의를 주최하고 전 세계의 유대인 증오자를 초대하여 이란의 손님으로 환대하다.

2006년 12월 **러시아** 극우파 단체가 모스크바 이란 대사관 앞에서 집회를 열어 대통령의 홀로코스트 관점에 대한 연대를 표명하고 '유대인 정책과 전 세계 유대인'을 규탄하다.

2006년 12월 **헝가리** 페치에서 유대 회당과 유대 회관의 외관이 스와스티카와 나치 구호로 훼손당하다.

---

4 히브리력 아홉 번째 달인 키슬레브 25일에 8일 동안 이어지는 유대교 명절.

2006년 12월 미국 뉴욕의 나이아가라 폭포에 있는 베스Beth 이스라엘 유대 회당이 주기적으로 파손되었으며 벽면은 반유대주의 메시지로 뒤덮였다.

21세기의 어떤 해에도 이와 유사한 목록을 만들 수 있다. 영국 정부는 경찰에 사건을 기록하고, 사건을 심각한 반유대주의 공격으로 취급하라는 조치 이상은 하지 않았다. 유럽 47개국을 대표하는 유럽의회는 2007년에 반유대주의에 대해 보고할 때 정확한 통계를 내는 데 어려움을 겪었다. 분명한 건 1945년 이후의 몇십 년 동안보다 최근에 발생한 유대인 공격이 훨씬 심각하다는 사실이다. 이론적으로 반유대주의가 중동 분쟁과 유럽의 새로운 무슬림 단체와 연계되었다는 관점과는 대조적으로, 징후를 보면 백인과 인종주의 극우파 또는 신나치 선동과 그 활동이 유대인을 겨냥한 해묵은 작업을 뒷받침하고 있음을 알 수 있다.

증오의 세계화

제5장

언어와 이미지

2006년에 영국 하원의원단이 반유대주의 문제를 조사한 보고서가 발표되면서 유대 민족을 괴롭히는 이와 같은 두려움은 더 명확해졌다. 랍비장 조너선 색스 경은 하원의원들에게 다음과 같이 발언했다. "당신이 나에게 영국이 반유대주의 사회냐고 묻는다면 나는 분명하게 또 명확하게 아니라고 대답할 것입니다. 영국은 전 세계에서 가장 반유대주의와 거리가 먼 사회입니다." 그러나 영국 유대인의 민간 지도자이자 영국유대인 대표위원회Board of Deputies of British Jews 회장 헨리 그룬월드는 랍비장의 발언에 반박한다. "지난 몇십 년 세월보다 아마도 지금이 더 반유대주의 때문에 굉장히 불편하고, 근심이 많고, 두려움이 클 것이라 생각합니다." 사실 종교 지도자도 민간 지도자도 모두 옳다. 영국은 반유대주의 국가가 아니다. 전 세계 대부분의 민주주의 국가와 심지어 러시아와 베네수엘라 같은 반*민주주의 국가도 반유대주의 국가는 아니다. 이런 곳에서 반유대주의는 가시적이지만, 전체적으로 사회 지도자와 정치 지도자는 이러한 현상을 파악하지 못하고 있거나, 일부 주요 이슬람 국가 또는 나치 독일 시대의 히틀러나 소련의 스탈린 치하에서처럼, 반유대주의가 체계적이지도 않다.

영국 소설가 하워드 제이컵슨은 "모든 유대인이 살면서 알게 되는 끝도 없이 계속되는 낮은 수준의 특정 반유대주의"에 대한 글을 썼다. 랍비를 공격하거나 유대 회당에 벽돌을 던져 유리창을 깨는 명백한 반유대주의 사건은 아무래도 기록하기가 쉽다. 이와 같은 사건은 영국과 전 세계에 걸쳐 증가하고 있다. 하지만 하원의원들은 반유대주의의 새로운 유형이 있으며, 즉 "예컨대 반유대주의에 대한 공적·사적 담론은 언론매체와 정치 단체, 조직과 개인이 채택한 표현과 어조"라며 하원은 우려해야 한다고 결론 내렸다. 인지하기 어렵고 자주 보도되지 않지만 그런데도 극단적으로 중대한 반유대주의가 존재한다.

유대 민족이 느끼는 새로운 두려움은 유대인과 유대인다움에 사용되는 언어가 재조정되는 방식에서 비롯한다. '반유대주의'에 대한 첫 언급은 1871년, 통일된 지 얼마 안 된 독일과 그 밖의 독일어 사용 지역의 소수 집단에 대한 반감을 자극하는 방법을 찾던 독일 인민주의 정치인에게서 나왔다. 당시 유대 민족은 독일 사회에 통합되어 있었고 공동체가 교육의 중요성을 강조하면서 은행과 내수 산업, 새로운 중산층 소비자의 요구를 충족하는 서비스 분야에서 유대인에 대한 평판이 가시화했다. 하지만 유대인들은 지주 계층──융커, 프로이센 군인──으로 편입되지 않았으며 여전히 상대적으로 낮은 국가직에 복무하는 황제 주변의 신하였다. 19세기 말에 연방 독일이 중세나 루터 시대 독일의 유대인 혐오에 대한 심한 편견을 언급하지 않고 계몽사조뿐만 아니라 괴테와 칸트·하이네의 가치를 표방하는 국가로 거듭나려는 때에, 독일에서 반유대인 캠페인을 조직하는 것 자체가 무례한 일이었다. 그래서 이런 새로운 정책에 더 명확하고, 민족지학적 분위기를 풍기기 위해 '반유대주의'라는 용어가 만들어졌다. 영국과 프랑스 제국주의가 인종주의 용어──키플링을 인용하여 '백인의 책무the white man's burden'[1]──로 자신들을 정의할 때 '반유대주의'는 기독교도가 유대 민족에게 드러내는 적개심에서 새로운 윤리정치학과 인종 우월주의로 탈바꿈했다.

오늘날 유대인 혐오자는 '유대Jew' 또는 '유대인Jewish'이라는 용어 사용을 가능한 피하고 대신 '유대'라는 분명한 부정적 성향을 전하지 않는 '시온주의자Zionist' 또는 '시온주의Zionism'라

---

1   영국 시인이자 『정글북』의 작가, 백인우월주의자이기도 한 조지프 러디어드 키플링(1865~1936)이 1899년 2월에 발표한 시의 제목. 미국─스페인 전쟁의 결과 미국이 스페인 대신에 필리핀을 지배하게 되자, 이에 호응하여 발표한 시다. 원제는 「백인의 책무: 미국과 필리핀제도The White Man's Burden: The United States and the Philippine Islands」다. '백인의 짐'이라고도 한다.

는 용어를 사용한다. 확실히 시온주의는 정치운동으로 지중해 동부에 유대인 국가를 세운다는 정치적·역사적 특이성과 관련되어 있다. 현재 반유대주의와 반시온주의 때문에 이스라엘은 영구적으로 방어 태세를 취하고, 두려워하며, 언제 또 어디서 다음 공격을 당할지 전혀 알 수 없게 되었다. 방어적 태세와 두려움, 불안이야말로 성공적이고 관대하고 관용 어린 정책을 위한 최악의 세 가지 조건이다. 이를테면 나처럼 비유대인이면서 이스라엘이 존립하고 다른 국가와 평화롭게 공존하길 바라는 사람은 우선 당대의 신반유대주의에 맞서야 한다. 이제 우리는 '강하고hard' '유연한soft' 권력을 이야기한다. 그래서 반유대주의 또한 강하고 유연한 측면이 있다. 나의 정치적 공동체 —좌파, 자유당, 진보 세력, 유럽연합 가입 지지자, 팔레스타인 지지자, 전 세계에 영향을 미치는 인권 지지자, 현대 영국과 유럽의 무슬림, 기자 친구, 노동조합 동료, 이즐링턴과 노팅힐의 전통 보수파, 모든 정당의 동료 하원의원—는 신반유대주의에 직면하여, 이를 저지하고 타파하기 전까지는 이스라엘과 팔레스타인 문제의 진전 가능성이 희박하다는 사실을 이해할 필요가 있다.

반유대주의가 반유대인 정책의 완곡어법이라면 반시온주의 또한 이스라엘 절멸 요구를 은폐하려는 시도다. 전체적으로 국가가 절멸되면 어떻게든 국민 또한 사라진다. 따라서 반시온주의는 다른 언어적 의미에서 유대인 증오라 할 수 있다. 국민의

증오의 세계화

투쟁에서 비롯하는 두려움의 본질을 알고 있었던 마틴 루서 킹은 이렇게 대답했다. "사람들이 시온주의자를 비판할 때 그들은 유대인을 의미하는 겁니다. 여러분은 반유대주의 발언을 하는 겁니다."

가장 악명 높은 반유대주의 문서의 고전이 『**시온 장로 의정서**』(저자의 강조)라고 명명된 일은 우연이 아니다. 이는 유대 민족과 유대 국가 건설 모두를 부정하려는 의도다. 이스라엘을 증오한다는 점에서 극좌파와 비등한 국민당은 유대 민족과 유대인다움에 대한 우선적 암호로 시온주의와 시온주의자란 용어를 사용한다. 이스라엘의 만행을 비판하는 것은 반유대주의도 반시온주의자도 아니라는 사실은 충분히 강조되지 않았다. 이스라엘은 현대 민주주의 국가로서 자국이 취한 행동의 결과를 받아들여야 하며 정치인이나 군인들이 민주 세계의 누군가를 괴롭혔다면 겸허하게 비판을 수용해야 한다.

'유대인' 대용으로 '시온주의자'라는 단어를 사용하는 많은 사람은 자기들은 반유대주의자가 아니며 '시온주의자'는 종교적·인종적 형용사가 아니고 단지 정치적 의미일 뿐이라며 대수롭지 않게 생각할 것이다. 시인 톰 폴린은 시 「십자포화 속에서 살해당한Killed in Crossfire」에서 이스라엘 군대가 저지른 만행에 노여움과 분노를 표현하기 위해 "시온주의자 친위대Zionist ss"를 언급했다. 폴린이 이스라엘에 대해 사용한 언어는 극단적이다. 이집트의 주요 일간지 『알아람Al Ahram』과의 인터뷰에서 아일랜드 시인이자 옥스퍼드대 교수인 폴린은 미국에서 이스라엘에 이민 온 유대인 정착민을 다음처럼 묘사했다. "그들은 총살당해야 마땅하다. 유대인이야말로 나치이고, 인종주의자다. 나는 오직 분노만 느낄 뿐이다." 내 생각에 폴린은 자신의 논지를 분명히 하려 '시온주의자 친위대'란 단어를 언급하지 않을 수도 있었지만, 그는 '시온주의자'가 안전한 언어라고 생각했을 터였다. 기자이자 소설가 프리들랜드는 폴린과 '시온주의자 친위대'에 대한 그의 시 구절을 꾸짖었다.

첫째, 그런 표현은 과장법이다. 이스라엘이 아무리 나쁘다고 해도 이스라엘은 제3제국(1933~1945년 사이, 히틀러 치하의 독일)이 아니다. 둘째, 이 표현들은 1930년대와 1940년대에 유대 민족이 당한 고통에 세계가 보이는 공감을 상쇄할 의도로 보이는데, 이 같은 논리라면, 홀로코스트는 이스라엘이 지금껏 저지른 나쁜 행실에 '상응'하며, 따라서 유대 민족은 한때 특별한 공감을 받았던 권리도 박탈당한 셈이다. 세계와 '유대 민족'은 이제 동등하다. 셋째, 더 나쁜 점은 나치와 시온주의자를 동일시하는 일이 그저 홀로코스트의 기억을 무효화시키는 것이 아니라는 사실이다. 이는 유대 민족을 잘못된 측면으로 몰아가 (…) 유대 민족은 결국 그들의 역사상 가장 심각한 시기에 놓이게 된 것이다. 그런 다음 유대 민족은 희생자가 아닌 악당 배역으로 돌아간다. 만약 반시온주의자들이 왜 유대인이 이걸 반유대

주의로 보는지 궁금하다면, 아마도 민권운동—또는 흑인 해방
을 위한 다른 수단—이 끊임없이 예전의 백인 노예무역상과 동
일시되었을 때 흑인들의 반응을 상상해야 할 것이다. 마치 사
람의 가장 아픈 곳을 찾아 폭로하려는 의도적 시도라는 느낌이
든다.

조너선 프리들랜드가 유대인이니까 당연한 반응 아니겠냐고
반론하는 이도 있을 것이다. 하지만 진보적이고 개방된 사회에
서 영국 시민 중 하필이면 유대인이 왜 저 시 구절을 읽고 두
려운 마음이 드는지가 문제다. 반유대주의 이미지 중 일부는
중세의 고정관념으로 거슬러 올라가며 재부상했다. 2003년에
영국 일간지 『인디펜던트Independent』는 전 이스라엘 총리 아리
엘 샤론이 자신의 입에 팔레스타인 아기를 쑤셔넣으며 "리쿠드
당에 투표하라Vote Likud"라는 종잇조각으로 자기 치부를 가린
만평을 실었다. 샤론은 그의 군사적, 정치적 명령이 낳은 결과
로 무고한 사람들이 흘린 피에 대해 해명해야 할 것이 많다.
그리고 18세기 정치인과 왕족에 대한 제임스 길레이(영국의 풍
자 화가. 1756/57~1815)의 불쾌한 묘사부터 덴마크 신문(『윌란스
포스텐』)에 실린 선지자 무함마드의 캐리커처까지, 만평의 공격
은 노골적이다. 그러나 핵심적 반유대주의 이미지는 유대 민족
이 어린이를 살해하고 그 피를 자기들의 제식에 사용하는 것
이다. 유대 민족이 아이를 잡아먹는다는 해묵은 피의 제식이

라는 신문의 도발이 불쾌하고 몸서리쳐진다는 사실과는 별개로, 이 만평은 영국 정치 만평 사회의 연례 경연대회에서 심사 의원단 1등상을 받았다.

2002년에 『뉴스테이츠먼』은 다윗의 별이 바닥에 놓인 영국 국기를 찌르는 그림을 표지에 실었다. 표지의 머리기사는 "유대교 율법을 따르는 음모인가?A Kosher Conspiracy?"였다. 다윗의 별은 파란색이 아닌 금색이었다. 유대인의 상징물이 납작하게 놓인 영국 국기를 찌르는 모습은 부유한 유대인이 자신이 시민으로 속해 있는 국가에 불충하다는 전형적인 1939년 이전의 이미지다.

2006년에 『가디언』은 이스라엘을 아파르트헤이트의 남아프리카공화국과 비교한 긴 사설을 실었다. 1980년대에 남아프리카공화국에서 많은 시간을 보내면서 나는 아파르트헤이트에 항거하는 남아프리카공화국 내 투쟁의 선봉에 섰던 독립적 흑인 노동조합운동에 참여했다. 나는 아파르트헤이트 군대 수송기가 굉음을 내며 지나는 흑인 거주구역 밖에서 배수로를 깔았다. 나는 흑인 동료가 출입할 수 없는 호텔에 앉아 있거나 해변을 걸었다. 이스라엘의 아랍인은 유대인과 같이 버스를 탈 수 있고, 같은 해변에서 수영할 수 있고, 같은 대학에서 공부할 수 있으며, 호텔에서는 유럽에서 온 다른 손님들과 함께 술을 마실 수 있다. 남아프리카공화국의 반아파르트헤이트 활동가들은 무력 항쟁의 한바탕 소란 뒤에 마하트마 간디, 넬슨 만델라, 마틴 루서 킹의 노선을 채택하고, 소수 백인 지배자들에 대항하는 평화로운 조직을 선택했다. 남아프리카공화국의 많은 유대계 좌파인사는 흑인 노동자와 그들의 연맹 발기인으로 활동했다. 유대인 변호사와 유대인 기자, 유대인 지식인은 백인 동료들에게 아파르트헤이트를 끝내자고 논리를 펼쳤다. 아파르트헤이트를 비판하는 언어는 인종이 아닌 이념에 대한 것이었다.

남아프리카공화국에서 배우는 일만큼 중동의 평화를 유지하기 위한 큰 자극도 없다. 유대인을 증오하는 팔레스타인과 중동의 정치 지도자들은 만델라와 과거 아파르트헤이트의 땅에서 유대인과 흑인이 민주주의와 정의를 위해 맺은 동맹을 떠올려야 한다. 사실 중동에는 인종 지상주의supremacism 정책이 존재한다. 하지만 이런 정책은 유대 민족이 태어난 국가에서 유대 민족이 살아갈 권리를 규탄하는 사람들에 의해 실천되고 있다. 남아프리카공화국의 교훈은 『가디언』이 제기한 것과는 정반대다. 사우디아라비아나 이란 같은 국가의 소수자들이 반유대주의 패권 인종주의 또는 다른 국가 사이에서 겪는 끔찍한 처우에 정면으로 맞서야 한다. 이스라엘의 유대인은 자유롭게 버스를 타고 여행할 수 있다. 그들이 원하는 것은 폭파되지 않는 것뿐이다.

2006년 7월에 『가디언』은 다윗의 별이 박혀 있는 주먹이 피투성이 어린이의 얼굴을 내려치는 만평을 실었는데, 레바논을 이스라엘 공격의 본거지로 사용한 헤즈볼라 전사를 이스라엘 군인이 물리치고 무장 해제를 하는 모습을 표현한 것이다. 레바논에 떨어진 폭탄으로 수백 명의 레바논 시민이 목숨을 잃었고, 반이스라엘 여론이 전 세계로 걷잡을 수 없이 번져나갔다. 그러나 『가디언』이 사용한 다윗의 별로 상대방을 짓밟는 이미지는 나치 시대 선동 포스터에서 직접 인용한 이미지로 유대인이 유럽에 미치는 영향력을 보여주는 것이다. 1941년 12월, 나치당의 독일 선동 부서는 주간 대자보 소식지 『주간 구호Parole der Woche』를 발간했다. 소식지는 "유대인 음모"라는 제목 아래, 유대인 영향력과 유대인 권력 네트워크의 심장인 다윗의 별을 선보였다. 『가디언』은 만평이 전하려는 요점이 "이스라엘 정부가 아닌 유대교가 현재 분쟁에 연루되었다"라고 해석될 여지가 있다고 해명했다. 그러나 『가디언』은 약과였다. 보수당 하원의원 피터 탭셀 경은 이스라엘이 레바논에서 행한 행위는 "바르샤바 유대인 지구에서 있었던 나치 잔혹 행위를 연상시킨다"라고 발언했다. 노련한 보수당 우파 인사 피터 경뿐만이 아니었다. 러시아의 선동가 미할 나자로프 역시 이스라엘-헤즈볼라 분쟁을 "유대 나치 국가 이스라엘이 벌인, 처벌을 받지 않는 또 하나의 폭동"이라고 반응했다. 2006년 12월에 케임브리지와 브루클린을 포함한 보스턴 교외 대학 건물에는 팔레스타인 점령을 바르샤바 게토와 같이 묘사하고 이스라엘 축출을 요구하는 포스터가 나붙었다. 저 멀리 브라질에

증오의 세계화

서 연방 의원 소코로 고메스가 "나치-시온주의자Nazi-Zionists"
라는 용어로 이스라엘을 묘사하며 탭셀의 세계관을 지지했다.
영국 우파 의원 피터 경은 브라질 의회의 공산당원 고메스와
함께 이스라엘인과 나치를 동일시했다.

『데일리 텔레그래프』는 파괴된 두 도시인 '1943년 바르샤바'
와 '2006년 티레'2를 표현하는 만평을 실었다. 여론을 놓고 보
자면 2006년에 레바논 캠페인은 이스라엘의 참패고 헤즈볼라
의 승리였다. 전투와 미사일 공격, 공습으로 1000명 넘게 목
숨을 잃었다. 하지만 2006년에 이스라엘의 4주간의 레바논 점
령(헤즈볼라의 미사일 공격을 피해 이스라엘 유대인 수만 명이 공습
대피소로 숨었는데, 시리아와 이란이 미사일을 제공했고 시민을 대
상으로 미사일을 퍼부었다)과 폴란드에서 자행된 체계적·조직적
유대인 대량학살 및 1943년 바르샤바 게토의 말살을 비교하
는 일은 이스라엘과 제3제국을 동일시하려는 반유대주의자의
손에 놀아나는 집합체를 형성하는 것이다.

『가디언』『인디펜던트』『데일리 텔레그래프』 또는 『뉴스테이츠
먼』의 편집자들이 의도적으로, 심지어 절반은 의식적으로 반
유대주의적 태도를 보였다는 생각은 터무니없다. 그러나 서서

---

2 제2차 세계대전 당시인 1943년 4월 19일부터 5월 16일까지 바르샤바에서는
유대인들이 나치에 맞서는 게토 봉기가 일어났다. 티레(티루스)는 레바논 남부, 고
대 페니키아의 항구 도시이자 헤즈볼라 근거지로, 이스라엘-레바논 전쟁 당시인
2006년 8월 5일 티레의 헤즈볼라 지도자를 겨냥한 이스라엘의 공격으로 피해를
입었다.

히 부지불식간에 사람들은 유대인을 이스라엘로 보거나 더 나아가 영국이나 다른 나라에 사는 유대인이 이스라엘의 존재를 지지한다는 생각에 빠져든다는 점에서 이는 전통적 반유대주의의 전형적 환기라 할 수 있다. 최근 몇 년간 가장 인기 있고 지적인 베스트셀러 중 하나가 바로 요스테인 고르데르의 『소피의 세계Sofies Verden: Roman om Filosofiens Historie』(1991)다. 2006년에 고르데르는 노르웨이의 주요 일간지 『아프텐포스텐Aftenposten』에 글을 발표했다. "신이 선택한 사람들"이라는 제목하에 이스라엘과 유대인들이 자신을 특별한 존재로 인식하며 "선택된 사람들"은 도덕적 절제 없이 행동하도록 허락받았다고 주장하는 글이었다. 유럽에서 노르웨이만큼 평화, 화해, 관용의 세계 정치를 표방하는 국가도 없다. 그만큼 노르웨이의 유명 인사가 이스라엘에서 여러 세대에 걸쳐 탄생한 유대인의 권리와 그들의 국가를 부정하는 발언을 한 사실은 충격으로 다가왔다. 이는 21세기 신반유대주의가 이슬람주의자 이데올로기의 산물이 아니라 유럽인의 사고방식에 뿌리를 둔다는 중요한 암시다. 그러나 당대 이슬람주의는 전형적 유럽 반유대주의를 받아들였고 지금 우리가 반드시 짚고 넘어가야 할 새로운 괴물을 창조해냈다.

제6장

사상적 기반

2002년 5월 이집트 텔레비전에서 방영된 인터뷰 내용이다.

진행자 두아 아머: 이름이 뭐니?

바스말라: 바스말라요.

아머: 몇 살이니, 바스말라?

바스말라: 네 살요.

아머: 바스말라, 너 유대인 아니?

바스말라: 네.

아머: 유대인 좋아하니?

바스말라: 아뇨.

아머: 왜 유대인을 좋아하지 않니?

바스말라: 왜냐하면.

아머: 유대인이 무엇이기 때문에?

바스말라: 유대인은 원숭이에 돼지니까요.

아머: 그들이 원숭이에 돼지라서 좋아하지 않는구나. 누가 그런
이야기를 했니?

바스말라: 알라께서.

아머: 알라께서 어디서 그런 말씀을 하셨지?

바스말라: 코란요.

　현대 신반유대주의 문제는, 인종과 종교 간 화합을 위해 활
동하는 진보 인사는 불편하게 여길 수 있지만, 현재 이슬람의
위기와 불가분의 관계다. 1989년에 이슬람 전문 학자이자 작
가 맬리스 루스벤이 루슈디의 『악마의 시The Satanic Verses』(1988)
의 출간에 영국 무슬림이 보이는 반응을 조사했다. 책이 출
간되고 이란의 루홀라 호메이니는 루슈디에게 사형을 선고하
는 파트와fatwa(이슬람법에 따른 해석이나 결정 또는 명령)를 발표
했다. 루스벤은, 볼테르의 『캉디드Candide』(1759)[1]처럼, 이슬람
의 동반자로서 영국 무슬림의 관점에서 루슈디의 소설을 조심
스럽게 반박했다. 『악마의 시』 반대 집회에서 몹시 우스꽝스러
웠던 사건은, 소설 '전체가 쓰레기'라고 비난한 사람에게 루스
벤이 시중에 돌아다니는 책 중에 이슬람과 선지자 무함마드

[1] 라이프니츠 등의 낙천적 세계관을 조소하고 사회적 부정·불합리를 고발한 철
학적 콩트의 대표작.

를 훨씬 더 모욕적으로 표현한 책이 많다고 점잖게 설명한 일이다. 루스벤은 단테의 글[2]을 인용하며, 무함마드가 여덟 번째 지옥에서 그의 내장과 간·항문이 갈가리 찢기는 고통에 몸부림치면서 영원히 괴로워한다고 설명했다.

루스벤의 대화 상대는 단테에 대해선 들어본 적도 없었지만, 그는 웬일인지 유대인들이 이 사건과 관련되었다는 사실은 알고 있었다. 파트와와 반대 시위 덕분에 루슈디의 난해하고 복잡한 소설이 세계적 베스트셀러가 되었고, 지성인이라면 모두 『악마의 시』를 읽고 소동의 원인이 무엇인지 바라봐야 한다고 루스벤이 지적하자, 그의 새로운 친구는 논쟁을 포기했다. "우리 무슬림은 유대인처럼 물질주의적으로 생각하지 않습니다." 마치 돈과 베스트셀러 서적에 관한 어떤 언급도 어떻게든 유대인과 관련되었다고 생각하는 듯했다.

루스벤이 『악마의 시』에 대한 무슬림의 반응을 조사하면서 브래드퍼드를 방문했을 때, 그는 많은 루슈디 반대운동가에게 긴장해야 할 사람은 이슬람 애호가라며 경탄할 비유를 들어서 서술했다.

이슬람 원리주의는 파시즘처럼 계층과 부호 계급이 분열되지 않고 '완전히 통합된' 사회라는 관점을 고수한다. 이러한 사회는

---

2 단테의 『신곡』 「지옥」 편에는 무함마드[마호메트]가 가짜 종교를 퍼뜨리는 악인의 죄를 선고받고 머리부터 가랑이까지 몸이 잘리는 형벌을 받는 묘사가 있다.

서방의 식민주의와 엮이기 이전의 황금기에 존재했으리라 추정된다. (…) 이슬람 원리주의는 파시즘과 마찬가지로 절대적 확실성에서 정신적 근본을 추구한다. 유일한 차이점이라면 이슬람 원리주의는 지도자의 의지가 아니라 지상의 대변자나 경전의 계시를 통해 전해진 신의 의지에 의존한다는 점이다.

나는 '이슬람 파시즘Islamofacism'이라는 용어를 좋아하지 않는다. 이념적 종교와 정치적 실천을 혼동하는 일은 잘못이기 때문이다. 하지만 루스벤이 9·11 이후 미국의 반보수파가 이 말을 사용하면서 유행하기도 전에 이슬람 애호라는 비유를 든 점은 주지할 사실이다.

루스벤은 또한 더 걱정스러운 일도 간파했다. "근본주의 담론에 내포된 일반적인 반서방 공세엔 특정한 반유대주의적 징후가 존재한다." 그는 이 현상을 이슬람 원리주의의 핵심 요소와 연관 지어 언급한다.

근본주의자의 사고방식—절대주의자, 반민주주의자, 심각한 권위주의자—은 존재하지 않는 음모를 바라보는 경향이 있다. (…) 음모론—반유대인 버전은 전형적 사례다—은 논리적 설명이 부재하는 가운데 어떤 설득력을 갖는다. 유대 민족은 출판계에서 그 역할이 두드러진다. 유대 민족은 무슬림의 땅을 차지한 이스라엘을 지지한다. 그러므로 『악마의 시』는 이슬람을

증오의 세계화

겨냥한 폭넓은 운동의 일부인 셈이다.

브래드퍼드의 한 무슬림 리아카트 후세인이 루스벤에게 말했다. "서방 세계 전체에 유대 민족이 선두에 선 반이슬람 로비가 있습니다. 당신은 그저 루슈디를 지지하는 작가들의 성명서만 살펴보면 됩니다." 그리고 한마디 덧붙였다. "그런 작가 중 3분의 1이 유대인입니다." 루스벤은 수전 손태그, 노먼 메일러나 필립 로스 같은 비종교적 유대인 작가들이 루슈디를 지지하는 이유가 분서와 신성모독 율법이 그들의 신념에 반하기 때문이며, 오히려 영국의 종교적 유대인은 무슬림의 분노를 일부 이해한다고 표명했다는 언급도 했지만, 브래드퍼드의 무슬림 친구를 설득하지는 못했다. "이슬람에 대항하는 악질적 세력이 책략과 음모를 꾸민다고 무슬림들이 의혹을 제기하는 건 어떻게 보면 당연한 일입니다. 팔레스타인의 이슬람 저항운동에 대한 보복으로 유대인이 조직하든 아니면 십자군운동을 지속하려는 기독교도에 의해서든, 무슬림이 음모의 표적이 되리라는 생각은 그들의 자부심을 어느 정도 추켜세워주는 듯합니다."

루스벤이 이런 글을 작성했던 20년 전에는 반유대주의가 영국 정치의 문제로 간주되었다 하더라도 반유대주의는 여전히 극우파와 관련되어 있었다. 확실히 이스라엘에 대한 비판이 지속적으로 존재했다. 특히 재앙적인 점령과 레바논의 소모전과 관련해선, "범죄보다 더 심각하다. 명백한 실수다"라고 했던 나폴레옹에 대한 샤를 모리스 드 탈레랑의 발언을 상기시킨다.[3] 제1차 인티파다First Intifada[4] 중이었지만 당시 좌파의 정치 담론에서 반유대주의에 쏠리는 관심은 희박했다. 그때부터 정치는 정치적 이슬람주의의 등장으로 변질되었고, 영국에 무슬림형제단이나 아불 알라 마우두디의 이슬람당Jamaat-e-Islami 같은 이슬람주의자의 폭력적 반유대주의 담론이 유입되었다.

신반유대주의의 핵심을 날조하는 일과 21세기 반유대주의의 깊은 근원을 이해하기 위해 핵심적인 글을 읽는 일은 필수다. 상당히 어려운 작업이다. 현대 이슬람주의 지하디즘의 이론적 지도자 아부 무사브 알수리는 시리아의 이슬람주의자다. 그는 내무장관과 젊은 보수당 활동가 데이비드 캐머런을 비롯한 고문들과 함께 1990년대에 런던에서 이 같은 작업을 진행할 수 있었다. 알수리는 『세계 이슬람 저항에 대한 호소Appeal to World Islamic Resistance』란 무려 1600쪽에 달하는 책을 아홉 권으로 나누어 집필했다. 결과적으로 알수리는 이슬람주의의 이론적 지도자인 사이드 쿠틉의 글에서 영감을 받았고, 그의

---

3 1804년에 나폴레옹이 프랑스의 전 통치세력인 부르봉 왕가의 루이 앙투안 앙기앵 공작을 납치해 혐의가 없는데도 모반 혐의로 몰아 공작을 재판대에 세운 후 처형한 사법 살인 사건에 대해 외무장관 탈레랑이 한 발언. 이는 잘못 알려진 것이라고도 한다.
4 팔레스타인의 반反이스라엘 저항운동. 1987년 12월 가자 지구와 웨스트뱅크 이스라엘 점령 지역에서 팔레스타인 사람들이 일으킨 반란이다(1987. 12. 8~1993. 9. 13).

글을 광범위하게 인용했다. 이집트인 쿠틉의 글은 현대에 문서화된 모든 표현을 통틀어 유대인을 향한 증오와 적개심이 가장 두드러진다. 쿠틉은 하산 알반나의 뒤를 잇는 무슬림형제단의 창시자로 이집트를 기반으로 하는 세계적 이슬람주의 조직의 가장 중요한 저술가다. 1966년에 나세르 이집트 대통령이 쿠틉을 잔인하게 처형했는데, 이 과정에서 쿠틉은 증오에 찬 반민주주의 인사에서 이슬람교 반유대주의의 순교자로 변신했다.

무슬림형제단의 창시자인 알반나는 그의 철학 중심에 죽음을 배치했다.

죽음의 기술을 초월하여 고귀하게 죽는 법을 아는 무슬림 공동체는 알라로부터 이승에서 최고의 삶과 내세에서 영원한 즐거움을 선사받을 것이다. 이승의 애착도 죽음의 두려움도 우리를 막을 수 없다. 그러하니 스스로 최대한 노력하고 분투하면 죽고 난 뒤에 새로운 삶이 주어질 것이다. 죽음은 단 한 번뿐이라는 사실을 기억하라. 알라의 길(지하드)에서 뜻을 이룬다면 현생에 득이 되고 내세에 보답을 받으리라.

자살폭탄 테러의 핵심 구절로, 지하드의 '알라의 길'을 따르다 죽는 일이 크나큰 영광임을 부인한 무슬림형제단의 이론적 지도자나 설교자는 지금껏 단 한 명도 없다. 현재 이집트의 무슬림형제단 지도자는 말장난을 하고 있다. 테러리즘은 비난하면서도, 소년들이 크면 이스라엘의 군인이 될 것이라며 이스라엘 현지에서 여성과 아이들을 살해하는 테러범을 자신들이 총애하는 이맘imam(이슬람교 수니파의 칼리프나 뛰어난 학자의 존칭)이 옹호하는 행위는 막지 않는다. 그들은 자신들이 이집트에서 국가 권력을 얻더라도 주된 민주적 권리를 부정하는 이슬람 율법이 적용되진 않겠지만, 언젠가는 경제적·사회적 문제가 해결되리라고 주장한다. 하지만 영국무슬림협회Muslim Council of Britain 서기장 무함마드 압둘 바리 박사는 부정을 저지른 여성에 대한 석살형石殺刑을 찬성하느냐는 질문에 "상황에 따라 다르다"라고 대답했다. 협회의 서열 2위 이나야트 벙글라왈라 역시 석살형을 비난하길 거부하며 런던 지지자들에게 이렇게 대답했다. "선지자가 살던 시절에 여자들은 석살형으로 처형당했습니다. 그러니까 당신은 나에게 우리 선지자를 비난하는지 묻는 겁니다."

쿠틉은 이 같은 감정싸움을 하지 않았다. 그러나 『우리의 유대인 반대 투쟁Our Struggle With the Jews』(1950)에 나타나는 쿠틉의 강박적인 유대인 혐오로 인해 그는 나치 시대에 막이 내린 유대인 말살 정책을 폈던 유럽의 유대인 혐오자와 동격이 되었다. 쿠틉은 현재 무슬림 지지자 사이에서 유명 인사다. 독일 이론가이자 종교 역사가인 한스 큉은 쿠틉을 무슬림 부활의 핵심 요인으로 생각한다. 그는 『이슬람: 과거, 현재, 미래Der

Islam. Geschichte, Gegenwart』(2004)**5**에서 이렇게 묻는다.

새천년을 시작하며 이슬람교가 현재 100만 명이 넘는 무슬림과 함께 세계적 종교로서 남반구에서 엄청난 돌파구를 마련했다. 이슬람교가 전 세계에서 가장 위대한 종교로 거듭나는 새로운 시대가 시작되는가? 사회가 식민주의·제국주의와 타협하고 개인주의·세속주의를 지향하면서 그 결과 남반구에서 신뢰를 잃은 기독교를 이슬람교가 계승하는가? 이것이 그저 꿈이든 아니든, 서방 세계는 여러 양상을 띠는 이슬람의 부활을 직면하고 있다.

- 이슬람 국가들의 재이슬람화 정책
- 아프리카와 아시아 지역에서 이슬람 포교 강화
- 서방 국가에서 이슬람 소수자들의 활동

쿵에 따르면, "재건은 언제나 이슬람의 근본인 코란과 순나(Sunnah, 선지자의 언행)로 돌아가는 방법을 통해서 나타난다." 그리고 이집트의 쿠틉과 인도의 이슬람 이론 지도자 마우두디, 이란의 알리 샤리아티가 이슬람 부활운동 지도자다. 이 세 사람은 "이성과 합리성, 과학 (…) 을 거부하는" 독립적인 사고

5 국내에서는 『한스 쿵의 이슬람: 역사 현재 미래』(2012)란 제목으로 출간되었다.

때문에 바티칸의 종교적 지도자와 충돌한 사건으로 악명 높다. 쿠틉의 열정과 거침없는 저술 방식은 그의 책 『진리를 향한 이정표Milestones(Ma'alim fi al-Tariq)』(1964)에서 볼 수 있고, 이 책은 런던에 있는 다수의 이슬람 서점에서 구매할 수 있다. 구글에서 클릭 몇 번이면 무슬림이나 이슬람교에 관심 있는 사람을 대상으로 하는 숱한 웹사이트에서 쿠틉의 『이정표』를 읽을 수 있다. 이 책은, 솔직히 말하자면, 장황하고 두서가 없으며 코란 해설집의 인용문만 가득하다.

영국의 작가 마틴 에이미스와 정치인 마이클 고브는 이슬람교에 대한 자신들의 책에서 쿠틉을 인용했고, 쿠틉이 1948년에서 1950년까지 미국에 체류하고 있을 때 자주 방문했다. 1906년생인 쿠틉은 1939년에 카이로의 교육부 공무원이 되었다. 제2차 세계대전의 동맹 연합 이후에 공산주의와 이념적으로 견제하고 대립하는 투쟁으로 바뀌자 미국은 야심찬 장학제도를 마련하여 이슬람 세계의 동지와 영향력 있는 인사가 미국에 동조하길 기대하며 그들을 지원했고, 북아프리카의 식민 지배에 반대하는 국민운동을 지지했다. 따라서 쿠틉은 콜로라도주립교육대학에서 공부할 수 있었고, 그곳에서 학위를 받았다. 서구 민주주의와 진보적 가치를 지지하는 영향력 있는 이슬람 이론 지도자 혹은 활동가와 거리가 멀었던 쿠틉은 미국의 보수적 중서부에서 자신이 목격한 광경에 경악을 금치 못했다. 쿠틉은 이집트에 귀국해 서구 물질만능주의의 야만성과 개인주의를 비난했다.

성과 인종이라는 두 가지 주제가 두드러졌다. "미국 소녀들은 자기 몸이 매혹적이라는 사실을 잘 알고 있다. 의미심장한 눈빛과 갈망하는 입술 등 얼굴에도 그런 매혹이 깃들어 있음을 그녀들은 안다. 둥그스름한 가슴과 풍만한 엉덩이, 잘빠진 허벅지와 가는 다리 또한 유혹적이라고 인지한다. 알고 있지만, 절대 숨기지 않는다." 쿠틉에게 여성보다 더 심각한 문제는 아프리카계 미국인과 그들의 음악이었다. "재즈는 (⋯) 검둥이들이 자신들의 소음애愛를 만족시키고 성적 욕망을 자극하기 위해 만든 음악이다"라고 쿠틉은 부르짖었다. 이 같은 흉포한 금욕주의는 16세기나 17세기에 신의 뜻에 완전히 순종하면서 이 땅의 구원을 찾으려 한 수많은 종교적 광신도에게 통하는 방침이었을 것이다. 전반적으로 이 광신자는 가부장적이고 지배적이며 여성과 성생활을 위협하는 데 집착한다. 쿠틉은 신의 말씀이 그대로 규범이 되는 세계로 회귀해야 한다고 강조한다. 그가 보기엔 선지자가 지배하던 초창기를 제외하면 진정한 이슬람 세계는 어디에도 존재하지 않는다. 이집트와 여러 아랍 국가는 물론이고 서방 국가들까지 이슬람과 이슬람 율법이 등장하기 전까지 무지 상태에서 산 셈이다. 가짜 무슬림과 기독교인, 유대인과 비종교인들의 비非이슬람 세계는 '자힐리야 al-Jahiliyyah'(무지의 시대)였고 '무력과 지하드'로 항거하고 타도해야 했다. 나세르 등 비종교적 아랍 지지자, 시리아와 이라크의 바트당,6 알제리와 튀니지(미국 노동조합연맹이 1950년대에 프랑스의 지배에 대항하여 튀니지를 지지했다)의 해방 독립주의자들 모두 자힐리야의 일환이며, 이들을 뿌리 뽑기 위해 싸워야 하고 지하드가 승리를 거두면 이슬람 언덕 위에 빛나는 도시로 바뀐다.

이처럼 악질적 비난과 절대 권력에 순종하는 진실한 삶을 위한 빛나는 길을 따르라는 호소는 인류의 역사 내내 흔하게 볼 수 있었다. 하지만 쿠틉의 열정은, 더 성숙한 정치적 환경에 서라면 그를 괴짜로 낙인찍고 말았겠지만, 나세르가 집권하던 시절에 사이가 틀어진 정적을 잔인하게 고문하고 처형하는 일이 만연했던 부패한 이집트에서는 그야말로 르네상스였다. 더 중요한 사실은 쿠틉이 자신의 독자와 무슬림형제단 지지자, 여러 이슬람 단체에 더 솔깃한 적을 제시했다는 점이다. 이 세상과 무슬림의 마음속에 자힐리야가 계속된다고 설득하는 데 적의 존재 자체가 도움이 되었다. 현재 수백만 쿠틉 독자에게 그 적은 바로 유대인이다.

오늘날 신반유대주의의 영향력을 이해하려면 쿠틉의 책 중에서 가장 일관성 있는 중수필 분량의 『우리의 유대인 반대 투

6 아랍 정당의 하나. 바트Ba'ath는 부흥·재생을 의미한다. 1940년대 초 시리아의 아랍민족주의운동 조직이 그 모체다. 종래의 아랍 민족주의에 대해 더욱 급진적인 사회적 투쟁이라는 목표를 내걸고 있다. '통일, 자유, 사회주의'를 바탕으로 단일 아랍국가 수립을 주장하며, 반자본주의, 반제국주의, 반시온주의를 표방한다. 1960년대 후반부터 시리아와 이라크의 최대 정치 세력이 되었다. 바아스당.

쟁』을 연구할 필요가 있다. 이 책에서 쿠틉은 유대인을 무슬림뿐 아니라 인류의 불구대천 원수로 묘사한다.

유대 민족은 자신들이 생명의 나무에서 뻗어나온 무리라고 생각하며 인류가 재앙을 맞길 고대한다. 그들은 다른 민족을 증오한다. 증오하고 앙심을 품었기 때문에 형벌에 시달리는 것이다. 결과적으로 유대 민족 때문에 다른 민족이 여러 차례 같은 형벌을 받으면서 시련을 겪게 되었다. 다른 민족으로부터 이득을 얻기 위해 불화와 전쟁이라는 형태로 유대 민족 스스로 초래한 재앙인 셈이다. 이런 전쟁과 혼란을 통해 유대 민족은 (다른 민족에 대한) 끝없는 증오를 품고 파괴적인 행동을 일삼으며, 유대 민족은 다른 민족에게 그리고 다른 민족은 (보복을 위해) 유대 민족에게 해를 끼친다. 이 같은 악순환은 전적으로 유대 민족의 파괴적 이기주의 때문에 발생한다.

쿠틉의 성서 해석은, 코란에서 유대 민족을 일부 받아들이자는 암시 구절을 찾으려는 사람들이나 중세 이베리아 반도에서 유대인과 아랍인이 공존했던 (비무슬림이 명백하게 열등한 상황이었지만 과거의 조화와 단란함을 찾으려고 애쓰는 저자에 의해 이 사실은 모호하게 처리된다) 시기를 좋게 바라보는 사람들과는 대조적으로, 이슬람교가 등장하기 전 다른 신을 숭배하던 이 민족보다 유대 민족이 더 나쁘다고 말한다.

무슬림은 그들[유대 민족]을 아라비아 반도에서 추방했다. (…) 그러자 유대 민족은 다시 악행을 저질렀고 결국 알라께서 근대까지 그들과 맞설 신의 종을 보내셨다. 그러고는 알라께서 유대인을 지배할 히틀러를 보내셨다. 게다가 또다시 오늘날 유대인이 '이스라엘'이라는 형태로 악행을 저지르자 땅의 주인인 아랍인들은 슬픔과 비통에 빠졌다. 알라께서 부디 유대 민족을 파멸하는 최악의 형벌을 내리시기를.

쿠틉은 오늘날 수백만 사람들이 믿고 되풀이하는 표현과 비유를 들면서 유대 민족이 거대한—하지만 비밀스러운—이슬람 음모와 관련되었다고 강조한다. "[이슬람을 파괴하려는] 유대인의 합의는 조약이나 공개적 회담에서 절대 발견되지 않을 것이다. 오히려 뭔가 근본적인 중대한 목표를 위한 시온주의 요원의 [비밀] 협정 같은 것이다." 무슬림과 유대인 사이에 평화란 있을 수 없다. "이는 거의 14세기 동안 지금 이 순간까지 계속되고 있는 단 한순간도 멈춘 적 없는 전쟁이며, 그 불꽃은 여전히 세계 전역에서 맹렬히 타오르고 있다."

쿠틉은 1950년대 초반에 이집트인과 폭넓은 아랍 독자들을 대상으로 쓴 글에서, 유엔에 의해 유대 국가가 세워진 후에 유엔의 군대가 신생 유대 국가를 무너뜨릴 수 없게 되었다고 적었다. 무슬림형제단의 활동가들은 이스라엘과 싸울 군대를 파병했다. 쿠틉 같은 이슬람주의자는 아랍인의 패배는 지하드와

증오의 세계화

유대인 살해를 거부하고 정치적 혹은 대외적 해결책으로 돌아서는 행위가 아니라, 이슬람주의에 불충분하게 헌신하는 것을 의미한다고 했다. 쿠틉은 나세르의 세속적 민족주의와 여러 아랍 국가의 반식민주의를 거부했다. 쿠틉의 요구는 신앙 속에 신념을 갖는 것과 유대 민족이 멸망하고 이스라엘이 소멸하는 것이다. "유대 민족이 여기저기서 결집해 이스라엘 건국을 선언한 이후 오늘날 우리의 투쟁은 확실히 더 깊고 견고해졌으며, 더 강렬하고, 더 분명해지고 있다. (…) 이슬람이 그들을 물리치지 않는 이상 그 무엇도 유대인의 탐욕을 억제할 수 없다."

쿠틉의 반유대주의 비판에 뛰어드는 일은 유대 민족을 향한 끊임없는 증오의 세계로 들어서는 것이다. 쿠틉은 몇 번이고 되풀이해서 반유대인 주제로 돌아간다.

유대인은 잠입하기 위해 속임수를 쓰고 지적인 언어를 써가며 의심과 분열의 씨를 뿌린다. (…) 그들은 반역자이고 약속을 지키지 않을뿐더러 허울뿐인 친구이자 위선자이고 행실이 나쁜 무슬림의 친구들로 보일 것이다. 마르크스, 프로이트, 뒤르켐, 베르그송 모두 유대인으로 물질주의자의 사고와 무신론, 성적 욕망, 다원주의를 만들어냈다. 그들은 신성하고 도덕적인 가치를 파괴한다.

유대인을 공격하는 쿠틉의 글은 1950년대에 이집트에서 발간된 여러 에세이 중 하나다. 1970년 사우디 당국은 쿠틉의 글 일부를 추려서 "우리의 반유대인 투쟁"이라는 제목으로 단행본을 발간했다. 한술 더 떠서 사우디의 편집자는 쿠틉의 반유대주의 광란을 지지하기 위해 『시온 장로 의정서』를 참고자료로 추가했다. 이를테면 쿠틉은 에드워드 사이드의 '오리엔탈리즘' 비판을 기대했다. 쿠틉은 이렇게 서술한다. "유대인은 이 [무슬림] 사회에 음모를 꾸미기 위해 [이슬람 세계에] 사람들과 체제를 서서히 주입했다. 수백 수천 명이 이슬람 세계 안에서 모의하고 있으며, 시온주의에 의해 생산된 오리엔탈리스트와 오리엔탈리스트의 학생의 모습으로 계속해서 [나타난다.]" 사우디의 편집자는 『시온 장로 의정서』의 열 번째 조항7을 추가했는데, 이 구절은 유대인들이 어떻게 정치인을 자신들의 명령에 따르도록 통제하는지 묘사한다. 그는 또한 전설적 위조문서의 네 번째 조항을 인용하며 무슬림과 유대인 사이의 영원한 적대감을 설명한 쿠틉의 주장을 지지하려고 했다. "우리는 이슬람교 외 어떤 종교도 용납해서는 안 된다. 따라서 우리는 다른 모든 신앙 체계를 파괴해야 한다. 그 결과 우리는 이단자라는 열매를 누릴 것이다."

지금 우리는 『시온 장로 의정서』가 유대인을 배척하는 주장

---

7 10. Abolition of the Constitution; Rise of the Autocracy. 의회 제거, 독재정치 대두.

증오의 세계화

을 북돋는 증거와 자료로 사용되는 순환계에 들어와 있다. 사우디 정부는 서구 민주주의와 밀접한 관련이 있다. 공산주의 체제와 유럽 정부 및 아시아 당국, 아니면 로버트 무가베나 아우구스토 피노체트 같은 일부 끔찍한 독재자가 쿠틉의 유대인 혐오 비판 글을 발간했다면 천국은 무너졌을 것이다. 하지만 우리의 도덕적 감성이 너무 모호해지는 바람에 쿠틉의 글은 널리 퍼져나갔고, 그를 마치 이슬람의 중요한 철학자인 양 대우했다. 만약 친나치 정당이 유대인에 대해 유사한 언어를 사용하여 나치 반유대주의의 하나인 반유대인 증오에 대한 책을 발간했다면 우리는 즉각적으로 대응하여 적절한 조처를 했을 것이다. 그러나 쿠틉의 글에서 유대 민족을 파괴하자는 그의 주장은 다르게 취급되었다.

후사인과 그의 놀라운 책 『이슬람주의자The Islamist』(2007) 덕분에, 우리는 이제 1990년대 영국의 이슬람주의 사고와 활동의 중심에 놓인 반유대주의의 중심적 역할을 분명히 알게 되었다. 에드(그의 이름 무함마드를 짧게 줄여서)**8** 후사인은 다수의 급진적인 어린 학생이 트로츠키주의자나 반세계화운동의 일원으로 활동했던 것과 같이 다양한 이슬람 단체를 거쳤다. 후사인은 해방당을 탈퇴하면서 메시아적 성향이 덜한 곳을 찾았는데 아마도 칼리프가 다스리는 단체에 가입하면서 영국의 이슬

8　에드 후사인의 본명은 무함마드 마흐부브 후사인이다. 학생 시절 동료들이 그를 '무함마드Mohamed'를 뜻하는 '에드Ed'라는 별칭으로 불렀다.

람 사회를 우연히 발견했을 것이다. 그곳에서 그는 훗날 영국 무슬림협회의 대변인으로 중요한 자리에 오르는 이나야트 벙글라왈라를 만났다. 나중에 리스펙트당의 주요 당원이 되는 영국이슬람협회Islamic Society of Britain의 새로운 동지 압두라흐만 자파르도 만났다. 2005년 총선에서 오나 킹이 베스널그린 지역 리스펙트당 당원 조지 갤러웨이를 이기고 의석을 지켰을 때, 그녀는 자신이 유대인 어머니와 아프리카계 미국인 아버지를 두었다는 사실을 거론하는 문건이 돌았다고 주장했다. 후사인은 런던 동부의 아부 루크만이라는 팔레스타인 사람의 집에 초대되었다.

아부 루크만은 누가 보더라도 유대인에게 깊고 강렬한 증오를 갖고 있었다. 그는 수차례 이스라엘이 멸망하고 무슬림이 성지를 통치할 날이 돌아오리라 단언했다. 나는 거기 앉아서 그저 수긍했다. (…) 이나야트[벙글라왈라]도 나도 어떤 질문도 하지 않았다. 유대인 공격은 이슬람주의 커리큘럼이 허용하는 부분이었다.

후사인은 영국의 모든 젊은 무슬림과 모든 이스라엘 증오자들이 무리 없이 읽을 만한 계시적인 글을 계속 썼다.

나는 아직 현실을 파악하지 못했다. 그때까지 나는 유럽의 유대인 역사와 집단학살, 배제, 홀로코스트에 대해 연구했다. 내 의견을 피력했어야 했다. 하지만 잠자코 있었다. 대신에 난 이제 다른 이중적 삶을 끌어가게 되었다. 무슬림 사이에서 나는 '형제'였다. 나는 우리의 무조건적 인식에 이의를 제기하지 않았다. 유대인, 힌두교 신자, 미국인, 동성애자를 향한 증오, 여성 경시 등……. 매주 수요일 밤 이나야트는 나를 태워 코란 암송과 종교 토론, 반유대주의 훈련을 마친 다음에 내려주었다.

후사인은 책에서 영국무슬림협회에 결속된 무슬림 조직에서 빠져나갈 궁리를 하는 한편 자신이 신앙을 받아들이려고 애쓰는 모습을 묘사했다. 그는 아랍어 실력을 늘리기 위해 처음에는 시리아에 갔다가 이후 사우디아라비아로 향했다. 그는 제다에서 와하브 정신을 바탕으로 유대인을 극렬하게 증오하는 소리를 직접 듣는다.

모든 모스크에는 국가가 지원하는 설교자들이 있다. (…) 예외 없이 대부분의 금요일 설교는 매우 정치적이며 급진적이다. 이맘은 이라크와 팔레스타인에서 계속되는 지하드를 위해 기도하며 알라께 유대인을 물리쳐달라고 요구한다. (…) 10년 전이었다면 나는 이런 파멸의 만트라mantra(기도나 명상 때 외는 주문呪文 또는 진언眞言)를 듣고 아멘이라고 중얼거렸을 것이다. 이제는 침묵을 지킨다. 무슬림 관습처럼 두 손을 올리지도 않고 당황하여 주위를 둘러본다. 어떻게 이 지경이 되었단 말인가? 이슬람 근본주의자들이 50년 동안 파멸을 기도했음에도 불구하고 이스라엘이 건재하고 미국이 패권을 차지하고 있다는 사실에서 우리는 왜 배우지 못하는가? 신은 우리에게 대재앙을 요구하는 와하비 근본주의자의 기도를 들어주지 않는다고 말씀하시지 않았나?

그리고 후사인은 자신들이 공격하는 것은 유대인이 아니라 시온주의라고 하는 반유대주의 주장을 간략하게 서술하고 넘어간다. "이슬람 원리주의 옹호자들은 자신들이 유대인이 아닌 시온주의자를 반대한다고 반박한다. 그러나 (…) 이것은 어디까지나 말장난일 뿐이고 반유대주의 혐의를 미연에 방지하려는 저열한 속임수에 불과하다. 그들에게는 유대인이나 시온주의자나 모두 같은 말이다. 단지 청중을 끌어오기 위해 선택적으로 사용할 뿐이다." 사우디아라비아에서 후사인은 부지런히 수업과 강좌에 참석한다. "이슬람 원리주의 모스크와 영국의 비밀 조직에서 내가 남몰래 배웠던 것을 사우디의 대학에서 공개적으로 가르치고 있었다. 이슬람 극단주의는 전혀 진정될 기미가 보이지 않았다." 후사인은 스승들에게 실망감을 느꼈다.

다양한 분파의 이슬람 원리주의자(와하브파와 지하드 전사를 포함하여)는 그들 자신을 제외한 시온주의자와 유대인, 영국인, 프랑스와 이탈리아 제국주의자, 터키인과 프리메이슨을 비난하는 데 일가견이 있다. (…) 무슬림에게 무슨 일이 일어난 것일까? 나는 한탄했다. 한때 위대한 철학자와 문법학자, 신학자, 과학자, 개혁가, 시인, 법학자, 건축가의 생산지였던 무슬림 학교와 대학은 오늘날 정부를 두려워하는 아첨꾼과 극단적 광신자만 배출하고 있다. 자유로운 사고를 하는 지성인은 어디에 있단 말인가?

후사인은 런던에서 일하는 젊은 사우디 커플과 친구가 되었다. [2005년 7월 7일] 런던 지하철 폭탄 테러가 발생하고 며칠 지나지 않았을 때 후사인과 그의 부인은 새로운 친구들과 외식을 했다. 후사인은 친구에게 지나가는 말로 사우디 교육의 본질이 뉴욕 9·11사건에 가담한 사우디인 15명의 사상에 영향을 미쳤을 가능성에 대해 질문했다. 후사인의 새 사우디 친구는 곧장 대답했다. "그건 아니야, 왜냐하면 9·11의 배후에는 사우디인이 없기 때문이지. 비행기 납치범은 사우디인이 아니었어. 그날 유대인 1246명이 출근하지 않았다네. 유대인이 학살의 배후라는 증거지. 사우디인들이 아니야."

나는 후사인의 책을 읽으면서 사우스요크서에서 무슬림 친구들과 나누었던 대화와 잔학한 9·11 직후 영국무슬림협회의 존경할 만한 회원들 대부분이 논리와 진실을 거리낌 없이 거부하던 모습이 불현듯 떠올랐다. 그들은 유대인들이 쌍둥이빌딩에서 죽음을 피하기 위해 출근하지 않았다는 소문을 그대로 받아들였고, 모사드가 실제로 그 공격을 계획했다고 믿었다. 4년 뒤에 후사인도 같은 경험을 했다. "유대인 결근자 수를 이렇게 정확히 들은 것은 이번이 처음이다. 나는 그 자리에 앉아 아랍이 전체적으로 진실을 부정하는 모습과 그들 내부에서 곪고 있는 와하브파의 지하드 테러리즘이 전 세계에 재앙을 초래하고 있음을 부정하는 모습에 대해 곰곰이 생각해봤다."

같은 시기에 영국의 또 다른 젊은 시민 작가이자 기자인 제이슨 버크가 이슬람주의를 이해하기 위해 분투하고 있었다. 그는 1990년대 초 아프가니스탄에서 대학을 졸업하고 이후 10년 동안 무슬림 사회를 여행했고, 지역의 정치적 여론을 이해하려 노력했다. 버크는 『알카에다: 급진적 이슬람교의 실화 Al-Qaeda: The True Story of Radical Islam』(2004)에서 빈라덴을 위한 세력 동원을 유대인 혐오의 핵심이라고 강조했다. "서방과 유대인이 이슬람 세계가 약하기를 바라고, 분열된 채 빈곤한 상태를 유지하길 바라는 것은 기정사실로 받아들여진다. 빈라덴은 '책의 사람들'에게 관용을 베풀라는 이슬람교 말씀을 무시한다." 버크는 이어서 빈라덴의 전쟁 선언을 인용한다. 빈라덴은 "무슬림들은 시온주의자-십자군운동 동맹과 그들의 협력자들이 주도한 공격과 부정, 불평등으로 고통받고 있다."『칸다하르로 가는 길 On the Road to Kandahar』(2007)에서 버크는 이슬

　　　　　　　　　　　증오의 세계화

람교를 이해하기 위한 자신의 시도를 더 개인적이고 자전적으로 설명하면서, 우리 모두 이슬람 근본주의자의 반유대주의를 유럽 정치의 좌파와 우파 전통에서 기인하는 것으로 봐야 한다고 주장한다.

1970년대와 1980년대에 조직된 다수의 급진적 무슬림 단체는 그들의 전략과 조직이 좌파에서 차용한 것임을 공공연하게 밝히고 있다. 엄청난 수의 이슬람 전사가 급진적 종교운동에 뛰어들기 전에 실제로 좌파 행동주의를 기웃거렸다. 많은 좌파와 모든 급진적 이슬람 사상에서 반유대주의가 나타났다.

버크는 "소련의 붕괴와 서방의 진보적·민주적 자유시장 자본주의의 승리가 공산주의의 신뢰를 떨어뜨리지 않았다면, 서방에 반대하는 사상이나 표현이 급진적 이슬람주의자의 말밖에는 남지 않았다면" 그가 10년 동안 조사하면서 인터뷰한 셀 수 없이 많은 이슬람 활동가와 전사들이 "급진적 좌파 활동가였을지도 모른다"고 생각했다. 버크는 여기서 중요한 사실을 인지하고 있다. 우리가 규칙을 따를 경우, 현대사회의 모든 단계에는 인류의 존재를 완전히 바꿔버릴 정책에 대한 시장 수요가 있다. 분쟁 없이 새로운 세계를 창조하려는 제안은 하나의 중대한 뜻에 모두 복종하는 공산주의와 파시즘의 핵심이었다. 두 전체주의적 이데올로기는, 여러분도 알다시피, 유대인을 희생양으로 삼았다. 히틀러와 스탈린 사이의 많은 유사점 중에서 반유대주의가 유독 눈에 띈다. 버크는 계속 서술한다.

급진적 이슬람 전사 상당수가, 그들은 무조건 부정하겠지만, 특히 20세기 중반 유럽의 인구 절반을 사로잡았던 극우파 이데올로기에 동조하고 있다. 지도자들이 이끄는 사회적 단체를 보면 일반적 반유대주의와, 순교와 유사한 전통 등 유사점이 있다. 그리고 평균치의 혹은 퇴보하는 현대성을 추구하는 호전적 단체 또한 존재한다. 이들은 도덕성과 인종적·종교적 순수성을 강조하며 화평하고 확고한 가치가 존재했던 완벽한 시대라 여겨지는 신화적 과거에 호소한다.

버크가 지적하듯이, 공산주의와 파시즘은 경제적 혼란이 극심한 시기에 사람들의 경험을 탈바꿈하는 새로운 생산 형태와 함께 등장한다. 안정된 사회는 기존의 생산수단이 사라지고, 외제로 대체되거나 국민 자본이 다른 나라로 재배치된다면 빈곤에 직면할 수밖에 없다. 맥 풀리게도 버크는, 여전히 두 이데올로기를 지지하는 사람들이 있음에도, 이 때문에 공산주의와 파시즘의 매력이 반감했다고 결론 내린다. 급진적 이슬람주의가 종식되기 전에 전 세계 무슬림이 테러와 폭력, 그들이 신성시하는 이데올로기가 막다른 길에 있다는 사실을 깨닫는데 또 다른 100년이 걸릴까?

만약 버크의 시간 척도가 맞는다면, 우리는 지금 반유대주의의 새로운 클라이맥스가 아닌 크레셴도를 보고 있는 셈이다. 유럽 및 북미의 지식인과 자유주의 좌파들이 신반유대주의에 맞서서 싸우기를, 또는 신반유대주의가 실재한다는 사실과 자유주의자 및 좌파들이 지금껏 지켜온 가치가 위협받고 있음을 인정하기를 계속 거부하고 있는 현실은 버크의 비관적 연대기가 사실임을 보여준다. 이견을 받아들이지 않는 우파가 국가 정체성을 호소하고, 국제법과 초국가적 통치를 경멸하는 행위는 반유대주의적 이슬람주의자의 손에 완전히 놀아나는 꼴이다. 반유대주의는 한 나라에서 국한되는 현상이 아닌 전 세계적 현상이다. 유럽의회의 경우 나머지 유럽 국가들이 반유대주의를 심각하게 받아들이지 않는 한, 일부 유럽의회 의원들의 반유대주의 사고를 근절하기 힘들 것이다. 와하브주의자의 반유대주의 전파에 자금을 지원하는 사우디아라비아 석유에 대한 의존도를 줄이는 데 기여하는 새로운 에너지 정책을 위한 공동 탐색에 참여하기 전까지 미국은 반유대주의에 맞서는 중요한 주체가 되지 못할 것이다.

여전히 영국 우파 정치인은 유럽의 협조가 필요하다는 사실을 경시하고 있다. 미국 우파와 보호무역론자, 공화당원뿐 아니라 고립주의의 민주당원은 대對사우디 석유 의존도를 낮추기 위해 미국이 국제조약과 법적 구속력이 있는 절차에 따를 의무가 없다는 태도를 분명히 한다. 신반유대주의 투쟁은 단순히 더 강경한 전도사와 종교적 실천가를 비난하는 일이 아니고, 이스라엘에 대한 적대적 표현을 공격하는 일은 더더구나 아니다. 신반유대주의는 신반유대주의를 충분히 이해하고 형언하는 일에, 그다음으로는 정부 정책 변화에 필요한 결론을 이끌어내는 일에 지적으로 실패한 데에 그 뿌리를 두고 있다. 한 나라의 캠퍼스나 다른 나라의 법을 바꾸는 식으로 싸울 수 없다. 남성과 여성, 신자와 비신자로서 한 사람이 다른 사람과 어떻게 관계를 맺고 지내는지에 대한 새로운 사고를 요구하는 관용과 국제주의에 대한 새로운 정책이 필요하다. 기원이 초국가적이고, 기치나 국경을 무시하는 위협에 아무런 보호 조치도 제공하지 않는 국경과 국법, 정부 인사들이 있는 이 세계에서 한 국가가 다른 국가와 소통하는 방법을 고심해야 한다.

제7장

반유대주의인가 반시온주의인가?

『시온의 마초Matzo of Zion』는 1984년에 출간된 책이며, 오랜 기간 시리아 국방장관을 지낸 무스타파 틀라스가 저자다. 책에서 다마스쿠스의 유대인이 가톨릭 신부를 죽이고 그 피로 마초를 구웠다는 비방이 반복된다. 마초는 〔유대인들이〕 유월절 기간에 먹는 음식으로 효모를 넣지 않은 빵이다. 책은 2002년 다마스쿠스 도서전에서 판매되었다.

신반유대주의 징후 각각은 특유의 용어로 의미를 파악하면서 논의할 수 있지만, 그 뿌리에 파고든 이데올로기를 알려면 사람들이 살아가고 행동하는 방식에 원인이 되는 '보이지 않는' 손이나 '소외감'을 반드시 밝혀야 한다. 폭넓은 지지를 받는 이데올로기는 사람들이 스스로 운명을 개척하는 부담을 덜어주는 대신에 사람들을 '제물로 끌어들여서 규칙을 엄수하는 절대적 해석으로 사람들과 운명을 같이한다. 이데올로기는 반드시 역사를 설명하고 이데올로기를 지지하는 사람들이 왜 역사적 발전의 다음 단계를 통제하는 열쇠를 쥐고 있는지를 보여준다.

반유대주의는 구태의연한 편견으로 치부되어 너무 쉽게 일축되고 있다. 물리적 폭력과 유대인 학대는 가장 확실한 반유대주의 징후다. 이 같은 인종주의 범행은 비난받아 마땅하며 강력한 정치, 치안 활동으로 막을 수 있다. 하지만 신반유대주의는 고도로 발달하고 논리 정연하며 조직적인 현대의 정치체계로 수백만 명의 사고에 엄청난 영향력을 미치고 있다. 신반유대주의가 오늘날 세계 정치에 행사하는 영향은 다른 이데올로기와 차원이 다르다. 대부분 주요 세계 단체와 정부가 이 문제에 어떻게 대처할지를 두고 격렬한 논쟁을 계속하고 있다. 20세기의 대표적 전쟁 이후, 세계 곳곳에서 어느 때보다 더 많은 군인이 전투로 목숨을 잃는다. 수백 년 동안 보이지 않는 민중운동으로 수백만 명이 자기들이 태어난 땅에서 외국으로 이동하는 일이 발생했고, 새로운 국가가 수립되었다. WTO와 NATO, IMF, 세계은행, 유럽연합과 같이 행정 권한이 있는 많은 국제단체가 주권 국가의 국내 문제 상황을 좌지우지한다. 결정을 내리거나 정책을 세우는 사람들은 유대인으로 간주된다. 이를테면, 세계은행의 폴 울포위츠의 불행한 재임 동안이나 또는 할리우드 경영진이 세계적으로 인기 있는 영상문화 일부를 구현하는 동안 각 분야에서 영향력 있다고 생각되는 누군가를 유대인으로 치부하는 일은 이미 반유대주의 정책의 첫걸음이다.

토머스 페인과 볼테르는 앙시앵레짐에 항의하면서 정치적 자유를 추구했다. 존 스튜어트 밀은 표현과 생각의 자유에 원칙을 더했다. "한 명을 제외한 전 인류의 의견이 동일하고, 단 한 사람만 반대 의견을 낸다 하더라도, 인류가 이 사람을 침묵시키는 일은 정당화될 수 없다. 권력을 쥔 사람이 한 사람이더라도 그가 인류를 침묵시키는 일이 정당화될 수 없기 때문이다." 이 같은 단서를 달면 "그러므로 개인의 자유는 결코 제약을 받지 말아야 한다. 타인에게 성가신 존재가 되어선 안 된다." 이는 사람이 많은 극장에서는 "불이야!"라고 소리칠 권리가 없다고 발언한 유명 미국 수석재판관의 이름을 따서 웬들홈스 표현의 절대 자유라고 부르기도 한다.[1] 하느님과 그리스도, 무함마드, 석가모니 또는 독실한 신자들이 숭배하거나 믿는 여러 선지자나 신성을 모욕하는 불경스러운 글과 그림은 취향과 예절의 문제라는 것이다. 스위스의 이슬람주의 이론적 지도자인 타리끄 라마단이 제네바에서 볼테르의 탄생 기념일

---

1 홈스는 표현의 자유는 그 표현이 행해진 상황에 영향을 받는다고 판시하면서, [환한 대낮에 한적한 곳이 아니라] 사람이 많고 깜깜한 극장에서 거짓으로 "불이야" 하고 외쳐서 사람들에게 공포를 야기하는 사람까지 표현의 자유로 보호되지는 않는다는 예시를 들었다. 이때 기준이 되는 것이, 실질적 해악을 발생시킬 명백하고도 현존하는 위험clear and present danger이 있느냐의 여부다.

에 무함마드에 대한 연극 제작을 중단시킬 목적으로 치러진 성공적이었던 이슬람주의운동에 합류했을 때, 그는 이것은 '예의' 문제이지 검열 행위가 아니라고 했다. 프랑스의 절대왕정이 강압적으로 나올 경우 바로 스위스에 있는 도피처로 갈 수 있게 국경 맞은편에서 유명하게 살았던 볼테르로서는 예의 문제로 연극을 금지하는 행위가 운동이라고 불리는 데에 〔죽어서도〕 퍽이나 기뻐했을 것이다.

타리끄 라마단은 스위스 태생(1962~)으로 무슬림형제단의 창시자 하산 알반나의 학식 있는 손자다. 그는 카리스마 있고 호남형에 매력적인, 타의 추종을 불허하는 달변가다. 라마단의 전기 작가는 프랑스의 "젊은 무슬림 여성은 히잡이 있으나 없으나 라마단의 강연을 듣기 위해 수백 킬로미터를 이동하기도 한다"라고 기록했다. 무슬림형제단 창시자의 손자로서 라마단은 카이로에 기반을 둔 이슬람주의 조직과의 관계를 지금껏 모두 밝혀왔다. 그의 동생 하니 라마단은 제네바이슬람센터 운영자이며 매우 엄격한 이슬람교를 설파하고 있다. 2002년 9월 10일, 『르몽드Le Monde』는 부정을 저지른 여성에 대한 석살형이 "처벌일 뿐 아니라 정화"라고 해명한 하니 라마단의 글을 게재했다.

알반나가 운동에 보이는 야망은 1930년대에 그가 쓴 『젊은이들에게 보내는 서간Epistle to Young People』에서 명확하게 나타난다. 알반나는 무슬림형제단이 "이슬람 원리주의에 기반을 두지 않는 정부 조직으로 인식되기를" 거부한다고 강조했다. 이러한 이슬람 정부는 모로코에서 예멘까지 뻗어 나와 시리아와 이집트를 포함해 모든 국가와 민족을 대체할 것이다. 오늘날 이슬람주의자는 모든 아랍 국가, 특히 서서히 민주주의를 지향하고 있으며 이스라엘에 우호적인 국가를 표적으로 삼고 있다. 알반나는 이슬람주의자로서 자신의 정치적 야망과 당대의 유럽 이데올로기를 비교했다. "만약 독일제국이 독일인의 피가 흐르는 사람들 모두의 비호자라고 주장한다면, 우리 이슬람교 신봉자는 코란을 배운 이들 모두의 비호자라고 주장하겠다."

물론 원리주의자 할아버지의 관점을 손자에게 씌우는 일은 부당하다. 알반나가 이집트의 식민지 지배하에 살았고, 파루크 왕의 부패 통치도 겪었지만 무슬림형제단의 바탕이 된 신념을 살펴보는 편이 적절하겠다. 무슬림형제단은 토대부터 회원 단체가 아닌 운동 단체였다. 조직을 연구하는 사람들은, 무슬림형제단이 신념과 실천이라는 이념적 핵심을 유지하면서 현지 사람들에게 사회적 면모를 제시하는 것을 강조한다는 사실에 주목한다. 그래서 무슬림형제단은 폭력적 활동에 거리를 두는 한편 여전히 민주주의와 여성 인권(1930년대에 무슬림형제단은 카이로대학에 여학생과 남학생을 따로 가르치길 촉구하는 문서를 작성했다), 특히 그들의 조국에서 유대인이 평화롭게 사는 공간을 결코 용인하지 않겠다는 이슬람 원리주의를 교육하고 조장한다. 1948년에 알반나는 무슬림형제단이 '주요 장애물'로 바라보는 '세계의 유대인들'을 비난했다. 특히 알반나는 순교와 지하드를 미화했으며, 최고의 단계는 "알라의 대의를 위해 무력으로 항쟁하는 것"이라고 직접 썼다. 1946년, 이집트의 민족주의 정당 와프드wafd는 "무슬림형제단의 파시스트 테러"를 맹렬히 비난했다.

라마단은 제네바에서 성장했고, 관용적이고 자유로운 유럽의 열린 민주주의 세계에서 살았다. 하지만 라마단은 그의 위치에도 불구하고 우려스러운 존재다. 라마단은 제네바에서 얼마간 학교 선생님으로 지냈는데, 『워싱턴 포스트Washington Post』는 그를 '이슬람의 마르틴 루터'라고 묘사하기도 했다. 그러나 제네바의 이슬람주의자는, 독일의 개혁가와 달리, 이슬람의 교리나 관례에 이의를 제기하는 데 전혀 관심이 없다. 그의 저술은 경건하다. 라마단이 쓴 무함마드 책에 관해 이슬람학자 루스벤은 "신앙심을 고취하는 이야기로 유쾌하기 그지없으나 단조롭고 밋밋한 글로 전통적인 근원을 비판적으로 논의하려는 진지한 시도 자체를 회피한다"라고 말한다. 루스벤은 특히 라마단이 무함마드의 독재 국가를 거부했던 유대인 부족의 남성과 여성을 살해한 피도 눈물도 없는 살인마 바누 쿠라이자 Banu Qurayzah 부족에 대해 얼버무리며 넘어간 데 우려를 표명했다. 라마단은 이 초기 유대인 살해가 무함마드의 지도력을 보장하는 일이라고 발언했다. "바누 쿠라이자 부족 남자에게 할당된 운명은 모든 이웃 부족에게 배반과 침략에는 가혹한 응징이 뒤따른다는 강력한 메시지를 전달하는 일이다."

라마단은 학자인가 설교자인가 정치활동가인가 아니면 조부가 세운 무슬림형제단 테제를 위한 유럽의 대사인가? 아무도 모른다. 그가 유럽의 모처에 머물거나 여행할 때마다 자금이 부족했던 적이 없다. 라마단이 조부의 삶과 교리에 대한 무비판적 설명문 같은 논문을 처음 발표했을 때, 제네바대학은 처음부터 그에게 정식 박사학위를 수여하지 않기로 했고, 라마단은 대학에 항의했다. 라마단에게 우호적인 위원회가 구성되면서 두 번째 논문이 통과된 덕분에 그는 카이로에 체류하면서 '박사Dr'학위를 딸 수 있었다. 라마단은 영국에서 공부를 마친 뒤에 프랑스어권의 스위스 프리부르대학에 자리를 잡았고 매주 한 시간씩 강의를 했다. 이따금 영어권 매체에서 라마단에게 '교수Professor'라는 호칭을 붙이는데, 그는 대학에서 정교수 직책은 고사하고 한 번도 교수직을 맡은 적이 없다. 라마단이 역임한 유일한 정규 교직은 제네바의 중학교뿐이었는데 (프랑스어로 학교 선생님을 가리키는 단어는 'professor'다. 이 때문에 영어로 그를 교수라고 칭하는 것이다.) 다윈과 과학적 진화의 합리성이 아닌 창조론 교육의 필요성을 주장하면서 그는 학교를 떠나야 했다. 2005년 3월 31일 『르몽드』 기사를 보면, 라마단은 스스로 "프리부르대학의 이슬람 철학 교수"라고 서명했다. 하지만 라마단이 자신을 이렇게 소개했을 당시에 "그는 교수도 아니었고 프리부르에서의 교직 생활은 1년도 채 되지 않았다."
라마단에게 우호적인 스위스 전기 작가 이안 하멜의 기록이다.
자신의 매력과, 비무슬림 청중을 정중하게 대하는 태도와, 공
격적 언사를 피하는 능력으로 라마단은 정체를 파악하기 어려
운 사람이 되었다. 그는 이 나라 저 나라를 돌아다니며, 프랑
스어에서 아랍어와 영어까지, 관련성이 거의 없는 다양한 국가
의 정치적·지적 언론매체에서 활동하고 있다.

라마단은 이렇게 진술한다. "법이 반종교적 행동을 나에게
강제하지 않는 한 나는 법을 인정한다." 표면적으로 이보다 더
합리적일 수 있을까? 라마단은 말한다. "무신론자와 비종교인
이나 시온주의의 이론적 지지자들이 주장하듯이 (훌륭한) 시
민이 되기 위해서 타인을 제거할 수 있는 인권 선언은 없다."

나중에 나온 『이슬람, 서구와 현대성의 도전Islam, the West and
the Challenges of Modernity』(2001)에서 라마단은 민주주의가 신앙
보다 우위에 있다고 인정하기를 재차 거부했다. 그는 무슬림이
두 권위의 원천에 포함된다고 주장했다.

첫째는 한 사람 한 사람의 순수혈통 시민이 투표해서 나온 결
과로 세우는 나라입니다. 둘째는 예배와 언어, 법률(개인적 사건
을 위한)의 자율성이 존재하는 종교사회입니다. (…) 우리는 서방
의 민족국가 모델을 모방하지 않고 다른 국가를 설립할 가능성
이 있습니다.

2003년에 라마단은 다수의 유명한 프랑스 지식인과 정치 활동가를 공격하는 글을 써서 프랑스 좌파의 공분을 샀다. 라마단은 그들이 "과거에는 세계적인 사상가였던 프랑스 유대계 지식인"이었지만 이제는 단순히 이스라엘 지지자일 뿐이라고 묘사했다. 라마단은 얼렁뚱땅 좌파 유대인과 우파 유대인을 나열하며 피에르앙드레 타기에프를 포함시켰다. 타기에프는 유대인 같은 이름이지만 사실 유대인은 아니다. 프랑스 사회학자들은 라마단의 반유대주의 발언에 경악하며 불편해했다. 보수 신문 『피가로Figaro』에 기고를 하는 세계적인 분석가 알렉상드르 아들러, 전 사회주의자 장관이자 국경없는의사회 설립자이고 2007년에 프랑스 외무장관이 되는 쿠슈네르, 독립적인 신철학 작가 베르나르앙리 레비가 (라마단에 의해) 한패로 취급되었다. 유대인이라는 이유로 누군가를 동급으로 싸잡아 공격하는 행위는 프랑스 극우파의 특징이다. 라마단이 자제력을 잃고 지식인들을 공격한 이유는 그들이 프랑스 좌파가 노골적으로 비난하는 유대인이기 때문이다. 사회주의 정당 지도자들은 라마단과 모든 관계를 끊었고 프랑스에서 라마단의 지위는 급격히 추락했다.

당시에 나는 영국 정부의 유럽 장관이었다. 나는 잭 스트로 산하의 외무부가 신중을 요하는 외무부 내부 회의에 라마단을 강연자로 초청하려고 해서 무척 놀랐다. 내가 프랑스 전문가이고—오랜 세월 프랑스에서 살았고, 라마단의 출신지인 제네바에서 근무했다―논란을 일으킨 라마단의 증언과 평판에 대해 잘 알고 있었음에도 아무도 나에게 조언을 구하지 않았다. 영국무슬림협회에는 영국외무연방성FCO이 지원하는 이스탄불 회의의 참석자 세이크 유수프 알카라다위에게 자금을 대는 외무부의 협력자가 있었다. 유럽의회 회의 참석차 탄 비행기에서 나는 우연히 정부 서류 이송함 안에 있는 서류 사이에서 라마단을 반드시 강연자로 초빙해야 한다는 FCO의 제안서를 발견했다. 나는 영국의 이슬람주의 정책에 관해 나와 생각이 정반대인 스트로 외무장관에게 프랑스 독립 좌파 주간지 『르 누벨 옵세르바퇴르Le Nouvel Observateur』의 기사를 보여줬다. 그 기사는 마침 내 서류 가방 속에 있었는데 라마단의 유대인 발언에 비판적이었다. FCO는 라마단이 프랑스의 유대인 지식인에게 도발을 감행한 이후에 라마단 지지를 철회했지만, 다른 나라의 정세에 어두운 영국 정부에 의해 이 제네바의 활동가는 자문의원으로 다시 등장하게 되었다.

9·11 이후 라마단은 『르몽드』 논설에서 "미국이 당한 공격에 대한 전면적 비판"을 촉구했지만 "그 공격으로 누가 이득을 볼까?"라는 질문을 던졌다. 라마단에 의하면 정답은 바로 시민적 자유를 축소하고 무슬림 세계를 향한 십자군운동을 시작할 수 있게 된 미국이다. 라마단은 맨해튼에서 수천 명을 살육한 테러리즘에 맞서는 게 아니라 복수를 모색하는 미국에 맞서 무슬림과 비무슬림이 "함께 저항하는" 것이 답이라고 주

장했다. 9·11 이후 얼마 지나지 않아 리옹에서 라마단은 젊은 프랑스 무슬림을 대상으로 한 강연에서 빈라덴이 테러를 자행했다는 증거는 어디에도 없으며, 만일 9·11테러를 저지르는 데 관심 있는 나라가 있다면 이스라엘일 것이라고 발언했다.

라마단에게 유대인 어린이 살해는 전후 사정에 따라 이해할 수 있는 일이다. 2004년 9월에 이탈리아 뉴스 잡지 『파노라마 Panorama』와의 인터뷰에서, 8세 이스라엘 아이가 자살폭탄 테러로 목숨을 잃었다는 소식을 접했을 때 라마단은 "도덕적으로 비난받아 마땅하지만, 전후관계를 따져보면 이해할 만한" 행동이라고 발언했다. 라마단은 프랑스 명언 "tout comprendre c'est tout pardonner(모든 것을 이해하기 위해선 모든 것을 용서하라)"를 알고 있을 터였다. 따라서 라마단이 이스라엘의 유대인 어린이가 살해당한 일이 '납득할 만하'고 발언했을 때 전후관계가 어떻건 간에 그는 테러를 정당화하는 정치 세계로 들어선 셈이다. 2007년에 옥스퍼드대학에서 나와 논쟁을 벌일 때에도 라마단은 이스라엘이 존재권이 있다는 데 동의하면서 이슬람 원리주의자와 상당히 다른 견해를 내놓았다. 하지만 그는 이스라엘에 가서 어린이와 노인의 목숨을 앗아간 살인 행위를 "저항운동"으로 묘사하길 고집했다. 경악스럽게도 그는 제2차 세계대전에서 목숨을 잃은 군인의 자기희생과, 천국에서 젊은 여자들을 만나리라는 약속을 받고 나이 든 이슬람주의자들에게 조종당하며 자살폭탄 테러를 준비하는 젊은 이들을 비교했다.

무슬림형제단은 오직 평화적인 설득과 투표를 통해 권력을 좇는 사회적, 종교적, 정치적 운동 단체가 아니다. 무슬림형제단의 역사엔 폭력이 흐른다. 무슬림형제단은 1948년에 유대 민족에게 고향을 버리라고 설득하면서 유대인 살해를 도모했다. 1948년에 유대 민족이 팔레스타인 사람을 쓸어버리려 했던 마을에서 아랍 민족에게도 동일한 사건이 발생했다. 하지만 악을 악으로 갚는 것이 선이 될 수 있는가? 무슬림형제단은 1954년에 나세르 대통령 암살을 시도했고, 무슬림형제단에게서 영감을 받은 군인들이 1981년에 안와르 사다트 이집트 대통령 암살에 성공했다. 이슬람주의 이론적 지도자들의 눈에 후자의 큰 죄악은 크네세트Knesset**2**에 가서 국가 대 국가로 이스라엘을 상대한 일이다. 라마단은 사다트 대통령 암살을 언급할 때 '살인'이 아닌 '처형'이라는 단어를 사용했다. 무슬림형제단의 이론적 지도자인 알반나와 쿠틉을 모두 사형시킨 일 등 이집트 당국이 무슬림형제단에 행한 야만적 처우는 용서받을 수 없다. 그러나 현지에서 유대인을 살해한 행위에 대한 "이해"를 호소하며 얼버무리거나 덮어놓고 비난을 거부하는 행위는 유능한 교섭 담당자로서 라마단의 자격을 떨어뜨리는 일이다.

2 이스라엘의 단원제 의회. 상징적 권한을 많이 행사하는 국가수반인 대통령 (7년 단임)을 선출하는 권한이 있다.

이와 같은 이유로 프랑스 최고의 광범위한 인종주의 반대 단체인 SOS인종주의SOS Racisme가 라마단과의 활동을 전적으로 거부했다. 이 단체는 1980년대에 프랑스 경찰이 흑인 시민의 집회를 무력으로 진압한 사건이 발생한 뒤에 만들어졌다. "Touche pas à mon poté(나의 동료를 건드리지 마라)"라는 구호는 차별 정책을 거부하는 관용의 상징으로 젊은 프랑스인 사이에서 반향을 일으켰다. 라마단은 파리에서 SOS인종주의 회장 말레크 부티와 회담을 했다. 부티는 훗날 라마단이 유력함을 과시하기 위해 부르카를 쓴 여성들과 수염이 덥수룩한 남자 네 명을 대동하고 호텔에 도착했을 당시의 모습을 떠올렸다. 하지만 정세의 쟁점과 프랑스 공화주의의 세속적 개념에 대한 두 남자의 의견은 곧 갈렸다. 부티에 따르면, 라마단과 그의 추종자들이 인종주의를 척결하기 위한 핵심 가치로 세속주의를 강조하는 단체에 가입했다는 데 의심의 여지가 없었다. 부티가 보기에 라마단은 무슬림형제단의 대변자였다. 라마단이 프랑스공화국의 핵심적 가치를 거부하는 바람에 반인종주의 지도자는 이슬람주의자를 모욕하고 말았다. "당신은 파시스트요. 장마리 르펜과 하등 다를 바 없소." 이처럼 가혹한 모욕은 프랑스만의 독특한 정치 담론의 수사적 무절제를 고려하더라도 보기 드문 일이다. 영국이나 미국에서 프랑스의 정체성과 공화주의 시민정신의 중심에 있는 반종교적 사고의 중심성을 설명하기란 쉬운 일이 아니다. 드골 장군 같은 독실한 가톨릭 신자조차 공식 미사에 프랑스 대통령으로서 참석했을 때 영성체를 거절했다. 종교와 신앙, 주교로부터 완전히 분리된 프랑스 정치와 국가에 대한 자신의 의무를 명확히 하고 싶었기 때문이다. 비종교적 공화국의 시민정신 아래 경건하게 신앙에 접근하고 체제에 바로 도전하는 라마단의 등장은 종교가 아닌 인종 정체성으로 인식되었기 때문에, 라마단이 프랑스식 교육을 받았고 프랑스에 유럽에서 가장 큰 무슬림 공동체가 있었음에도 그가 프랑스에서 더 나아가는 것은 어려웠다.

1998년 4월에 라마단은『르몽드 디플로마티크』논설에서 러니미드 트러스트Runnymede Trust[3] 보고서를 격찬하며 구절마다 계속 "이슬람공포증Islamaphobe"이라는 단어를 써가며 홍보했다. 그때부터 프랑스 이슬람주의자는 성차별과 여성 학대 반대운동을 벌이는 무슬림 여성을 모욕하면서 이 단어를 사용하기 시작했다. 프랑스의 여성 무슬림 공동체 내의 보편적 인권 적용을 위해 싸워온 프랑스 여성 인권 단체 '매춘부도 복종도 아닌Ni Putes Ni Soumises'은 이슬람주의자들이 러니미드 트러스트를 핑계로 여성활동가를 비난할 거리가 생기는 바람에 주기적으로 '이슬람공포증'으로 조롱당한다. 현재 프랑스에서 이 단어의 사용 빈도는 높지 않다. 프랑스 좌파와 제3세계 지식인

---

3 인종 평등을 목적으로 내건 영국의 싱크탱크. 1968년 짐 로즈와 앤서니 레스터가 만들었다. 러니미드는 1215년, 영국 입헌제의 기초가 된 마그나 카르타가 서명된 회의장 이름이기도 하다.

증오의 세계화

도 종교와 이데올로기 사이 차이점에 눈을 떴기 때문이다. 그들은 여성과 동성애자를 제재하는 이슬람주의자의 처우는 용납될 수 없을뿐더러 종교를 구실로 규제를 강요하는 남성의 권력 때문에 여성이 엄청나게 고통받는 세상에서 그 같은 처우를 도덕적으로 비판할 의무가 있다고 인정한 것이다. 라마단은 동성애자를 언급하며 "동성애는 이슬람에서 허용되지 않았고, 이슬람 사회에서 공식적으로 합법화되지 않았다. 유럽에서 요구되듯 사회적 인식 면에서 동성 결혼을 비롯한 어떤 방식으로도 동성애는 고려 대상이 될 수 없다"라고 못 박았다.

2002년에 라마단은 파트와유럽이사회European Council of Fat-was에서 발행하는 파트와 연보에 서문을 썼다. 이사회 회장은 셰이크 유수프 알카라다위이고 그의 파트와는 자살폭탄 테러를 정당화한다. 2003년 7월, 스톡홀름에서 소집된 이사회는 파트와를 발표하며 자살폭탄 테러로 이스라엘의 무고한 시민을 살해한 행위를 지지했다. 그러나 라마단은 다양한 청중에 발 빠르게 대응해 7·7 런던 지하철 테러(2005) 공격을, 2년 후 글래스고 공항과 런던 테러 공격이 실패한 뒤에 영국무슬림협회가 보도자료를 발표한 것처럼, 기민하게 비난했다.

타리끄와 그의 동생 하니는 1990년에 비종교적 군사 국가가 선거를 무효화시킨 후에 무력 봉기로 조직된 알제리 이슬람주의운동을 공개적으로 지지했다. 이들은 이집트 정권이 무슬림 형제단의 많은 설교자와 발기인을 짓밟고 축출하는 바람에 석유와 가스는 풍부하지만 부패하고 권위주의적인 일당 독재국 알제리로 넘어가 이슬람 원리주의 전파를 원조했다. 유럽의 압력 아래, 마그레브 국가들(모로코, 튀니지, 알제리)은 민주적 참여를 확대하기 위해 노력했다. 하지만 이들 국가는 유일한 대안으로 떠오르는 전체주의적 이슬람주의 정책에 권력을 양도하는 데 주춤했다. 샤(나스르 알딘 샤. 이란 카자르 왕조의 네 번째 왕. 재위 1848~1896)의 권위주의가 훨씬 더 악질적인 잔학 행위와 고문, 처형, 종교 규범의 탄압으로 대체된 이란은 결코 따라 할 수 없는 모델이다. 『르몽드 디플로마티크』 편집장 알랭 그레시는 자신의 반자유주의, 반서구주의 월간지에 이슬람주의와 라마단을 소개했다. 한번은 독자들에게 라마단을 소개하면서 이런 논평을 달았다. "이슬람주의의 위험성은 우리가 50년 동안 들어온 공산주의 위험성의 반향이다." 그러나 파리의 지식인이 종종 무시하는 공산주의 위험성은 자유를 거부당하고 전체'주의ism' 하의 생활로 삶이 제한되는 폴란드인과 체코인, 헝가리인과 다른 여러 사람에게 충분히 현실적이었다.

라마단은 이슬람을 현대화하려는 혹은 현대성을 이슬람화하려는 걸까? 아직 알 수 없다. 자서전 일곱 권이 프랑스어로 출간되었다. 제네바에서 교육받은 라마단은 모국어가 프랑스어다. 논란의 소지가 많은 그의 활동 대부분은, 이를테면 그가 1993년에 제네바에서 무함마드에 대한 볼테르의 연극 상연 금지와 연루된 사실과 그가 2003년에 파리의 유럽사회포럼ESF,

European Social Forum 회담과 관련해 꺼낸 반유대인 발언 등은, 프랑스어 생활권에서 일어난 일이다. 프랑스에서 널리 방송되는 텔레비전 토론에서 이슬람 법이 허가한 여성 석살형 관습의 폐지를 거부하는 라마단의 모습에, 그를 흠모하던 많은 사람은 충격을 받았다.

라마단은 터키를 지배하는 정의개발당Adalet ve Kalkınma Partisi 사례를 즐겨 인용한다. 그 사례는 의심할 여지 없이 정치적 이슬람주의에서 유래한 것이다. 정의개발당은 터키에서 민주적으로 정권을 잡았으며 터키의 유럽연합 가입을 강조한다(터키는 1999년 12월 이후 2016년 6월 현재까지 유럽연합 가입 후보국이다). 그러나 터키 사회는 80년 동안 케말주의자 원리[4]가 권력을 장악하면서 세속화되었다. 케말 아타튀르크는 20세기 초에 현대화에 적대적이고 시대에 뒤처진 세계로 터키 여성들을 구속했던 낡은 이슬람 관습을 몰아냈다. 케말 아타튀르크는 공공장소에서 남성과 여성이 함께 있을 수 있다는 사실을 보여주기 위해 직접 춤추는 모습을 영상으로 남겼다. 또한 경찰관을 교차로에 배치하여 타르부시tarbush나 페즈fez[5] 등 무슬림 남성이 칼리프 제국 시절에 쓰고 다니던 토미 쿠퍼[6] 스타일의 모자

---

4 터키 공화국 초대 대통령 케말 아타튀르크(케말 파샤, 1881~1938)가 주창한 정치·경제·사회 전반에 걸친 개혁 원리. 터키 공화국의 근대화를 추진시켰다.
5 타르부시는 차양이 없는 작고 동그란 빨간색 모자다. 꼭대기 중앙에서 술이 늘어져 있다. 페즈는 일부 이슬람 국가에서 남자들이 쓰는, 빨간 빵모자다.
6 1921~1984. 영국의 인기 코미디언이자 마술사. 빨간색 터키 모자가 그의 트레이드마크였다.

를 몰아냈다. 케말 아타튀르크는, 머나먼 북쪽의 러시아에서 레닌이 그랬듯이 종교를 축출하려 하지는 않았지만, 이슬람교의 정치적 지배에 속박당할 경우 터키가 결코 성장하지 못하리라 확신했다.

오늘날 터키의 통치자는 신앙을 개인 문제로 받아들이는 듯하다. 앙카라(터키)는 텔아비브(이스라엘)와 우호관계를 맺고 있다. 우파 가톨릭 정당의 성직주의자를 대신해 유럽에 나타난 전후戰後 기독교 민주주의처럼, 이슬람 민주주의 내에서 터키의 실험은 중요하다. 인도네시아나 말레이시아와 같이 인구 대다수가 무슬림인 국가나 200만에 이르는 강력한 무슬림 소수집단이 있는 인도 같은 국가는 아랍의 이슬람 국가나 이란에서 찾아볼 수 없는 민주적 선거를 치를 수 있으며, 언론의 자유 등 다른 자유도 허용된다. 터키의 사례는 더욱 중요하다. 하지만 이 같은 사례는 활동 내내 라마단이 지지했던 이슬람주의 계율 대부분을 터키가 거부할 때 적용될 수 있다. 무슬림 형제단은 이슬람이 물리쳐야 할 주적으로 케말리즘을 꼽고 이를 비난하는 성명서를 작성했다. 알반나는 칼리프 제국의 폐지를 뒤집고 싶었다. 칼리프 통치의 재건은 오늘날 많은 이슬람주의 단체의 요구사항이다. 재건되지 않으리란 사실과는 무관하게 그러하다. 칼리프 재건 정책에 뛰어든 유럽의 젊은 무슬림 중에 터키의 역사나 1940년대 이전 이슬람주의자에 의해 만들어진 히틀러와 무솔리니의 호소를 아는 사람은 거의 없다. 이슬람 통치의 이상적 미래라는 단순한 메시지의 힘이 그들을 매혹한 것이다. 정직하고 지적이고 활동적인 사람들의 정치적 임무는 서서히—때로는 난폭하게—신화를 믿는 사람들의 환상을 깨는 일이다.

라마단은 계속해서 반시온주의 뒤에 몸을 숨긴다. 라마단과 종종 이야기를 나누는 제네바의 진보적 랍비 프랑수아 가레이는 이렇게 말한다. "그는 근본적으로 반유대적인 사람은 아닙니다. 하지만 근본적으로 반시온주의자입니다. (…) 그리고 이따금 반시온주의는 반유대주의로 이어지지요." 라마단이 분명하게 모든 살인과 정치 폭력, 노인이 어린이를 보내 살인을 사주하는 테러 전략을 거부하기 전까지 그가 이중 잣대에 대한 책임을 피하기란 어려울 것이다. 라마단은 훌륭한 가톨릭 민족주의자인 존 흄[7]이 되는 길을 택할 수도 있었다. 흄은 자신의 공동체와 가톨릭 신자가 얼스터의 프로테스탄트 지상주의 광신자로 인해 괴로워하는 모습에 경악하면서도 IRA와 신페인당Sinn Fein[8]이 '저항운동'으로 가장한 테러리스트의 폭력을 전면적으로 비난했다. 라마단은 탄압에 비폭력적으로 항거한 간디와 만델라, 사하로프, 하벨이나 웨이징성에게 영감을 얻거나

[7] 북아일랜드 출신 정치가. 북아일랜드 분쟁에 평화 기반을 모색한 공로로 1998년에 데이비드 트림블과 공동으로 노벨 평화상을 받았다. 1999년 마틴루서 킹 상, 2001년 간디 평화상을 수상해 세계 3대 평화상을 모두 받은 유일한 인물이다.
[8] 1905년에 결성된 아일랜드의 민족주의적 공화주의 정당. 주요 활동으로 무장 봉기와 아일랜드 의회 창설, 독립 선언이 있다.

그들을 본받을 수도 있었다. 하지만 대신에 그는 이스라엘에 해를 입히기 위해 유대인을 아무렇지도 않게 죽이는 사람들의 어휘 일부를 사용하는 동시에 자신을 현대 유럽에 정착하려는 유럽 무슬림의 안내자로 묘사했다. 그러나 평화와 인권, 팔레스타인 사람들의 독자성 존중을 요구하는 사람의 생각과 말·행동에서 극단적인 반유대주의 표현이 사라질 때까지 현지의 정치를 변화시킬 가능성은 희박하고, 이슬람주의 이념적 권위에 대한 호소를 바탕으로 주도권을 잡기란 불가능할 것이다.

제8장

음모와 비밀결사 그리고 '로비'

반유대주의는 마치 에너지 저장고 같다. 결코 완전히 사라지지 않을뿐더러 크기와 강도 또한 세질 수 있다. 민주 정치의 목적은 이런 저장고를 최소화하는 일이다. 유대인 논쟁 대부분은 부지불식간에 유대인 혐오와 그 명분을 키우는 결과를 낳는다. 가장 고질적인 반유대주의의 비유적 표현은 유대인 로비다. 비밀결사와 고위층 유대인, 유대 민족이 모든 권력 계층의 결정을 통제한다는 이야기다. 이탈리아 주요 일간지 『코리에레 델라 세라Corriere della Sera』는 2007년 8월, 제1면에 "영원한 희생양"이라는 머리기사 아래 소아성애 조사 보고서에 이름이 오른 돈 젤미니 신부를 질책하는 기사를 실었다. 젤미니는 자신이 "좌익 성향의 유대인 로비" 때문에 기소되었다고 주장했다. 신부는 필시 '로비'란 단어를 들먹이고 그걸 유대인과 연관

지으면 자신을 고발한 사람을 저지하고, 자신이 대중의 지지를 얻을 수 있다고 생각했던 모양이다. 유럽 대륙을 아우르는 '로비'라는 용어는 유대인이 어디서든 비밀스럽고 사악한 권력을 행사한다고 의심하게 하는 새로운 마구잡이 장치다.

유대인을 개별적 민족으로 표현하는 핵심 의도는 여러 형태로 나타난다. 1976년에 프랑스 총리가 된 레몽 바르는 밀턴 프리드먼의 저서를 프랑스어로 번역한 우파 경제학자였는데, 1980년 파리 유대 회당 근처에서 반유대주의 폭탄 공격으로 네 명이 목숨을 잃었을 때 거센 비난을 받았다. 총리였던 그가 "유대 회당에 가던 유대인을 겨냥했는데 무고한 프랑스 시민까지 다쳤다"라며 개탄했던 것이다. 반유대주의 잔혹 행위로 죽은 사람들—모두 프랑스 시민이었다—을 유대인과 프랑스 시민으로 구분하는 발상에 프랑스 국민은 경악했다. 파리 경찰이 어떻게 파리 시민을 유대인과 비유대인으로 구분했고, 전자를 절멸 수용소로 국외 추방하기 위해 독일인에게 넘겼는지 사람들은 아직도 생생하게 기억한다. 바르는 총리에서 물러난 후 리옹의 시장과 프랑스 보수 정치의 대변자가 되었다. 그는 죽기 몇 달 전인 2007년 프랑스 대통령 선거 당시, 그는 유대인 '로비'가 프랑스에서 막강한 권력을 쥐고 있다고 언급했다.

바르는 영어 단어 '로비'를 사용했다. 왜냐하면 비난하는 대상을 외국어로 묘사하는 일이 그의 오래되고 보수적인 프랑스 반유대주의에 난해한 분위기를 더하기 때문이었다. '로비'란 단

증오의 세계화

어는 지금 반유대주의자들이 공공연하게 무의식적으로 사용하는 암호로, 그들은 오래된 반유대주의 표현을 다시 들먹이고 있다. 17세기에 찰스 2세 치하의 원시 정부를 구성한 추밀고문관 다섯 명의 이름 머리글자에서 유래한 '비밀결사cabal'[1] 같은 단어처럼, '로비' 또한 영국 의회 전문용어로 원래는 악의가 없고 정확하다는 뜻이다. 하지만 옛 반유대주의자가 유대인 '비밀결사'라는 단어를 사용하게 된 선례처럼, 오늘날 반유대주의자는 유대 민족이 부적절한 영향력을 행사한다는 것을 에둘러 말하기 위해서 유대인에 대해 (『뉴스테이츠먼』 머리기사처럼) '코셰르Kosher'나 이스라엘 '로비'라는 단어를 추가해서 사용한다.

로비는 모든 민주주의 정책에서 핵심이다. 하원의원으로서 나는 매일 청탁을 받고 때때로 더 공격적인 요구 사항을 듣곤 하는데 이런저런 근거로 지원하거나 지지한다. 로비는 민주주의 정치의 필수 요소일뿐만 아니라 런던 의회당 내의 구역 명칭에도 반영되었다. 모든 영국 시민은 중앙 로비Central Lobby에 들어갈 권리가 있다. 하원에 있을 때 미국인 인턴을 둔 적이 있다. 인턴을 데리고 처음으로 의회당을 돌았을 때, 그는 중앙 로비에서 여러 집단이 하원의원들에게 투표 방향을 전달하는 모습을 경이롭게 바라보았다. 워싱턴의 미국 의회에서 일했던

---

[1] Clifford, Arlington, Buckingham, Ashley-Cooper, Lauderdale.

그는 놀라워하며 나에게 물었다. "영국 의원들은 유권자들이 이렇게 가까이 오게 두나요?" 그렇다. 영국 민주주의는 로비의 끝없는 충돌을 기반으로 한다. 정당 정치는 지속적인 훌륭한 로비와 국토의 이익, 보수당을 위한 귀족과 우파의 대의명분, 사회 정의, 소수 인권과 노동당을 위한 건강과 교육 분야의 강화된 종합 대책을 토대로 구성되어 있다.

그래서 로비는 남성과 여성, 권력과 영향력이 만나서 공익 문제를 비밀리에 논의하는 곳이다. 로비는 예를 들어 인권 로비, 가톨릭 로비, 농업 로비 또는 그저 지원을 요청할 정치인을 선발하고 싶은 사람 등 압력 단체를 뜻하는 말로 더 일반적으로 쓰이게 되었다. 내포된 (이심전심으로 암묵적인) 위협은, 정치인이 원조하지 않는다면 아무도 그 정치인의 재선을 위해 로비하지 않는다는 사실이다.

모든 영국의 역사연구가는 미국 로비의 힘을 알고 있다. 제1차 세계대전 후 영국 원조의 손길은 아일랜드 처우에 머물러 있었다. 아일랜드인이 미국에서 소리 높여 로비했기 때문이다. 더 암울한 사실은 1970년대와 1980년대에 미국에서 아일랜드인의 로비로 인해 영국의 무고한 아이들과 여성들, 민간인 남성들이 죽임을 당했다는 사실이다. IRA 테러리스트들의 수중에 미국 자본이 들어간 탓이다. 터키 현대화를 지지하고 터키가 중동이 아닌 유럽의 일원이라고 생각하도록 설득하던 나는 의회에서 나와 생각이 비슷한 동료 정치인을 만났다. 오랜 정치 동료인 그는 그리스 키프로스 공동체의 로비스트로 일했으며 1974년에 터키 군대의 침략으로 점령된 키프로스 공화국의 주권을 옹호하기 위해 분투했다. 아마 유럽의 노동자와 노동조합은 1945년 이후 유럽 재건에 자유 독립적이고 민주적인 노동조합이 일조해야 한다고 강조했던 미국 노조의 로비력을 떠올릴 것이다.

미국에 유대인 로비가 있다는 것은 새삼스러운 사실이 아니지만 차이가 있다면, 두 미국인 교수가 주장하고 명명한 바인 "이스라엘 로비The Israel Lobby"로, 미국에서 유대인 네트워크가 지대한 영향을 미친다는 것이다. 할리우드 배우 멜 깁슨은 "이 세상 모든 전쟁의 책임은 유대인에게 있다"라고 아주 매력적으로 발언했다. 유명한 설교자 빌리 그레이엄 또한 미국에서의 비밀스러운 유대인 영향력을 믿었는데 1972년에 그의 친구 닉슨 대통령에게 유대 민족이 미국 언론 매체의 "목을 조이고" 있다고 말했다. 그는 다음과 같이 단언했다. "유대인의 매체 장악을 불식시키지 않으면 나라가 망할 것이다." 그레이엄은 훗날 이 발언에 대해 사과했으며 이스라엘 지지자로 남겠다고 했다. 이스라엘을 지지하는 반유대주의자는 그레이엄 목사뿐이 아니다. 30년 뒤에 두 학자가 수백 쪽의 책을 쓰며 그레이엄 목사와 근본적으로 동일한 지적을 했다. 존 J. 미어샤이머와 스티븐 M. 월트 교수는 대학에서 외교를 가르치는 학자들로, 정년을 앞두고 있다. 두 학자 모두 현실주의 외교 분석 학파라는 분야에 막연하게 속해 있다. 이 학파의 교황은 물론 헨리 키신저이고 키신저의 영웅은 오스트리아의 메테르니히 공이다.[2] 현실주의자는 안정을 추구하고 국가적 이익만 추구하지 전체적 가치를 지향하지 않는다. 조지 워싱턴이 명명했듯이, 외국과의 분규를 피하려는 깊은 갈망은 미국 외교 유전자 풀의 일부다. 하지만 대외 정책이 결정되는 복잡한 과정에 대한 논의는 두 교수에게 지나치게 골치 아프고 모순적인 일이다. 유대인이야말로 미국이 중동에 미치는 영향력의 근본적 원인이라고 주장하는 일은 얼마나 쉬운가.

나는 25년 동안 정기적으로 미국을 방문하며 국제정치의 다양한 양상에 관한 세미나와 토론회에 참석했을 뿐 아니라 듀폰트 서클Dupont Circle[3]이 제안하는 모든 정책 관련 도서를 탐독하면서 이스라엘 로비를 다룬 100여 개에 달하는 기사와 논문·자료를 읽어야 했다. 그런데 왜 그 두 교수는 자신들이 마치 뉴턴이나 아인슈타인처럼 과거에 아무도 주목하거나 밝히지 않은 무언가를 발견한 사람인 양 스스로에게 명성을 부여

---

2 독일 유대인 출신의 미국 정치인이자 외교관인 키신저는 하버드대학에서 19세기 오스트리아의 재상 메테르니히가 주도한 평화체제·세력균형을 주제로 박사학위를 받았고, 이후 이 대학에서 국제관계 강의를 했다. 키신저는 이 논문을 토대로 『회복된 세계: 메테르니히, 캐슬레이와 1812~1822년간 평화의 문제A World Restored: Metternich, Castlereagh and the Problems of Peace, 1812-22』(1957)를 쓰기도 했다.
3 미국 워싱턴 D.C.의 지구. 여기서는 이곳 듀폰트 서클에 모여 있는, 영향력 있는 국제정치와 외교 관련 연구기관 또는 싱크탱크를 의미한다.

하는 걸까? 이들은 진지한 학술지의 학술 논문과 검토 논평이라는 순수 학문 세계의 일원임에도, 정치와 외교 문제를 다루는 미국 종합지 『애틀랜틱 먼슬리Atlantic Monthly』에 짤막한 글을 기고하기 시작했다. 두 교수가 『이스라엘 로비와 미국의 대외 정책The Israel Lobby and U.S. Foreign Policy』(2007)이라는 책에서 설명했듯이 그들의 논거는 바로 로비 문제를 논의하는 것이다. 논문 작성에 3년이 걸렸지만 2005년에 『애틀랜틱 먼슬리』 편집자는 이 논문을 게재하지 않기로 결정했다. 논문은 『런던 리뷰 오브 북스』에 보내졌는데, 놀랍게도 이 잡지를 읽는 사람이 아무도 없었는지, 논문은 미국에서 검열되어 금서가 되었다고 주장하는 교묘한 선동과 함께 미국과 이스라엘에 고질적 편견을 지닌 잡지에 실렸다.

미국에서도 접근할 수 있는 판로가 많았는데 왜 두 교수가 미국 잡지에 논문을 게재하지 않았는지는 명확하지 않다. 유대인 단체가 어떻게 미국 정책 결정자를 통제해 이스라엘 문제를 좌지우지할지 고심한다는 식상한 사례를 빼면 논문에 새로운 내용은 없었다. 논문과 책에는 미국의 유대 민족이 이란, 이라크, 시리아에 대한 대외 정책을 결정한다는 근거 없는 주장이 제기되었으며 철저하게 자기중심적이었다. 이 책은 중동에 관한 단 하나의 유럽 정책 토론 자료 혹은 다른 유럽 언어로 출간된 책도 참고하지 않았다.

논문과 책에는 유럽 자체에 대한 논의가 어느 정도 있지만,

유럽의 반유대주의가 "실제로 축소하고 있다"라고 주장하는 기이한 내용뿐이었다. 두 교수는 2002년에 프랑스 시민을 대상으로 한 여론조사를 인용하며 여러 사안 중에서 "실천적 가톨릭교도의 85퍼센트가 유대 민족이 산업과 금융에 지나친 영향력을 미친다는 주장을 부인했다"라고 주장했다. 당시 반유대주의에 대한 그들의 접근은 반유대주의 존재 자체를 부정하는 데 가까웠다. 한 예로 그들은, 전후 세계에서 가장 악랄한 유대인 혐오적 반유대주의에 대해 "이집트의 **반체제인사**(저자의 강조) 쿠틉의 글은 당대 이슬람 원리주의자에게 중요한 영감을 주었다"라는 식으로 묘사했다.

쿠틉의 반유대주의적, 반민주적 소책자는 민주주의가 반유대주의라는 새로운 이데올로기에 맞서고 있다는 사실을 상기시켜준다. 2007년 8월, 미하원외교위원회는 중동 보고서를 발표했다. 보고서의 주요 권고 사항은 반드시 많은 팔레스타인인에게 영향력 있는 이슬람저항운동 즉 하마스4와 함께 회담을 개최해야 한다는 내용이었다. 물론 하마스는 미어샤이머와 월트가 반체제 인사로 묘사하는 무슬림형제단과 관련 있다.[따라서 쿠틉과도 관련 있다.] 이러한 점에서 1988년에 채택된 하마스 헌장을 읽으면 도움이 된다. 이 헌장은 역사상 발표된

---

4 하마스Hamas는 이슬람저항운동을 뜻하는 아랍어 '하라캇 알-무카와마 알-이슬라미야Harakat al-Muqāwamah al-'Islāmiyyah의 머리글자를 딴 것으로, '용기'를 뜻한다.

성명서 중 가장 반유대주의적이고 유대인 혐오적인 정치 성명서다.

하마스에게, "유대 민족에 맞서는 투쟁은 극단적으로 광범위하며 막중하다. 그렇기 때문에 할 수 있는 최대한의 충실한 노력이 필요하며, 적들이 괴멸할 때까지 여러 아랍과 이슬람 세계로부터 추가 조치가 뒤따라야 하고 잇따른 병력으로 강해져야 한다." 따라서 헌장의 첫 줄은 하마스 지지자에게 말한다. "이슬람이 이스라엘을 끝장내기 전까지 이스라엘은 부상해 우뚝 서 있을 것이다."

하마스 헌장은 선지자 무함마드를 인용한다. "무슬림은 유대 민족이 바위와 나무 뒤로 숨을 때까지 유대 민족과 싸울 것이다.(그리고 죽일 것이다.) 그리고 오 무슬림이여!라고 외칠 것이다. 유대 민족이 나무 뒤에 있나니, 다가와 그를 죽여라!" 혹자는 유대 민족을 살해하라는 이 같은 호소를 글자 그대로 받아들이지 않고, 단순히 코란에서 비롯하는 종교적 근본주의자의 언어라고 일축하고 싶을지도 모르겠다. 그러나 하마스 헌장은 상대편 진영과 대화를 나누는 일이 이롭다는 발상을 거부하면서 영국 하원의원이 선의로 한 행동을 오히려 반박한다. 이와 대조적으로 하마스는 다음과 같이 선언했다. "소위 평화적 해결책과 국제회의에서 팔레스타인 문제를 해결하는 것은 모두 [하마스의] 신앙에 반하는 것이다. (…) 이런 회의는 비신자를 이슬람 땅의 중재자로 임명하려는 수단에 불과하다."

하마스와 비교적 비종교적인 팔레스타인 운동 단체 파타 Fatah[5] 사이의 화해(조화)에 대한 희망은 충분히 이야기했다. 게 다가 하마스 헌장 제27항에서 하마스는 "아랍과 이스라엘 사 이의 분쟁에서 [PLO의] 역할을 과소평가하지는 않지만, 우리는 팔레스타인의 이슬람 본질을 (PLO의) 세속적 사상으로 대체할 수 없다"라는 견해를 분명히 한다. 하마스에게 "팔레스타인 문 제를 해결하는 유일한 해결책은 지하드뿐이다. 계획과 제안, 국제회의 모두 시간 낭비에 헛고생일 뿐이다." 대신에 하마스 는 "무슬림 세대의 마음속에 팔레스타인 문제가 종교 문제라 는 사실을 전제로 문제를 해결해야 한다는 생각을 반드시 각 인시켜야 한다." 하마스와의 대화는 필요할 수도 있으나 하마 스 입법 헌장의 핵심적 멸시를 묵살하지 못하는 정책을 옹호 하는 일은 유대 민족을 위한 일도 이슬람주의자보다 비종교적 일반 팔레스타인인을 위한 일도 아니다.

그래서 하마스는, PLO와 함께 비종교적 정책 평화 회담에 대한 발상을 모두 무시하면서, 자신들의 실제적인 적—유대인 —으로 옮아갔다. "유대인의 나치주의는 (…) 모든 사람을 공포 에 빠뜨린다. 유대인은 생활 터전에서 사람들의 돈을 약탈하 고 명예를 위협하면서 전쟁을 벌인다." 하마스에게 유대 민족 은 막강한 힘으로 세계 역사의 과거와 현재에 영향력을 행사

---

5 팔레스타인해방기구PLO의 주류 온건파. '팔레스타인민족해방운동'을 뜻하는 Ḥarakat al-Taḥrīr al-Waṭanī al-Filasṭīnī의 머리글자를 거꾸로 딴 이름이다.

하는 불멸의 적이다. 유대인의 자금은 "통신사와 신문사, 출판사, 방송국 등 세계의 언론매체를 통제하고 장악하는 데 사용된다." 유대 민족이 매체를 지배한다는 관점은 그리핀의 책 『회유자는 누구인가Who are the Mind-benders』(1997)에서, 정체를 노골적으로 드러내든지 아니면 정체를 숨기기 위해 이름을 바꾸는 유대 민족이 영국의 매체를 통제하고 있다고 서술된다.

하마스는 한술 더 떠서, 유대 민족은 "프랑스인과 공산주의 혁명의 배후이며, 우리가 알고 있는 모든 혁명 이면에 유대 민족이 있다"라고 주장한다. 당통과 로베스피에르뿐만 아니라 레닌과 반유대주의적 스탈린의 전기 작가들에겐 새로운 소식이 아닐 수 없다. 더 최근의 혁명적 운동, 예를 들어 쿠바에서 카스트로가 정권을 장악한 사건이나 중국에서 공산당이 권력을 잡은 일은 딱히 유대 민족과 연관성이 없는 듯하다. 하지만 하마스는 지지자들에게 다음처럼 말한다.

유대 민족이 세계를 지배하기 위해 국제연맹을 설립했다. 유대 민족은 제2차 세계대전 배후에 무기 거래를 하며 막대한 이익을 챙겼다. (…) 그들은 세계를 지배하고자 중재자를 통해 국제연맹을 대체하는 국제연합(유엔)과 안전보장이사회 설립을 추동했다. 유대 민족의 손길이 닿지 않은 채 발발한 전쟁은 세상에 없다.

하마스 헌장의 제22항은 무슬림의 미래의 적들을 밝히고 있다. 유대 민족은 "사회를 파괴하고 시온주의자의 이익을 달성하기 위해 자본으로 비밀 단체를 세우고 있으며 전 세계로 뻗어나가고 있다. 이런 단체는 프리메이슨, 로터리클럽Rotary Club, 라이온스클럽Lions Club**6**이다. (…) 이들 단체는 모두 파괴 공작원과 사보타주의 소굴이다." 헌장의 세 조항에서, 하마스는 로터리클럽과 유사한 단체가 "시온주의의 이익을 위해 (…) 이슬람을 몰아내려고 활동한다"라고 비난하고 있다. 그러니 다음번에 지역 로터리클럽이 지역 자선 자금을 모으기 위한 홍보를 하거든 메이슨, 로터리, 라이온스는 모두 비밀 시온주의 단체이고 이슬람을 쓰러뜨리기 위해 전념한다는 하마스의 경고를 기억하라.

아마도 하마스 헌장을 읽기가 고역이었던 사람이라면 헌장의 표현이 혐오스럽고, 유대 민족을 증오하며, 반유대주의의 기나긴 역사 속에 일어난 다른 사건들만큼 용인할 수 없는 것임을 깨달았을 것이다. 제31항은 아래와 같이 주장하면서 유연한 견해를 취하려고 노력한다.

하마스는 인권을 생각하는 인간적 운동이며 의무적으로 관대한 견해를 취한다. (…) 이슬람의 보호 아래 3대 종교 즉 이슬람

---

6 로터리클럽은 사회봉사를 표방하는 세계 최초의 봉사 클럽 연합체다. 라이온스클럽은 미국 텍사스에서 설립된 국제 사회봉사 단체다.

증오의 세계화

교, 기독교, 유대교의 구성원들은 평화와 안정 속에서 공존한다. (…) [그러나] 다른 종교의 구성원들은 지역에서 독립적으로 대對이슬람 투쟁을 벌이는 것을 반드시 멈추어야 한다.

저 같은 관대한 제의를 하면서 하마스 헌장은 '나치 시온주의자 관례'의 언어로 되돌아가는데, 만에 하나 독자 중 누군가 일반적 인간성에 허점이 있다고 생각하기 시작했다면 바로 다음 제32항이 "시온주의자의 책략은 끝이 없으며, 팔레스타인 이후에 그들은 나일 강에서 유프라테스 강까지 뻗어나가길 갈망할 것이며 (…) 이런 책략은 『시온 장로 의정서』에 깔려 있다"라며 하마스의 관점을 명확히 보여준다.

오늘날 정치인과 외교관들은 하마스 헌장의 표현이 이스라엘과 나란히 팔레스타인 국가를 세우는 데 필요한 타협에 회유되고 넘어갈 수 있는 이슬람주의자가 사용하는 과장되고, 과도하고, 격한 언어일 뿐이라고 일축할 수도 있다. 그런 측면도 물론 있을 것이고 그런 편이 확실히 이상적이다. 그렇지만 하마스 헌장은 문서화된 유대 혐오적 언어 중에서 가장 악질적인 글이다. 헌장은 1888년이 아닌 1988년에 작성되었는데 오늘날에도 여전히 유효하다.

10년 후인 1998년, 헤즈볼라 하원의원이자 정치 위원회 회원인 모하마드 리아드는 작가 아말 사아드-고라예브에게 왜 유대인 어린이 살해가 헤즈볼라 프로젝트의 일부인지를 설명했다. "우리는 아이[살해]와 관련된 감정과 공감이 성인의 그것과는 다르다는 사실을 알고 있다. (…) 아이는 살해당했을 수도 있다. 하지만 아이를 이스라엘로 이끈 프로젝트는 유대인의 박해가 원인이지 아이를 죽인 사람 책임이 아니다." 헤즈볼라는 레바논에 있는 이슬람주의자 단체인데 이스라엘이 레바논 남부에서 철수한 이래 투쟁이 끝났다고 추측했던 모양이다. 그러나 사실은 그렇지 않았다. 유대 민족을 죽이려는 갈망은 여전히 압도적이다. 리아드에 따르면, 유대 민족은 나치와 함께 홀로코스트를 공모했다. "우리가 알고 있는 유대 민족의 속임수와 기만을 생각하면, 홀로코스트 계획에서 그들이 빠졌다고 생각지 않는다. [그들은] 나치를 선동하여 홀로코스트 살상을 위한 장을 마련해서 유대 민족이 팔레스타인에 정착하는 프로젝트를 수행할 수 있었다."

헤즈볼라의 부대표는 나임 카심이다. 그는 시온주의 반대 운동을 하지만 반유대주의는 아니라는 이중적 발언을 일삼고 있다. "유대 민족의 역사는, 시온주의자의 제안과 상관없이 그들 유대인들이 그들의 생각 자체로 악랄한 사람들이라는 사실을 보여준다"라고 카심은 단언한다. 헤즈볼라의 기록자로서, 사이드−고라예브는 이렇게 주장한다. "당은, 유대교에 대한 강한 혐오감은 시온주의를 향한 증오와는 아무런 관련이 없으므로 그런 혐오감은 시온주의와 상관없이 존재할 뿐이라고 강조한다."

헤즈볼라는 영감을 위해 쿠틉 같은 수니파 이슬람주의자의 글보다 이란과 시아파를 고려한다. 쿠틉의 21세기 이슬람주의에서 핵심은 분쟁이 아니다. 그래서 미어샤이머와 월트는 쿠틉을 묘사하며 "반체제 인사dissident"라는 고상한 단어를 사용한다. 이는 바로 20세기 최악의 유대인 혐오자 중 한 사람을 사하로프와 하벨[7] 수준으로 보는 것이다. 그들은 계속해서 "쿠틉이 미국에 적대적인 이유는 미국 사회를 부패하고 음란하다고 생각했고 또한 미국이 이스라엘을 지원한다고 판단했기 때문이다"라고 서술했다. 쿠틉의 반유대주의적이고 반서구적인 소책자는 미국이 철저한 이스라엘 지원국이 되기 전인 1950년대 초반에 작성된 것이다. 강경한 반유대주의자—하인리히 힘러와 율리우스 슈트라이허[8]에게 뒤지지 않을—에게 그저 '영감을 주는' '반체제 인사'란 칭호를 붙이는 건, 점잖게 말하자면, 기이한 판단이다.

미어샤이머와 월트는 "실제로 미국이 이스라엘을 지원해서 아랍과 이슬람 세계에 반미주의를 조장했고, 반미 테러리스트들의 분노를 부채질했다는 방대한 증거가 있다"라는 주장을

7 사하로프(1921~1989)는 소련에서 인권, 시민 자유, 개혁, 비공산국가와의 화해를 거리낌 없이 주창한 물리학자다. 하벨(1936~2011)은 전 체코 대통령으로 '프라하의 봄'으로 알려진 체코슬로바키아의 민주화운동을 이끈 인물이다.
8 1885~1946. 나치당 소속의 독일 언론인 겸 정치가. 1923년에는 반유대주의를 알리는 타블로이드 판형의 대중 주간지 『데어 슈튀르머Der Stürmer』('돌격대')를 창간해 편집장을 맡았으며, 1938년에는 어린이용 반유대주의 책 『데어 슈튀르머Der Giftpilz』('독버섯')를 냈다.

이어간다. 미어샤이머와 월트는 반미 테러리스트의 분노가 아니라 반서구, 반유럽 또는 반민주주의 테러리스트에 관해서 쓰는 편이 더 정확했을 것이다. 하지만 미국이라는 지평선 너머를 바라보는 순간 그들의 논문은 사라지게 된다. 프랑스, 영국, 스페인, 독일에서 정당 정치의 유권자이자 활동가로서 민주적 권리를 행사하는 무슬림 시민 덕분에 일부 유럽 국가에서 적극적이고 활동적으로 이스라엘을 옹호하는 유대인 단체가 유럽에서 수적으로 엄청나게 우세하다. 미어샤이머와 월트가 인정하지 않는 것은 이슬람주의자의 원리주의라는 기치 아래 이루어지는 테러리스트 조직의 활동이 첫 번째로 유대인을, 두 번째로 유대 국가인 이스라엘을, 세 번째로 모든 민주주의적 가치를—꼭 이 순서는 아니더라도—명확하게 겨냥하고 있다는 사실이다. 미국은 9·11 이후에 깨어났고, 21세기 민주주의 세계에 닥친 새로운 범죄적 이데올로기의 분노에 면역력이 없다는 사실을 깨달았다.

미어샤이머와 월트는 미국이 이란과 어려움을 겪는 원인이 로비인 것으로 밝혀졌다고 주장한다. 미국에서 통용되는 유대 민족의 권력에 대한 거짓된 이야기는 그러나 유럽에서는 통하지 않는다. 푸틴 대통령부터 사르코지 대통령까지 모든 유럽의 지도자는 2007년 9월, 유엔 총회에서 핵으로 무장한 이란의 지속적 행보를 용인할 수 없다고 발언했다. 두 교수는 이란이 반유대주의를 국가적으로 지원하고 있다는 사실은 언급하지 않는다. 이란 대통령이 세계 지도에서 이스라엘을 지워버리겠다고 위협하는 일이나 그가 1945년 이래 반유대주의 '예술'의 첫 전시회를 후원한 일은 논의 대상도 되지 못했다. 대신에 미어샤이머와 월트는 아마디네자드가 한 발언에 대해 "현지에서 이란의 전반적 위치를 개선하려는 의도를 가진 전술적 방침으로 보는 편이 더 정확하다"라고 했다. 1933년 이전 유대 민족에 대한 히틀러의 발언은 독일에서 권력을 잡으려는 약삭빠른 나치의 전략에 불과하기 때문에 무시해야 한다고 생각하는 사람이 많다.

나는 당시 영국 외무장관 스트로가 독일 외무장관 요슈카 피셔와 함께 이란 문제를 논의할 때 희망 사항을 공유했다. 피셔는 중동 문제에 대한 감각이 뛰어나고, 원로 외무장관으로서 중동 문제 해결을 위해 오랜 세월을 복무했다. 이란인과 결혼한 그는 부인의 고국이 처한 어려움을 잘 알고 있었다. 스트로는 더구나 텔레비전으로 방송된 테헤란 기자회견에 참석해 선지자 무함마드를 언급하며 "평화는 그에게 달려 있다"라고 부언하기도 했다. 예나 지금이나 정책 대변인이 가톨릭이나 다른 종교를 이슬람교와 동등하게 존중하지 않는 국가에서 영국의 외무장관이 무슬림이 쓰는 비유를 사용하는 것을 듣는 일은 이상하다. 스트로는 자신의 선거구에서 가족과 함께 유권자 상당수를 구성하는 파키스탄과 인도에서 온 무슬림 이민자를 통합하고 돕기 위해 성심성의껏 노력했다. 하지만 이란에는 별 보람이 없었다. 이란 체제는 아무런 노력도 기울이지 않고, (유대 민족과 이스라엘에 대한 근본주의적 증오가 바탕인) 시아파의 완강한 이념적 팽창주의와 핵무기 완전 무장을 향한 끈질긴 행군에 대외적 해결 방안을 찾으려는 유럽의 선의의 노력을 경멸할 뿐이었다.

나는 『뉴스위크Newsweek』와 여러 유럽 출판물에서 미국이 정식으로 이란을 외교적으로 인정해야 한다고 주장했다. 그러나 미어샤이머와 월트와 달리, 나는 이란에 단순히 호의적 태도를 보이는 일로 유대 민족과 이스라엘을 증오하는 이란 체제가 새롭고 국지적인 핵무기 경쟁을 촉발하는 일을 모면할 수 있다는 환상은 품지 않았다. 수니파 국가가 팽창주의자 시아파의 이데올로기가 원자력이 되는 걸 수수방관하고 있을 리가 없다. 하지만 이 두 교수에게 지하드 근본주의에 정면으로 맞서는 모든 수니파 무슬림 국가의 우려는 놀라움으로 다가올 것이다.

이 문제를 더 논의하기에 앞서, 다름 아닌 유대인들이 미국의 정책을 결정한다는 생각이 어디에서 유래하는지 짚어볼 가치가 있다. 미어샤이머 교수는 『네이션The Nation』과의 흥미로운 인터뷰에서 최근까지 이스라엘에 대한 자신의 지식이 제한적이었음을 밝혔다. 그는 레온 유리스의 소설 『영광의 탈출Exodus』(1958)**9**로 인해 비논리적 관점을 고수하게 되었다고 고백했다. 이 책과 차후에 만들어진 영화는 이스라엘의 탄생을 상당

증오의 세계화

히 낭만적인 관점에서 다루고 있다. 유엔이 유대인 국가 창설을 승인하고 나서 아랍 국가들은 어리석은 결정으로 이스라엘을 침공했다. 아랍 민족과 군대의 영토 침해로 인해 이스라엘에서 무자비한 인종 청소가 벌어지게 된 것이다. 이 같은 사건을 명확하게 보여주는 이스라엘 초창기의 역사적 문건을 진지한 미국의 대외 정책학자들이 읽지 않았다는 사실은 믿기 힘든 일이다. 게다가 이미 1948년에 이스라엘노동당의 아랍 분과 책임자는 "아랍인들의 강도와 살인, 추방, 강간이 도를 넘어서고 있다"라고 말했다.

『런던 리뷰 오브 북스』에 〔미어샤이머와 월트의〕 글이 실렸을 때 환영했던 사람들은 만일 작가가 이스라엘에 비판적이었다면 책이 미국에서 출간되지 못했을 것이라고 주장했다. 하지만 명망 있고 진지한 미국 출판사 중 한 곳인 '파라 스트라우스 앤드 지루Farrar, Straus and Giroux'는 논란으로 사람들의 이목이 집중되자 미어샤이머와 월트의 주장을 책으로 담기 위해 그들에게 선인세로 35만 달러를 지급했다. 미국에서 유대인 로비는 이스라엘에 대한 비판적 논의를 전혀 막지 못하며, 로비의 권력과 영향력에 관한 책을 쓰는 일은 미국 학자로서 엄청난 돈을 버는 가장 빠른 방법임이 밝혀질 것이다.

9 레온 유리스(1924~2003)는 유대계 미국인 작가다. 『엑소더스』는 이스라엘의 건국 과정을 그린 작품으로 1958년 출간되었으며 러시아 내 유대인 반체제운동의 경전이 되었다.

미국 정책에 영향을 미치는 유대 민족의 역할을 둘러싼 토론과 논의가 빈번하게 계속되었지만 모두가 미어샤이머와 월트에게 동의한 건 아니었다. 촘스키는 두 저자가 이라크와의 전쟁을 바라는 미국 경제의 더 깊은 권력을 간과했다고 주장했다. 앨런 그린스펀은 회고록에서 미국의 석유 공급 확보가 전쟁의 주요 원인이라고 주장한다. 그리고 미어샤이머와 월트는 2000년 이후 미국 대외 정책 수립 분야에서 활동했던 울포위츠와 같이 유대식 이름을 가진 사람들을 강조하려고 했지만, 그들의 논문에 대한 불편한 진실은 조지 W. 부시 미국 대통령, 딕 체니 부통령, 국무장관 콜린 파월, 국가안보 보좌관 콘돌리자 라이스, 미국 합참의장, 활동적인 주유엔 주재 미국대사 존 볼턴, 국방장관 도널드 럼즈펠드와 그 밖에 이라크와 테러리즘과 관련해서 다른 국가들을 상대로 강경한 노선을 주장했던 사람들 모두가 기독교인이거나 비종교인으로 유대인과의 연관성은 거의 없다. 부시 대통령 자신은 동부 해안의 귀족 가문 출신으로, 허가받은 유대인이 있다 하더라도 그 수가 극소수인 학교에 다녔을 테고 회원제 클럽에 가입했을 터였다. 그러나 미어샤이머와 월트의 견해로는 미국의 중동 정책에 책임이 있는 건 이스라엘의 로비다. 그들의 논평과 책은 모든 유대인 혐오자와 전 세계 반미 세력에게 큰 관심을 받았다. 연좌제는 이성적으로 또 도덕적으로 용납할 수 없지만, 만약 내가 책을 썼는데 그 책이 개인적으로 거부감이 들고 혐오스러우며 정치적으로 반대편인 사람들에게 큰 관심을 받는다면 이는 그들의 중심 논지 중 하나가 옳았고 정당화되었다는 증거가 되는 셈이므로, 아마도 나는 잠시 멈춰서 상황을 곰곰 생각했을 것이다. 그러나 훌륭한 교수들에게서 제안(책)에 대한 자기 인식은 찾아볼 수 없었다.

지금은 2003년의 이라크 중재에 대한 논쟁에 들어갈 때가 아니다. 사담 후세인과 맞서지 않고 참아가면서, 유엔의 자체적 해결책을 강요하기 위해 유엔의 분명한 실패를 무시하면서 민주주의에 반하는 세계적인 지하드를 원조하도록 사담을 그 자리에 두는 편이 좋았을지는 역사가 판단할 것이다. 내가 보고할 수 있는 사실은 유대 민족과 이스라엘, 전설적인 '로비'는 어떤 문건에서도 또 내가 정부의 장관으로 참석한 그 어떤 토론에서도 존재하지 않았다는 사실이다. 놀랍게도 독일 고위층에서 미국에 적의를 품은 중립주의자와 평화주의자가 출현했는데, 이는 전후 유럽에서 전례가 없는 일이다. 프랑스인들이 유엔에서 언변으로 이목을 집중시키는 대신에 시작부터 견해를 분명히 밝혔다면, 그들은 사담을 제압하는 군사 행동에 절대 동참하지 않았을 것이다. 다른 나라를 침략하고, 이라크 국경 밖의 테러리즘을 지원하고 승인했다는 확실한 증거를 가진 유엔을 무시하고, 자국민을 잔인하게 학대하고 대량으로 살상한 독재자에 대한 조치를 취했는지 여부를 떠나서 영국과 영국의 지지국 및 동맹국이 두 번 다시 무기력해지는 일이 없기를 바란다. 대외 정책 성과에 많은 원형이 있지만, 이라크는 예외다. 하지만 중요한 점은 2003년 3월 이전 시기와 추후 점령 기간에 벌어진 전략적이고 전술적인 오류를 교훈 삼는 일이다.

그러나 만약 미어샤이머와 월트 같은 학자에게 유대 민족에 대한 비방을 허용한다면, 이런 전체적 정책 토론은 단지 진흙탕 싸움으로 변질될 것이다. 그들의 책은 발 빠르게 번역되어 이스라엘과 유대 민족을 증오하는 전 세계 서점에서 베스트셀러가 되었다. 두 교수의 은행 계좌엔 35만 달러가 생겼지만, 두 사람 때문에 평화라는 대의명분과 테러 및 압제 타도는 약화된다.

그것은 또한 우리가 직면한 위협을 부정하는 정치적 지도자들로 인해 약해지기도 한다. 영국 보수당 하원의원이자 재야 내각 인사인 마이클 고브는 그의 설득력 있는 저서 『섭씨 7/7Celsius 7/7』(2006)에서 다음처럼 좌파와 우파 지식인들을 혹평한다.

좌파와 우파 지식인들은, 무슬림이 가진 불만의 일반적 수준을 고려해볼 때, 중재를 전면적으로 단념하고 그럼으로써 이슬람 여론의 반감을 사면 안 된다고 주장한다. 특정 소수에 대한 대외 정책에 거부권을 부여하는 민주주의가 과연 옳은지, 특히 한 국가와 나머지 세계 사이의 관계를 강요하는 특정 종교의

증오의 세계화

소수가 지닌 감성을 허용하는 것이 타당한지는 짚고 넘어갈 가치가 있다.

고브의 말이 옳다. 그런 이유로 베를린에서 2007년 10월에 대외 정책을 규정하는 연설을 할 때 그의 당 지도자가 폭압과 고문·테러에 대항하는 정책을 공격했다는 사실은 실망스러웠다.

데이비드 캐머런 또한 이슬람주의자의 글과 호소에 영감을 받았다고 주장하는 이들이 저지른 범죄와 관련해 '이슬람주의자Islamist'란 정치 용어를 사용하길 거부했다. 더 최근에 보수당의 무슬림 단체가 영국의 대對이스라엘 정책을 비판하는 제도의 개선 방안을 제시했고, 회피 행위는 전 세계 이슬람주의자의 정책에 어긋날 수 있다고 촉구했다. 이러한 단체에 거부 의사를 표하거나 상원의 보수당석에 앉은 의장을 해임하는 등의 어떤 조치도 없었다. 캐머런은 앞으로 영국 총리가 될 가능성이 있는 사람이고, 자유세계의 지도자로 알려지면 총리가될 것이다. 그가 유대인 로비가 중동 정책을 지시한다는 미어샤이머와 월트의 논지를 믿을까? 아니면 고브의 더 강경한 표현이 승리할 것인가? 시간이 지나면 알 수 있을 것이다.

제9장

반유대주의와 이스라엘

몇 년 전 〔영국 잉글랜드〕 요크셔 남부 로더럼 시장에서 19세기
와 18세기 초에 나온 오래된 『브리태니커 백과사전』 30권을 구
매했다. 『브리태니커 백과사전』 제10판은 1902년에 출판되었고
반유대주의를 자세하게 다루고 있었다. 제9판은 그로부터 사
반세기 전에 출판되었는데 반유대주의 항목은 없었다. 유대인
증오는 200년 가까이 되었지만 『브리태니커 백과사전』의 제9판
과 제10판을 구분하는 사반세기란 짧은 기간에 반유대주의는
정책으로, 운동으로, 극도의 민족주의로, 인종주의로 갑자기
터져나왔다. 1875년〔제9판〕에는 반유대주의에 대한 내용이 없
었지만, 20세기 초에는 새로운 현상을 무시하는 일이 더는 불
가능해진 것이다. 1902년 판에서, 12쪽에 이르는 학술적 항목
은 영국유대인역사협회Jewish Historical Society of England 회장 루

시언 울프가 집필했다. 반유대주의Anti-semitism 항목은 안티오크Antioch와 항독소Antitoxin 항목 사이에 있었다. 유대인 총리 벤저민 디즈레일리가 등장하면서 적대감이 형성되는 영국식 반유대주의와 함께 러시아, 프랑스, 독일, 루마니아의 반유대주의에 대한 설명이 자세하게 나와 있었다. 『브리태니커 백과사전』 항목에서 인용된 디즈레일리의 일대기는 "그를 유대 민족의 앞잡이로, '유대인의 목적을 위해 기독교 국가의 전체 정책에 막강한 영향을 끼친' 사람으로 그리고 있다."

항목 집필자는 "반유대주의는 포괄적으로 유럽 정책의 문제이며 그 기원은 고대와 중세 역사를 가득 채우고 있는 유럽과 아시아 사이의, 교회와 유대 회당 사이의 오랜 분쟁이 아니라 19세기 중반에 유대 민족이 해방되면서 발생한 사회적 상황으로 밝혀졌다"고 썼다. 현대 사회학과 계층 정책은 최근에야 등장했고, 독자들은 다음 같은 글을 읽게 된다.

그러나 유대 민족은 어쩔 수 없이 산업 부르주아에 속해 있다. 그 계층에 들어가기 위해서 모든 노력을 쏟아부었으며, 유대인 거주 지역 준비를 위해 그들은 빠르게 정치적·사회적으로 그 계층에서 중요한 위치를 차지했다. 세기 중엽에 일어난 혁명으로 유럽에서 부르주아가 통치권을 잡으면서, **외견상**[저자의 강조] 히브리인의 통치가 출현했다.

울프는 자신의 조사를 낙천적으로 마무리한다.

반유대주의는 (…) 유럽의 사회적·정치적 발전에 영구적 표식을 남기지 않았다. 인종 정책은 기껏해야 조잡한 추측일 뿐이다. 민족주의 이론이 근대사회의 본질적인 경제적 기반을 확실하게 구축한 반면에 정치 활동은 권력의 주요 원천을 구성하는 천박함과 무지를 드러냈을 뿐이다.

대영제국 자유주의의 자신감은 에드워드 7세〔재위 1901~1910〕의 마지막 황금기 때 최고조에 달했다. 항목 집필자〔울프〕의 주장과는 대조적으로, "유대 민족을 깎아내리는 일과는 거리가 멀지만 (…) 〔반유대주의는〕 유대주의에 새로운 정신과 새로운 힘의 원천을 부여했다." 집필자는 유대인들이 결속하여 신분 상승을 하고, 유대 민족의 존엄성을 더 높은 의식 수준으로 고취하려는 노력과 결합한 '소위 시온주의운동'을 발견했다. 이에 대한 증거는 "유대교 역사를 통틀어 신앙으로 회귀하는 사례가 아마도 지난 30년 동안 지금처럼 주목할 만큼 많았던 적이 없을 것이다"라는 사실에서 나타났다. 우연히 그는 21세기 반유대주의자가 숙고할 만한 사실을 강조한 것이다. 유대 민족은 박해당하거나 궁지에 몰릴수록 정신적으로 강해지고, 새로운 정체성과 자기 인식을 창안하게 된다. 19세기 말 반유대주의의 결과가 그 사례다.

『브리태니커 백과사전』의 집필자가 1902년에 쓴 글은 신중하게 확신하면서도 앞날의 위험을 의식하고 있다.

정체가 드러나면서 반유대주의의 평판이 나빠졌다. [하지만] 우려되는 점은 그 역사가 아직 끝나지 않았다는 사실이다. 러시아와 루마니아에 거주하는 600만 유대인이 조직적으로 모멸당하고, 주기적으로 서방 국경을 넘으면서, 유럽의 유대인 문제는 계속되고 있다. 그리고 오스트리아와 프랑스처럼 힘없는 정부와 이런 국가에서 선거권을 가진 계층의 무지하고 비이성적인 모습이 정치에 일조하기 위한 길을 모색하고 있다.

한 세기가 지나서 우리는 항목 집필자가 신중하게 내놓은 의견이 얼마나 정확했는지 확인할 수 있다. 그러나 여전히 흥미로운 문제가 우리의 관심을 끈다. 만일 반유대주의가 존재하지 않았다면, 이스라엘이 현재 형태로 존재했을까?

지구상에서 유대 민족이 있는 그대로 살아갈 수 있는 작은 구역을 찾는 일은 19세기 말과 20세기 전반에 걸쳐 조직된 반유대주의에 대한 즉각적 반응이었다. 유대 민족이 성경과 선지자의 땅으로 돌아가야 한다는 시온주의자의 꿈은 당연히 2000년이 넘도록 이어져온 것이다. 하지만 유대 민족이 박해당하지 않을 국가의 건립을 목표로 하는 시온주의의 근대적 정치운동은 반유대주의가 정치적 이데올로기로 탈바꿈한

데 대응해 유럽에서 120년 전에 시작되었다. 반유대주의를 진지한 정치 사상으로 미묘하게 탈바꿈시킨 19세기 프랑스와 독일의 지식인들이 쓴 반유대주의적인 글은 충격적일뿐더러, 극소수 사람들이 엄청난 증오를 양산한다는 사실에 두려울 정도다. 러시아 제국이 자행한 유대인 집단학살은 당시 유럽 동부와 동남부의 여러 오만한 민족국가들에 의해 은폐되었고, 그결과 유대 민족은 자신들에게 거주지를 제공하는 곳을 찾게되었다. 1900년에는 전 세계에 인식 가능한 민족국가가 50개국이 있었다. 지금은 거의 200개국이 있다. 1990년에는 유고슬라비아라는 한 국가였던 곳이 지금은 가톨릭과 무슬림, 그리스 정교회의 종교적 관계에 따라 부분적으로 나뉘어 한때유고슬라비아였던 영토에 7개 나라[1]가 존재하고 있다. 21세기에는 플랑드르인, 스코틀랜드인, 카탈루냐인, 쿠르드인, 웨일스인, 퀘벡인, 코소보인, 오세트인, 티베트인, 타밀인과 그 밖의 민족국가 상태를 요구하는 민족이 성장하면서 많은 신생국가가 출현하는 현상을 보게 될 것이다.

이 많은 신생국 중 하나가—빠를수록 좋을 텐데—팔레스타인 국가의 기능을 하게 될 것이다. 팔레스타인인의 비극은이스라엘의 존재가 아닌 팔레스타인 국가 건설의 실패에 있다. 영국 언론인 빌 디즈는 1937년에 영국 정부의 필위원회Peel

---

1 슬로베니아, 크로아티아, 보스니아 헤르체고비나, 마케도니아, 몬테네그로, 세르비아, 코소보.

Commission가 "유대 민족과 아랍 민족을 위한 개별적인 주권국가"를 요구했다고 보도했다. 나치에 동조하는 예루살렘의 대大무프티이자 야세르 아라파트의 삼촌인 하즈 아민 알후세이니의 산하에 있던 팔레스타인 지도자들은 이 제안을 거절했다. 1948년과 1967년 사이에 요르단과 이집트는 팔레스타인 국가가 구성할 수 있는 영토를 암만과 카이로의 통치하에 점령하고 있었다. 그 시대엔 누구도 이를 '점령occupation'이라고 하지 않았다. 서방 세계의 많은 사람이 이스라엘과 팔레스타인의 권리와 역사에 의견을 밝히거나 공격적 태도를 보인 건 1967년부터다. 나세르 이집트 대통령과 동맹관계에 있는 아랍 국가들이 자국의 군사 행동을 자제하고, 1948년과 다시 1956년 이후로 분명해진 이스라엘과 잠정 협정을 시도했다면, 이스라엘의 군사력이 승리하지 못했을 것이고 지금의 예루살렘은 여전히 둘로 나뉜 도시였을 것이다.

페리 앤더슨은 가자 지구에 대한 글을 쓰면서 이렇게 주장한다. "유럽연합은 미국처럼 마치 이스라엘이 팔레스타인 국가를 한 번이라도 인정했다는 듯이 이스라엘을 우선하여 국가로 인정해야 한다는 핑계로 유권자들이 잘못된 정부를 선출했을 때, 모든 원조를 끊어서 사람들을 비참한 상황에 빠뜨리는데 일말의 망설임도 없었다." 여기서 두 가지 사실을 짚고 넘어갈 필요가 있다. 첫째, 앤더슨이 이스라엘이 존재하고 존재할 권리가 있다는 당연한 사실을 정의한 바에 의하면, 하마스는 확실히 이스라엘/미국/유럽연합 노선에 이의를 제기하고자 노력할 수 있었다. 둘째, 역사적으로 팔레스타인이었던 영토(이스라엘을 제외한 유엔이 1947년에서 1948년까지 승인한)에 팔레스타인 국가를 세우지 못한 것이 왜 이스라엘의 잘못인가? 문제는 이집트와 요르단, 레바논과 시리아의 역사가들은 어느 하루에 초점을 맞출지 모른다는 사실이다. 2006년 레바논 분쟁 이후, 헤즈볼라는 전투의 결과로 집을 잃고 떠난 모든 사람에게 1만2000달러를 지급했다. 만약 1948년 이후에 석유 부호국인 아랍 국가들 또는 이집트·시리아·요르단 같은 국가의 지도자가 유엔이 유대인 국가를 설립한 후에 아랍 국가들이 이스라엘의 존재를 쓸어버리기로 했을 때 고향에서 쫓겨나고 추방당한 사람들에게 유사하게 관대한 제안을 했다면 어땠을지 상상해보라. 1945년 이후 서독은 수백 년간 독일이었던 영토에서 추방당한 1200만 명을 흡수했다. 1948년의 캠페인으로 촉발된 이스라엘의 군사 행동과 노골적인 인종 청소로 퇴출당한 훨씬 적은 수의 사람을 수용하여 팔레스타인 영토에 팔레스타인 국가를 설립하는 일이 가능했을지도 모르는 일이다. 유엔이 유대 국가를 세우기로 한 뒤에, 이스라엘이 공격당하면서 70만 팔레스타인 사람들이 고향을 잃었다. 이스라엘은 1945년 이후 정권을 잡은 아랍 민족주의 정권에 의해 선조들의 땅과 영토에서 쫓겨난 같은 수의 유대인을 흡수했다. 이스라엘의 지도자들은 아랍의 군사적 공격을 이용하여 이스라엘 점령지를

증오의 세계화

확장하기 위해 무자비하고 잔인하게 현지 사람들을 희생시켰으며, 이스라엘의 역사가들은 이 사실을 오래전부터 폭로해왔다. 하지만 왜 1948년 이후 이집트와 요르단은 예루살렘 동쪽의 수도와 함께 팔레스타인 국가를 세우는 일을 돕지 않았을까. 왜 석유 부호국인 걸프 만의 국가들은 고통받는 팔레스타인 사람들이 새로운 삶을 누릴 수 있는 재정을 지원하는 시도도 하지 않고 논의조차 하지 않은 것일까.

만일 이스라엘에 이스라엘 건국과 관련한 '새로운 역사'가 있다면, 근본적으로 논의를 바꾼 1967년 전쟁**2** 이전 몇 년 동안 아랍 국가들이 팔레스타인 국가 지원에 실패한 데 대한 새로운 역사가 있어야 할 때가 아닐까? 이스라엘의 비평가들은 이스라엘 기록보관소에서 방대한 문건을 자유롭게 이용할 수 있고, 이스라엘의 정치인과 장군, 정부 관리와 터놓고 논의할 수 있다. 독립적 역사 작업과 이스라엘 대학 및 정책 연구원의 정치 분석 덕분에 팔레스타인과 비교해 이스라엘의 행위를 신랄하게 비판하는 문헌이 생성될 수 있었다. 안타깝게도 이집트, 요르단, 시리아, 이란 또는 그 밖의 관련 대학이나 정치 지도자, 장군, 정책 입안자 사이에서 이스라엘과 같은 솔직함이나 독립성은 찾아볼 수 없었다. 이집트의 정치학자 사이드 에

---

2 제3차 중동전쟁(1967년 6월 5~10일). 이스라엘과 아랍연맹이 벌인 전쟁이며 6일전쟁으로 알려져 있다. 이스라엘이 승리하면서 예루살렘의 대부분을 차지하게 된다.

딘 이브라힘 같은 용감한 개인이 현 상태의 여론에 이의를 제기하지만 투옥되어 고통받고, 결과적으로는 경제적으로 궁핍해지고 말았다. 베니 모리스[이스라엘의 역사학자]가 이스라엘의 건국 시조에서 신화적 요소를 삭제했듯이, 나세르에서 아라파트까지, 시리아 공화국의 독재자부터 요르단과 사우디아라비아의 군주에 이르기까지 이스라엘에 대한 아랍의 상황이 자초한 재앙이라고 말할 수 있는 단 한 명의 아랍 역사가와 작가를 우리는 아직도 기다리고 있다.

최근까지 세계의 지도자들은 팔레스타인 국가 건립 필요성에 별다른 관심을 보이지 않았다. 전 프랑스 대통령 발레리 지스카르데스탱은 회고록에서 1980년에 프랑스가 유럽공동체European Community 선언에서 "팔레스타인 국가"를 언급하면 안 된다고 주장했던 사실을 떠올렸다. 우리는 드골파의 전통적인 중동 정책에서 별로 나아지지 않았다고 추측할 수 있지만 2007년에 니콜라가 프랑스 대통령으로, 쿠슈네르가 프랑스 외무장관으로 등장하면서 약간의 가능성이 열렸다. 팔레스타인 정책에 아무런 영향을 미치지 못하고, 이스라엘에는 최악인, 다시 말하면 이스라엘을 힐책하거나 비판하는 일이 정당화되고 필요할 때 유럽연합이 그렇게 하지 못한 점과, 외세가 지급한 폭탄과 미사일로 이스라엘이 위협당했을 때 침묵을 지켰거나 또는 솔직하지 못한 대응을 했던 팔레스타인 개발 프로젝트에 손해를 입히는 교착 상태에서 유럽이 벗어나도록 이끌 기회가 프랑스 중동 정책에 주어진 셈이다. 팔레스타인 국가를 최초로 분명하게 요구한 지 70년이 지난 오늘날 팔레스타인 사람들은 여전히 기다리고 있다. 이스라엘의 유대 민족과 팔레스타인의 아랍 민족 모두는 월터 스콧 경의 비가로 이해될 수 있다.

이곳이야말로 나 자신의, 나만의 고국이라고
단 한 번도 입 밖에 낸 적 없는
영혼이 죽어버린 남자가 숨을 쉬나니
외국의 물가를 서성이다
고향으로 발걸음을 돌릴 때조차
절대 가슴이 타오른 적 없는 이로다![3]

1930년대, 빌 디즈가 묘사했듯이 반유대주의야말로 유대 민족과 아랍 민족을 위한 두 개의 주권국가 건립을 막는 다양하고 많은 형태에 속해 있다. 동방 이슬람주의자의 반유대주의 자살폭탄 테러는 물론이고 서방의 지식인들 사이에서 사교계와 세미나 관계자들이 반유대주의 세력을 조직하는 등 다양한 반유대주의 징후가 있는 한 이스라엘은 절대 안심할 수 없다. 마찬가지로, 팔레스타인 사람들이 반유대주의 이데올로기

3 스콧의 장편 이야기 시narrative poem 「마지막 음유시인의 노래The Lay of the Last Minstrel」(1805)의 제6칸토Canto Sixth다.

를 거부하지 않는 한 그들 또한 정의와 안정된 상태에 대한 권리를 확보하지 못할 것이다. 반유대주의의 종결은 불가능한 요구에 실현되지 않을 꿈 같지만 아직까지 진보적이고 민주적인 정권들이 다양한 반유대주의에 확실하게 "반대"라고 말한다면, 팔레스타인 사람들에 대한 일말의 희망과 함께 지중해 동부 해안 쪽에 평화가 올 것이다.

영국은 20세기 초에 유대인 이민의 문을 닫아버렸다. 1920년대에 폴란드 정권은 많은 유대인이 생계를 꾸리던 산업을 국유화하면서 유대계 폴란드 노동자를 내쫓고 인력을 폴란드의 가톨릭교도로 대체하기를 강요했다. 폴란드 (가톨릭교도) 노동자를 위한 직업 정책은 폴란드의 반유대주의에 대응해 유대인 이민에 압박을 새로이 가했다. 미국은 1924년에 유대인 이민자 유입을 거부하는 20년 장기 정책을 폈다. 이 때문에 궁핍한 생활과 집단학살, 반유대주의 정책을 피해 구유럽을 떠난 유대인들은 어쩔 수 없이 새로운 세계가 아닌 팔레스타인으로 눈을 돌리게 된다. 따라서 미국과 서유럽으로 유대인이 유입되는 것을 반대하는 반유대주의는 팔레스타인에 유럽의 유대인들이 등장하게 된 주요한 원동력이 된 셈이다. 1945년 이후, 오랜 세월 유대인들의 주요 거주지였던 이집트와 이라크의 지도자들이 행한 반유대주의적 인종 청소 정책은 향후 유대인의 이스라엘 이민으로 이어졌다. 이라크계 유대인 나임 카탄은 회고록 『바빌론이여 잘 있거라Farewell Babylon』(2007)에서

1940년대의 이라크 반유대주의의 기원을 묘사한다. "해가 갈수록 우리 기회는 줄어들고, 미래에 대한 압박은 심해졌다. 삼촌은 의학부 입학을 거부당했을 때 격분했다. (…) 우리는 태곳적부터 이 땅에 움막을 치고 살아왔다." 하지만 이라크 정부에게 유대 민족은 거추장스러운 존재였고 유대 민족 수만 명은 자신들이 안전할 수 있는 곳인 이스라엘로 떠났다. 그들에게 자신들이 수백 년간 살아온 이라크 내의 보금자리로 돌아갈 권리 따윈 없었다.

현재 폴란드 정부는 1945년 이후 실레지아나 동부 프로이센의 조상 대대로 살던 땅에서 쫓겨난 독일인들이 그곳으로 돌아갈 권리가 없다고 인정한다. 유엔이 이스라엘 인정 선언을 한 후 아랍 국가들이 이스라엘을 절멸하려고 무분별하게 벌인 전투로 팔레스타인인들이 추방당했는데 체코 정부는 베네시 법령Beneš decrees**4**으로 인해 그때보다 훨씬 더 처참한 취급을 당한 수데텐〔체코슬로바키아 북부와 폴란드 남부에 걸쳐 있는 산지〕독일인에게 사죄를 하지 않고 있다. 만약 쫓겨난 모든 팔레스타인인에게 돌아갈 권리가 있다면 훨씬 많은 수가 쫓겨난 독일인에게는 왜 그런 권리가 없는 것일까? 유대 민족에게 알렉산드리아, 카이로, 튀니스, 바그다드로 돌아갈 권리가 있는가?

---

4 제2차 세계대전 당시 체코의 망명정부 대통령 에드바르트 베네시(1884~1948)가 발표한 선언. 이 선언으로 독일이 합병한 체코 수데텐에 사는 독일계 주민과 헝가리계 주민이 체코 국적을 박탈당하고 재산이 몰수되어 국외로 퇴거·추방되었다.

한 세기 전, 자신들이 지배할 수 있는 국가와 영토에 대한 유대인과 시온주의자의 열망은 운명의 주인이 되고 싶은 아일랜드인의 열망과 닮았다. 테오도어 헤르츨과 에제르 바이츠만은 에이먼 데벌레라[5]와 공통점이 많다. 그들은 모두 고집스러운 이상주의자로 자신들의 국가와 영토를 부정하는 타협안을 거부했다. 이스라엘은 "국가의 봄날spring-time of nations"이란 표현 따라 19세기 중반에 세워졌고 아직 건재하다. 영국이 밸푸어 선언Balfour Declaration[6]을 하긴 했지만 동등한 역사적 비중으로 밸푸어 선언이 발표되기 수개월 전에 프랑스 외무장관 쥘 캄봉이 발표한 캄봉 선언Cambon Declaration도 있었다. 프랑스는 엄숙하게 "이스라엘인이 몇 세기 전에 쫓겨온 땅에서 유대인의 국적을 인정"할 것을 제안했다. 하지만 유대 민족의 팔레스타인 정착을 조장했던 것은 밸푸어 선언이 아닌 바로 유럽 동쪽에서 폭압에 도망쳐나온 유대 민족에게 영국의 문을 닫은 20세기 초의 외국인 조례였다. 처칠은 로이드 조지에게 그의 내각에 유대 민족을 두지 말라고 경고했다. 20년이 지

---

5 에제르 바이츠만(1924~2005)은 이스라엘의 정치가다.(초대 대통령 차임 아즈리엘 바이츠만의 조카이기도 하다.) 공군 창설의 주도자로서 1967년 중동전쟁 때 이스라엘의 승리를 이끌었다. 이후 선거 참모로 리쿠드당의 정권 획득을 도왔고, 1992년과 1998년 대통령으로 당선되었다. 에이먼 데벌레라(1882~1975)는 미국 출신 아일랜드의 교사, 정치인이다. 아일랜드 독립에 힘썼으며 아일랜드 임시정부의 수반을 맡았다. 아일랜드 자유국 대통령, 아일랜드 공화국 대통령을 역임했다.
6 1917년 11월 2일 영국 외무장관 아서 밸푸어가 제1차 세계대전 당시 팔레스타인에 유대인을 위한 민족국가를 수립하는 데 동의한다고 발표한 선언.

난 1946년에 처칠은 하원에 "엄청난 수의 유럽 유대인을 팔레스타인에 몰아넣지 말라"라고 충고했다. 오스만 제국 이래 예루살렘에 언제나 상당수의 유대인 거주자가 있었음에도 영국의 공직자들은 1920년대에 팔레스타인 아랍 민족의 염원을 무시했고, 이스라엘의 대大무프티 같은 적의에 찬 유대 혐오자와 나치 동조자를 두었다.

『데일리 익스프레스Daily Express』와 『데일리 메일』 같은 신문은 1930년대에 나치를 피해 영국으로 도망쳐온 유대인을 막기 위한 캠페인을 벌였다. 『데일리 메일』 사주 로더미어 경은 끈질긴 반유대주의적 표현 중 하나인 '유대인 로비'가 국가의 정책을 통제한다고 믿은 초창기 지지자였다. 그는 "교묘하게 행정 기구 요직을 차지하려는 국제적인 천덕꾸러기 이스라엘 민족이 독일에 없다는 사실"을 두고 히틀러를 찬양했다. 1938년 8월 『데일리 메일』은 "나라 없는 독일계 유대인이 이 나라의 모든 항구에 넘쳐나는 상황에 분노가 치민다"라고 표명한 사설로 영국 반유대주의에 불을 붙였다. 이민자와 정치 폭력의 난민, 유럽연합 빈곤국 출신의 유럽인을 향한 증오와 편협성으로 영국의 인기 언론은 지난 세기 상반기에 반유대주의를 조장했다. 미국도 마찬가지였다. 대량소비 자본주의의 창시자인 헨리 포드는 제1차 세계대전의 직접적인 여파로 격렬한 유대 혐오자였다. 그는 글을 연재했고, 나중에 이 연재 글을 『국제 유대인: 세계 최고의 문제The International Jew: The World's Foremost

Problem』(1920)라는 책으로 엮었다. 포드는 또한 반유대주의 소책자 『시온 장로 의정서』를 널리 배포했다. 미국의 반유대주의가 그들의 유럽인 선조만큼 극심했다는 사실을 기억하는 이는 거의 없다. 프랭클린 델러노 루스벨트 대통령은 종종 상대편 보수당원에게 '주스벨트Jewsvelt'라고 불리곤 했다. 물론 미국이 유대 민족을 축출한 건 아니다. 하지만 미국 당국은 1920년대에 최초의 반좌파 마녀사냥에서 좌파 유대인 활동가들을 유럽 국가로 강제 송환하길 간절히 열망했다. 그리고 1924년에 미국의 유대인 이민 금지 결정은 유럽 민주주의 국가에서 관찰된 여느 반유대주의 활동과 다름없었다.

영국의 전후 외무장관 어니스트 베빈은 유대 국가 건국에 적대적이었다. 부끄럽게도 영국은 유엔에서 이스라엘의 존재가 유엔 회원국으로 합의되었을 때 투표에서 기권을 했다. 1946년에 베빈은 노동당 전당대회에서 홀로코스트 생존자가 팔레스타인으로 유입하도록 미국이 지지하는 것은 "명백한 동기에서 기인한다. 그들은 뉴욕에 너무 많은 유대인이 있는 것을 원치 않았다"라고 발언했다. 외무부는 아랍 언론에 실린 사설로 반유대주의를 뒷받침했다. 이런 사설은 표면적으로는 아랍 언론인들이 작성했지만, 사실은 런던에서 준비된 글이다. 영국의 선동가들이 유대 민족과 공산주의자라는 두 단골 주제를 엮어놓은 것이다. 외무부 공직자는 아랍 언론에 논평을 기고하며 이스라엘 건국은 그 지역을 점령하려는 소비에트의 "책략"

이며, 오늘날 반유대주의자들이 주장한 대로 이스라엘은 미국의 재정 지원을 받는 중동의 골칫거리라고 목소리를 높였다. 외무부의 한 논설은 이렇게 주장했다.

러시아의 허가와 묵인 하에 러시아가 통제하는 항구에서 출항하거나 유럽의 러시아 구역을 요술처럼 빠져나가 러시아가 아랍 세계에 도입하려는 소비에트 이데올로기의 신실한 주창자인 러시아의 승인 없이 팔레스타인으로 향할 만큼 '시온을 갈구하는' 애처로운 난민은 없다는 사실을 어렵지 않게 추측할 수 있다.

영국 공직자들은, 현 외무장관인 데이비드 밀리밴드의 할아버지가 제2차 세계대전 후 다시 영국의 유대인 망명 신청자가 되지 못하도록 하는 데 필사적이었다.[7]

그래서 반유대주의자에게 유대 국가 수립은, 당시에는 지중해 해안 국가에서 대영제국의 음모로 옮겨와 소비에트 책략으로까지 이어졌고, 오늘날에는 미국에서 유대인 로비가 막강해서 나온 결과라고 간주된다. 당대의 이슬람주의자 타리끄 라마단의 아버지이자 제네바의 이슬람주의자 사이드 라마단은 1964년에 다음과 같이 기술했다.

---

[7] 밀리밴드는 2007년 6월부터 2010년 5월까지 외무장관을 지낸, 영국 노동당 정치인이다. 폴란드 출신의 유대계 가정 태생이며, 할아버지는 새뮤얼 밀리밴드다.

유대인의 음모와 (…) 이스라엘이 세워진 건 우연이 아니다. 사실은 탐욕스러운 시온주의 회합의 혼합물인 섬뜩한 사상의 실현이라고 확신한다……. 예컨대 『시온 장로 의정서』와 이슬람에 대한 질시와 증오로 촉발된 십자군 정신으로 구체화한 것이다.

유대인들이 그들 스스로, 그들에 의한, 그들을 위한, 유대인들이 그들만의 나라라고 할 수 있는 국가를 원한다는 단순한 생각은 이해하기 어려운 개념인 모양이다.

앞 장에서 살펴보았듯이, 비밀 조직이 전 세계 사건에 보이지 않는 영향력을 행사한다고 책임을 돌리기는 쉽다. 프랑스 역사가이자 철학자인 피에르앙드레 타기에프는 『세계적 음모의 가공L'imaginaire du complot mondial』(2006)이란 짧은 책을 썼는데, 이 책은 세계에서 실제로 어떤 일이 벌어지는지 설명해주는 비밀 음모와 책략을 믿는 현대적 필요성을 고찰했다. 진부한 수준에서 비밀 권력이 세계 역사를 조종한다는 생각의 표출은 댄 브라운의 소설이나 『엑스파일』 같은 드라마에서 볼 수 있다. 그러나 많은 사람에게 비밀 유대인 네트워크의 보이지 않는 힘과 영향력이라는 믿음은 여전히 건재하다. 이스트앵글리아대학 리 마스든 교수는 2007년 9월, 『가디언』에 '이스라엘 로비' 관련 글을 기고했다. (제8장에서 다룬) 미국의 미어샤이머·월트와 마찬가지로, 이 글은 다수의 좌파 자유주의자들이 동의했듯이, 이스라엘 정부를 기쁘게 하는 방식이 아닌 중동

논의를 억압하기 위해 포괄적 유대인 로비가 영국에서 24시간 내내 계획된다고 간주했다. 2006년 4월에 열린 회의에서 리비아만민공동회Libyan People's Assembly 부의장 무바라크 차메키는 "진정한 테러리즘은 이슬람을 겨냥하는 음모의 일부다. 음모에는 다양한 양상이 있으며 만평가가 선지자를 모욕하는 행위가 바로 이런 양상의 하나다"라고 발언했다. 이란에서 열린 같은 회의에서 바레인 정치인 파크라 디아라는 팔레스타인 사람들이 직면한 문제의 배후에 "시온주의 국제 조직"이 숨어 있다고 설명했다. 마찬가지로 중동 난세의 배후에 있는 주장을 설명하기 위해서 비밀 로비와 국제 조직, 음모와 책략을 상기시킬 필요가 있다. 이를테면 세계무역센터 건물이 파괴되었을 때 살해당한 유대인들이 없었다거나 모사드 혹은 CIA가 무슬림의 신용을 깎아내리기 위해 비밀리에 그 공격을 계획했다는 주장 등이다. 2001년 10월, 로테르담에 있는 나의 선거구에서 요크셔의 무슬림 공동체 원로 대표자들과 회의를 하는데, 의사와 회계사·사업가들이 9·11 공격이 있던 날 아침에 출근한 유대인이 없고, 실제로 그 공격은 무슬림의 평판을 떨어뜨리기 위한 목적으로 유대인이 비밀리에 계획한 것이라고 단언하는 이야기를 들었다. 누군가 이런 농담에 웃는 사람이 나타나기를 바라면서 나는 사람들의 얼굴을 바라보았다. 하지만 방 안의 사람들은 동의한다는 의미로 고개를 주억거렸다. 머릿속이 음모와 비밀 영향에 대한 신념으로 물들면, 이성을 회복하기란 쉽지 않다.

나치즘은 패배했지만 유럽의 반유대주의가 근절된 건 아니었다. 1946년에 조지 오웰이 조지 듀 모리에가 쓴 베스트셀러 소설 『트릴비Trilby』와 관련해 짧은 중수필을 썼다. 1894년에 출간된 이 책은 영국 독자들에게 스벵갈리Svengali란 인물을 소개한다.[8] 오웰은 다음과 같이 썼다.

[이 소설에서] 가장 흥미로운 점은 처음 읽었을 때와 히틀러 이후에 읽었을 때가 느낌이 색다르다는 사실이다. (…) 이 책은 물어볼 것도 없이 반유대주의적이다. 스벵갈리의 간악성과 배신, 이기심, 개인적 음란함 등이 그가 유대인이라는 사실과 계속 연결된다는 사실을 차치하더라도 이 책에는 삽화가 있다. [듀 모리에가 『펀치Punch』[9]를 위해 직접 삽화를 그렸다.] 그는 스벵갈리를 전통적인 방식의 사악한 인물로 그렸다.

오웰은 이 책이 반유대주의적이긴 하지만 듀 모리에가 스벵갈리를 영국 사람들보다 더 현명한 사람으로 표현했다고 소설 일부를 소개했다.

8 조지 듀 모리에(1834~1896)는 프랑스 태생의 영국 삽화가이자 소설가다. 스벵갈리는 소설에서 주인공인 평범한 여자 모델을 최면술의 힘으로 조종해 유명한 가수로 만드는 인물이다.
9 영국에서 발행된, 만화 위주로 된 세계 최고最古의 주간지. 1841년 창간하여 2002년 폐간했다. 평론과 함께 실린 신랄한 정치·사회 풍자는 당시 중산 지식층에게 인기를 끌었다.

증오의 세계화

안경쟁이 '공부벌레'를 대하는 럭비부 주장의 태도가 아마도 당시 유대 민족에 대한 일반적인 태도였을 것이다. 그들은 선천적으로 열등했다. 물론 우리보다 재주도 뛰어나고 감각적인 데다 더 예술적이었지만, 그런 특징들은 비교적 중요하지 않았기 때문이다. 요즘 영국인들은 그들보다 확신도 없고, 자신감도 떨어지는데 이 같은 어리석음은 결국에 승리로 이어지며, 반유대주의의 주요 형태는 바뀌었지만 모두 좋은 방향으로 바뀐 건 아니다.

1년 후, 오웰은 반유대주의가 "망신스러운 일이 되었으며, 그 희생양은 어디서나 볼 수 있다"라고 지적했다. 오웰에게 폴란드인은 1940년 이후 집단으로 영국으로 유입되어, 공산주의자가 지배하는 나라로 돌아갈 수 없는 "인종적 증오"의 대상이었다. 폴란드인에 대한 혐오감과 관련해 그는 "당대의 반유대주의와 같다"라고 서술했다. 반유대주의가 인종주의의 한 표현이라는 사실은 이제 상투적인 언급이다. 유대 민족을 공격하는 행위가 더는 허용되지 않게 되면 다른 유럽 이민자들이 공격받을 것이다. 하지만 반유대주의자는 확실히 인종주의자이고, 결과적으로 더 심각하고 엉망이다. 인종주의는 반박할 수 있다. 흑인이나 아시아계 영국인을 차별하는 일은 불법이다. 소수인종 출신을 장려해 도움을 줄 수 있을 것이다. 경제적 발전과 교육 혜택으로 인종주의를 극복하거나 완화할 수 있을 것이다. 그러나 유대인 증오는 쉽게 이스라엘 증오로 옮겨간다. 현재 유대인들이 민주적으로 이스라엘 정부를 선출하는데 동의했는지 여부와 상관없이 초창기 반유대주의자들이 유대인에게 강요했던 집단 죄의식은 이스라엘의 유대인은 물론이고 유럽과 미국에 사는 그들의 가족과 친구 모두에게 여전히 강요되고 있다.

그러나 1945년 직후 반유대주의는 확실히 오웰의 표현대로 "망신스러운" 일이 되었으며, 앞으로 한동안 '망신스러운' 일일 터였다. 19세기 유럽의 반유대주의와 1920~1930년대 미국이 유대인 이민을 반유대주의적으로 거부하고 유럽 대서양 민주주의의 일환으로 스페인·이탈리아·독일의 파시즘을 회유하거나 그와 맞서기 위한 조치를 취하지 않았기 때문에 1948년에 아랍 국가가 폭탄과 미사일로 공격할 때 유대 민족은 그들만의 국가를 세우고 국가와 국민을 지키기로 결정하게 된 것이다. 유럽이 정치적 산소인 유럽의 반유대주의를 정면으로 다루고 부인했다면, 1948년의 이스라엘 건국은 없었을 것이다.

오늘날 유럽의 모든 반유대주의 논의는 이슬람주의자와 아랍 반유대주의로 인해 싸구려로 전락했다. 『시온 장로 의정서』의 보급에서부터 유대인 로비가 정책을 강요하거나 전문직과 언론매체, 금융 네트워크를 장악한다는 유럽인의 되풀이되는 확신은 당대의 이슬람주의자나 아랍 반유대주의와 매우 흡사하다. 2007년에 뉴캐슬대학 데니스 매코언 교수가 모스크 서점과 영국의 무슬림 학교에서 구할 수 있는 자료에 자신의 논문을 발표하면서 학생들도 이 자료에 쉽게 접근할 수 있게 되었다.

목표를 달성하기 위해 시온주의가 차용한 사례 일부

1. 역사 전체에 걸쳐 혼란을 일으키고, 책략과 음모에 착수했다. (…) 유대 민족이 관여하지 않은 상황에서 여러분이 혼란을 겪을 일은 없을 것이다.

2. 악덕 행위와 우상숭배 확산에 국가들을 끌어들이려 했다. 유대 민족은 이 같은 거래를 조종하고 또 조장한다. 그들은 유럽과 미국, 이스라엘의 제재를 담당하고 있다.

3. 비도덕적 포르노 문학을 확산하면서 문학과 예술을 통제하려고 한다.

4. 서방 세계를 비롯한 모든 곳의 영화 산업과 예술을 통제하고 있다.

5. 부정행위, 매수, 절도, 사기. 유대 민족은 수세기 동안 배반과 모함을 일삼은 민족으로 말과 행동이 다르고 약속도 지키지 않는다.

런던 킹파드아카데미King Fahd academy**10**에서 18년간 학생들을 가르쳤던 무슬림 개종자인 콜린 쿡은 사우디아라비아 정부가 재정을 지원하고 통제하는 학교가 유대 민족을 "원숭이"와 "돼지"로 비유한 아랍어 책으로 학생을 가르친다고 폭로했다.

무슬림 아이들이 이런 증오 교육에 노출되는데 어떻게 영국의 젊은 무슬림들이 이스라엘의 존재권과 중동의 유대 민족과 무슬림 사이의 평화를 지향하는 정책을 지지하겠는가. 매코언의 양심적이고 출처를 정확히 밝힌 보고서가 발표되었을 때, 영국무슬림협회는 이 불온한 문건을 영국 모스크 서점에서 치워버리는 즉각적 조처를 하지는 않았다. (게다가 어린 영국 무슬림들에게 제공되는, 유대 민족을 증오하는 엄청난 분량의 반유대주의적인 글은 여성의 권리나 동성애자를 통렬하게 비난하며 그들을 지하드나 순교로 끌어들인다.) 그 반대로 영국무슬림협회는 보고서의 내용과 작성자 모두를 공격하며 매코언의 보고서를 반박했다. 영국무슬림협회는 무슬림 문제에 관해 노동당 정부 첫 임기 중에 영국 정부의 특권층 협력자였던 시절로 돌아가기 위해 아직도 노력하고 있다. 영국무슬림협회가 반유대주의, 여성 혐오, 동성애 혐오를 맹목적으로 바라보고, 영국 무슬림 공동체의 서점과 학교에 이런 문헌이 존재한다는 데 아무런 문제의식이 없다면 영국무슬림협회는 지지는커녕 사회적 지위 자체가 문제시될 것이다. 부끄럽게도 BBC 「뉴스 나이트Newsnight」

---

10 1985년에 런던에 설립된 사립학교. 사우디아라비아 외교관들의 자녀와 아랍계 무슬림, 런던 현지 무슬림 공동체를 대상으로 수준 높은 이슬람교 교육을 지향한다. 3세 유아부터 18세 청소년까지 교육한다.

는 영국 내 이슬람주의자들이 작성하여 접할 수 있는 반유대인 증오 문헌과 그 밖의 증오 문헌의 내용을 폭로하는 대신에, 보고서를 신용하지 않고 음해하려고 했다.

반유대주의가 없었다면 이스라엘이 존재하지 않았으리라는 주장이 실현된다면, 현재 이스라엘의 절멸을 바라는 많은 이슬람주의자가 선언한 꿈을 이룰 기회가 없는 셈이다. 하지만 1945년 이후 여러 원인으로 반유대주의가 방어 이데올로기로 출현하면서 팔레스타인인들이 그들의 땅에서 평화롭게 살 권리는 한없이 악화되었다. 반유대주의가 재부상하면 할수록 이스라엘과 유대 민족은 더 완강해져서 전통적인 반유대주의자들과 같은 주장을 한다고 판단되는 세력과 타협을 고려할 수 없게 될 것이다. 그리고 유럽 대서양의 민주주의 국가에서 친팔레스타인 지지자들은 예전의 유대 증오자들과 마찬가지로 유대인 권력과 로비, 영향력, 유대인이 부와 정부에 세력을 뻗친다는 등의 동일한 유추를 하면서 자기들의 대의명분에 도움이 안 되는 일을 하고 있다. 팔레스타인인 권리의 대의명분은 반유대주의와 갈라서야만 완전히 번창할 것이다. 오래된 반유대주의가 이스라엘을 낳았다. 신반유대주의는 이스라엘을 어느 때보다 더 완강하게 해준다. 반유대주의의 모든 흔적 특히 서방 정치 활동에 침투하는 위장된 방식에 반대를 표명하는 모습을 보이기 전까지 중동의 평화라는 희망은 실현되지 않을 것이다.

반유대주의는 이제 정치적으로 시급한 문제다. 신의 허락하에 자기들이 원하는 곳이면 어디든지 영토를 넓힐 수 있다고 믿는 이스라엘의 강경 우파와 미국의 신보수당과 근본주의 지지자들, 정사正邪를 막론하고 이슬람을 혐오하는 유럽의 이스라엘 단체가 모두 반유대주의와 반시온주의를 살찌운다. 안전한 이스라엘을 기반으로 하는 평화와 팔레스타인과의 공존을 원하는 사람들은 자신들의 사고에서 반유대주의와 반시온주의자의 감성을 지우기 시작해야 한다. 그들은 하마스 헌장과 무슬림형제단의 전반적인 의견과 글, 홀로코스트를 부정하는 협회를 후원했을 때 이란의 발언에 담긴 유대 민족 혐오가 민주주의 세계의 모든 연대와 결속을 약화시킬 수 있음을 분명히 파악해야 한다.

제10장

해결책은 없을까?

나는 유럽의 높은 산을 사랑한다. 겨울엔 스키를 타고, 여름엔 알프스 산맥을 비롯한 유럽의 산과 구릉지에서 등산과 하이킹을 즐기는 일은 내 인생에서 가장 값진 나날이다. 샤모니에서 마르티니까지 난 길을 따라가면 스위스로 넘어가기 전에 프랑스 알프스의 마지막 마을이 나오는데, 동네 이름은 바버린이다. 도로에서 떨어진 이 마을은 1000미터 높이로 우뚝 서 있는 에모송 댐에서 이어져 내려오는 구불구불하고 가파른 자갈길 기슭에 자리하고, 작은 집 여섯 채만 있는 곳이다. 이 길은 보행자가 거의 없고, 자동차로 프랑스와 스위스 국경을 넘어가는 길목이라 사람들은 그냥 지나쳐간다. 전쟁 중에, 바바린은 나치 치하에 있던 알프스 산맥의 마지막 프랑스 마을이었으며, 엎어지면 코 닿을 거리에 자유의 땅 스위스가 있었다.

어느 한 집에 작은 명판이 달렸는데 거기엔 이렇게 적혀 있다.

1943년 11월부터 1944년 8월까지 피에르와 마리 드빌라즈는 나치에 쫓기는 유대인이었던 나의 부모님 민다 리아와 데이비드 키프니스에게 은신처를 제공했다. 그들의 선행에 신의 가호가 있기를. 레오 키프니스, 1998.

나는 구글 검색도 하고 이쪽 분야에 일가견이 있는 친구들에게도 물어보았다. 하지만 전쟁이 한창일 때, 나치가 점령한 프랑스 외곽의 작은 마을에서 조그만 집에 유대인 둘을 숨겨준 프랑스인 부부에 대한 정보는 도통 찾을 수 없었다. 그들은 세계사적으로 증오가 가장 극심했던 시기에 나라 곳곳을 잠식한 반유대주의 문화에 저항하고, 반유대주의적 민병대Milice(비시 정권 당시 프랑스 군대)가 잔인한 강탈을 일삼던 프랑스에서 이웃의 밀고뿐만 아니라 점령군의 처벌까지 기꺼이 각오했던 평범하고 가난한 시골 프랑스 시민이 있었다는 사실을 몸소 보여주었다. 정책과 대중영합주의 매체를 오염시키는 인종주의와 외국인 혐오에 맞서는 일이 가능하듯이, 이처럼 반유대주의에 맞서서 저항하고 이를 타파하는 일 또한 가능하다.

반유대주의가 지금껏 얕은 잠을 자고 있었다면 이제는 완전히 기지개를 켠 상태다. 옛날의 반유대주의는 새로운 무언가로 바뀌었다. 반유대주의는 새로운 이데올로기의 중대한 구성 요소로 혹자는 세계를 반서양화하려는 "암흑화Endarkenment"라고 부를지도 모르겠다. 많은 사람이 이 세상에 서구적 가치는 필요 없으며 우월한 가치체계는 없다고 주장할 것이다. 이 주장이 사실이라면, 지금이야말로 12세기에 무슬림과 유대인 공동체에 신앙과 이성이 협력할 수 있다고 설명하려 노력하는 아베로에스나 마이모니데스[1]가 퇴장할 때가 된 셈이다. 1944년 파리가 나치 점령에서 벗어났을 때, 드골 장군은 이제 "하루하루 기뻐하며 누군가는 말하고, 읽고, 만날 수 있다"라고 썼다. 발언, 저술, 출판의 자유와 아이디어를 겨루기 위해 사람들을 사적으로 또는 공개적으로 만나는 일은 서구적인 것도 아니고 서방의 사상도 아닌 모든 인류의 보편적 권리다. 우리는 이런 자유를 상대적으로 취급하면서 스스로를 위험에 빠트린다. 좌파 회의에서 공산주의가 제공하는 공표된 경제적·사회적 권리가 표현의 자유와 법규, 민주적 선거 같은 '부르주아' 권리보다 우선시해야 한다는 선언을 들어가며 얼마나 많은 세월을 헛되이 보냈는가? 제대로 된 임금과 휴일, 모든 국민의 의료와 주거, 교육을 위한 공평 과세가 기업과 자본에 부담이 된다는 보수 신문을 읽으면서 얼마나 오랜 세월을 낭비했던가? 유엔이나 국제노동기구ILO 또는 유럽연합 리스본 조약에 포함된 유럽연합 기본권 헌장이 명확히 규정하는 권리는 남성과 여성,

---

1 아베로에스(1126~1198)는 스페인의 아랍계 철학자다. 마이모니데스(1135~1204)는 유대인 철학자다. 제2의 모세라고 불린다.

부자와 빈자, 흑인과 백인, 모든 종교인과 인종 그리고 나 같은 이성애자와 많은 동성애자 친구 등 모두를 위한 것이다.

내가 무슬림 친구들이 신앙을 따르고 대의명분을 지지할 권리는 지키면서 어떻게 유대인 친구들의 권리를 부정하는 정책을 받아들일 수 있겠는가? 신반유대주의를 막는 일은 유대 민족의 모든 요구를 지지하는 것도 아니고, 여성이나 비유대인의 동등한 권리를 부정하는 유대주의에 대한 해석도 분명히 아니다. 이스라엘 정부가 무슨 지지를 하거나 발언을 하는 것은 더더구나 아니다. 하지만 세계적 반유대주의와 싸우는 일은 이스라엘에 국민이 존재할 수 없다고 규정하는 전제에서 시작된 언쟁과 표현과 정치적 요구 사항들과 맞서는 일이다. 의사이자 작가인 가다 카르미는 1948년 이후 추방된 팔레스타인인의 역경에 관한 감동적인 저서 『또 다른 남자와 결혼하다: 팔레스타인의 이스라엘 딜레마Married to Another Man: Israel's Dilemma in Palestine』(2007)에서 이스라엘이 "아랍 세계를 둘러싸고" 있으며, "이스라엘의 건국으로 인한 아랍 세계의 엄청난 피해는 서방 세계에서 심각하고 실로 밝혀지지 않은 이야기"라고 했다. 왜 그럴까? 1948년의 이스라엘은 차치하고서라도 오늘날 이스라엘은 알제리와 예멘에서 일어난 일에 어떤 책임도 없다. 대다수 아랍 국가는 이스라엘과 국경이 떨어져 있다. 2004년, 유엔개발계획UN Development Programme은 '아랍 세계의 인적 개발'에 대한 보고서를 발표했다.

- 아랍 국가의 생산성은 지난 40년간 감소했다. 최근 20년 동안 성장률은 0이다.
- 아랍 인구 가운데 30퍼센트는 2달러 미만의 돈으로 하루를 연명한다.
- 아랍 여성의 반은 읽거나 쓰지 못한다.
- 아랍 인구의 단 1퍼센트만이 컴퓨터를 소유하고 있다.

이런 현실이 모두 이스라엘의 잘못일까? 아랍연맹교육과학문화기구ALESCO, Arab League Educational, Scientific and Cultural Organisation는 아랍 세계의 문화적 발전에 장벽이 되는 목록을 작성했다. 모든 아랍 국가에서 번역되고 출간되는 책보다 독일어로 번역되는 책이 더 많다는 사실뿐 아니라 현대의 아랍 세계는 보편적 문화에 대한 접근을 전례 없이 거부하고 있다.

- 높은 문맹률
- 애국심의 지나친 강조
- 국가 간 문화 교류를 막는 행정 장벽
- 정부의 국민 사상 통제
- 선동 남용

이러한 문제점을 모두 이스라엘 탓으로 돌릴 수 있을까? 카르미 박사가 오랜 세월 여러 분야에서 모든 아랍 정부의 온갖 실패에 대한 책임을 이스라엘에 전가하는 행위는 그녀의 민족과 같은 아랍인들, 팔레스타인의 대의명분에 무의미한 일이다. 그녀는 아랍 지도자들의 결점을 감추기 위한 도구로 이스라엘이 이용되고 있다고 입바른 소리를 했다. 사람들이 바라는 해결책은 이스라엘이 계속 존재하리란 사실과 유대 민족이 그들만의 국가에서 살고 싶어한다는 사실을 인정하는 것이다.

향후 어느 단계에 아마도 관용이 증오를 대체할 것이다. 다른 정치 체제 아래 공존이 가능할지도 모른다. 2008년 초에, 요르단의 도시 아카바와 이스라엘의 이웃 도시 에일라트 사이에 있는 홍해 국경선을 도보로 건넌 적이 있다. 절차가 그리 복잡하지 않았고 요르단과 이스라엘 직원들도 친절했다. 유럽 한복판에서 두 이데올로기가 충돌하던 시절에 동유럽 공산주의자들이 민주적인 서유럽으로 넘어가던 것을 잠시 떠올렸다. 그러나 이 같은 영구적 상태는 오늘날 유럽연합이라는 국경 없는 단체로 얼마나 빨리 사라졌는가! 바로 어제까지만 해도 심하게 다투고, 이웃 나라와 경쟁국들, 종교를 악마 취급 하던 유럽인은 현재 국경 통제 없이 유럽연합의 보호 아래 시민들과 경제적 개체가 어우러져서 평화롭게 살아가고 있다.

내 목적은 아랍 세계 전체를 방임한 채 지중해 동부 지역을 장밋빛 미래로 그리는 것이 아니다. 하지만 팔레스타인인을 포함한 아랍 세계에 진실을 이야기하기 위해 최선을 다할 때까지, 유대인과 이스라엘을 반대하는 언행은 문제를 해결하기는

커녕 오히려 키울 것이고 뿐만 아니라 이 지역에서 유럽식으로 공존하는 일은 힘들어질 것이다. 요르단 지도자들이 이스라엘과 평화 조약을 맺는 결의를 보이면서 거의 정상적인 국경 횡단이 가능해졌다. 그러나 무슬림 셈족인 요르단에서 유대인 셈족인 이스라엘로 산책하기 위해 채비를 할 때『요르단 스타Jordan Star』에서 역겨운 증오로 가득한 기사를 읽었다. 저자는 존 V. 휘틀록이란 사람으로 내가 한 번도 들어보지 못했고 다시는 보고 싶지 않은 이름이다. 그는 "'이스라엘의 존재권'을 강조하는 일은 비이성적이고, 비도덕적이며, 불가능한 일이다"라고 주장했다. 그는, 1945년 이후 대정착의 일환으로 조상 대대로 살던 고향 땅에서 수백만 명이 강제로 퇴거당했을 때 1947년에서 1949년까지 팔레스타인인 70만 명이 추방당한 일과 유럽의 최첨단 기술 및 병참 기술을 사용해서 유대인 600만 명을 조직적이고 체계적으로 산업화하여 살해한 행위가 동일하다는 진부한 주장을 펼쳤다.

따라서 요르단 시민으로 사는 수백만 팔레스타인인과 요르단의 정치적 지도자들이 이스라엘의 존재를 받아들이는 법을 배우고, 유대인 국가와 공존하는 사례를 제안하는 동안 요르단의 주요 신문은 정착의 희망에 악영향을 미치는 증오 섞인 언어를 계속 내보낸다. 반유대주의의 끝은 아랍 민족들과 아랍 국가 갱생의 시작이다. 만일 아랍의 민주주의가 불완전한 상태로 나타나 아랍 국가의 다양한 권위주의를 대체한다면, 보편적 권리를 부정하는 이슬람주의자들의 성전주의와 이슬람 근본주의를 타파해야 한다. 티머시 가턴 애시는 이렇게 적는다. "만약 아랍 고향 땅에서 아무런 변화가 없다면, 수천만 젊은이는 근동 지역을 떠나 근서 지방으로 떠나고 싶을 것이다. 만약 유럽이 이런 젊은 아랍인들에게 번영과 자유를 제공하지 않는다면 아랍 젊은이들은 유럽으로 올 것이다." 세계적으로 현명한 분석가인 가턴 애시의 말이 맞다. 문제는 반시온주의나 반이스라엘 정책으로 가장했다지만 현재 부상하는 신반유대주의에 종지부를 찍지 않는 이상 그런 번영과 자유가 아랍에 도착할 수 있는가다. 만약 작은 유대 국가의 소멸과 약화가 전제조건이라면 세계는 아랍이 번영을 누리거나 아니면 유럽과 미국을 제외한 아시아의 대부분 사람들이 제한된 자유라도 누릴 수 있을 때까지 지난하게 기다려야 한다. 반유대주의의 다양한 징후는 바로 증오다. 증오가 사그라지지 않는 한 희망은 절대 나타나지 않는다.

"사람들이 어떤 일을 처리하기 전에, 반드시 공통의 언어로 이야기해야 하며, 서로 논의할 수 있도록 함께 인정하는 원칙이 있어야 한다. 그렇지 않으면 서로 어긋나게 되고 혼란스러워진다"라고 에드먼드 버크는 지적했다. 신반유대주의와 정책과 매체, 지적인 삶에서 부지불식간에 반유대주의를 전달하는 사람들의 영향력은 버크가 포지티브 섬positive sum 정책의 우선 조건으로 꼽은 '공통 언어common language'의 도래를 가로막는다. 무슬림 친구들이 이스라엘의 잔인성에 대해 항의하면 나는 이야기를 들어주며 의견에 동의할 수 있다. 하지만 반대로 내가 무슬림 친구들에게 이슬람주의자의 이론적 지도자들과 조직의 반유대주의를 거부해야만 한다고 주장한다면 그들은 내 말에 귀를 기울일까? 이스라엘이 유엔 결의안을 따라야 한다는 무슬림 친구들의 의견에는 이의가 없다. 그렇다면 그들은 유엔 회원국 중 한 국가가 당연하게 존재할 권리가 있다는 데 동의할까? 이견이 있다면 버크의 말마따나 동문서답이 난무하고 혼란만 가중될 것이다.

모로코 작가 무함마드 샤르피는 다음과 같이 표명한다. "정치와 종교가 명확하게 분리되고, 이런 원칙을 우리가 아이들에게 가르쳐준다면 평화와 조화는 개개인 사이에 그리고 사람들 사이에 존재할 것이다." 샤르피의 통찰력은 백악관에 들어가고 싶은 사람들부터 파키스탄과 아프가니스탄 국경 동굴에서 도피 중인 지하드 근본주의자들에게서까지, 전 세계에서 거부당했다. 정치적 지도자들이 종교가 정치를 능가한다고 주장하기 때문이다. 옛 반유대주의와 신반유대주의의 토대는 변화할 권리를 거부하는 것이다. 다른 종교와 다른 문화, 공동체를 조직하는 다른 방식, 다른 성性, 다른 국제적 주권국가, 다른 영향력이나 소속을 가질 권리 말이다. 유럽의 무슬림 공동체 안에서 반유대주의를 근절하고 적극적으로 반대하는 데 실패하면서 현대의 이슬람주의 이론적 지도자와 창시자는 유럽의 무슬림들에게 큰 손해를 끼치고 있다.

유대인 정체성에 대한 권리를 부정하고, 여느 셈족과 마찬가지로 역사적으로 그들 소유였던 땅에서 유대 민족이 그들의 방식대로 살아갈 권리 또는 유대 민족의 차이성에 대한 권리를 부정하는 강경한 이슬람주의자는 보수적인 광신자와 극우파의 손에서 놀아나고 있다. 후자는 이슬람에 대한 두려움을 이용하고 유럽에서 태어난 무슬림에게 허용된 기도하고, 먹고, 결혼하고, 다른 관습과 문화를 따를 권리를 거부하면서 대중의 지지를 얻으려 하고 있다. 신반유대주의와 이슬람공포증은 동전의 양면, 그게 아니라면 분명 같은 조폐국에서 찍어 낸 동전이다. 유대 민족과 이스라엘인에 대한 그들의 증오 표현으로 이념적인 이슬람주의자들 및 유대 민족과 이스라엘을 향한 그들의 관점을 소극적으로 지지하는 침묵하는 수많은 무슬림은 디트리히 본회퍼 목사가 당한 일을 정확히 표현한 것이다. "그들이 텔아비브의 유대인을 날려버렸을 때, 나는 저항하지 않았다. 그들이 루슈디에게 사형을 선고했을 때, 나는 저항하지 않았다. 그리고 그들이 무슬림과 이슬람 세계로 왔을 때, 저항할 사람은 아무도 남아 있지 않았다." 하지만 여러분이 만약 홀로코스트를 부정하는 어빙과 아마디네자드 대통령의 세계에 살고 있다면, 여러분은 누가 본회퍼 목사였는지 알지 못한다.

그렇기 때문에 최후의 수단은 반드시 정치적 견해와 여론을 형성하는 사람들이어야 한다. 만일 반유대주의를 비판하는 사람들이 유대인의 정체성을 존중하는 한편 무슬림과 이슬람에 대해 비판적 견해를 취한다면 그런 사람들의 말은 귀담아 듣지 말아야 한다. 어떻게든, 어딘가에 현재 이스라엘과 팔레스타인, 유대 민족과 무슬림 간 논의의 상호 모순을 대체할 새로운 정책과 표현이 발전해야 한다면, 그것은 인간의 존재에 가치를 더하는 더 관용적인 정책이어야 한다. 나 같은 유럽 정치인의 관점에서, 골수 유대인 증오자를 제외한 모든 사람이 신반유대주의를 이해하고, 폭로하고, 거부한다면 신반유대주의는 일어서지 못한다. 유럽에서 이런 반격을 시작한 독일의 사회민주당 정치인 게르트 바이스키르헨 같은 훌륭하고 숭고한 사람도 많다. 최근까지 반유대주의에 주목하지 못하고 지금에 와서야 신반유대주의를 인식하는 유럽연합이나 OSCE 같은 조직은 유럽 민주주의에 근본적인 위협이다. 유럽의회는 신반유대주의에 대항하는 유럽 정쟁에 중요한 역할을 담당하고 있다. 젊은 층을 대상으로 하는 홀로코스트 교육은 증가하고 있다. 고든 브라운은 총리 시절, 반유대인주의와 반시온주의, 반유대주의의 종착역 즉 일방통행 기찻길로 굳게 닫힌 가스실이 늘어선 동유럽 벌판을 방문하려는 영국 학생 수천 명에게 자금을 지원했다. 종파를 초월하여 많은 단체가 힘쓰고 있다. 카이로의 사이드 에딘 이브라힘 같은 지식인은 국제적으로 높은 수준의 격려와 지지를 받아야 한다. 영국의 기독교인과 무슬림, 유대인 지도자들의 회합과 중요한 신학적인 작업은 북아메리카와 유럽, 이스라엘 또는 동일하게 위험한 무슬림 국가들과 공동체에서 정책을 변질시키는 종교적 근본주의자들이 행하는 문자 그대로의 경전 해석으로부터 이슬람을 구출하는 중이다.

BBC 햇병아리 기자 시절에 나는 웨스트미들랜즈에 있는 노동자 계급 공동체에서 인종주의를 목격했다. 인종주의에 맞서 싸우고 싶은 마음에 정치에 뛰어든 지 벌써 30년 세월이 흘렀다. 나는 21세기의 다양한 인종주의인 신반유대주의를 상대로 한 투쟁이 진실이었다고 확신하고 싶었으나 그러지 못했다. 그럼에도 나는 민주주의와 보편적 인간의 가치가 반유대주의와 여성 혐오, 표현의 자유 거부와 동성애 혐오를 이겨내리라 확신한다. 인종주의는 편협하기가 이루 말할 수 없고 여전히 건재하다. 그러나 그 투쟁은 언제나 마땅한 일이다. 위스턴 휴 오든2이 쓴 시의 구절처럼, "지지하는 불꽃을 보이기 위한show an affirming flame" 우리의 투쟁과 의무는 결코 끝나지 않으리라고, 책의 결론을 짓고자 한다.

---

2 영국 시인으로 저자가 인용한 부분은 그가 쓴 시 「1939년 9월 1일September 1, 1939」의 마지막 행이다. 이날은 히틀러가 폴란드를 침공하여 제2차 세계대전이 발발한 날이다.

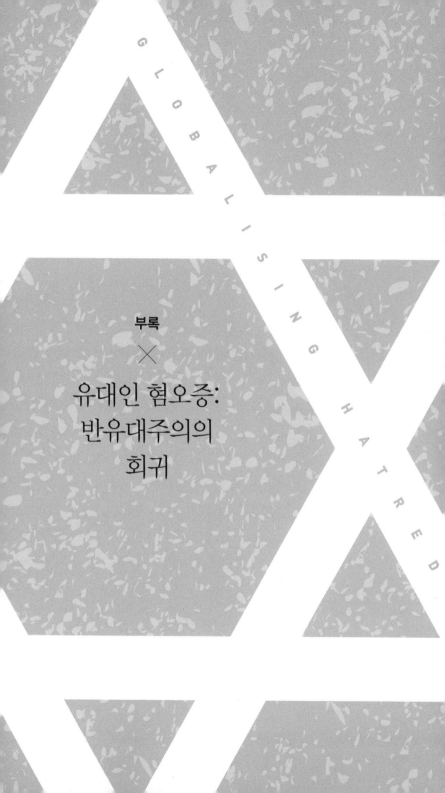

부록

×

유대인 혐오증:
반유대주의의
회귀

GLOBALISING HATRED

홀로코스트의 역사는 히틀러 시대가 우리 정신과 삶에 남긴 유산을 경험할 수 있는 당대의 역사여야 한다. 1941년의 이념과 정황이 결합하여 재현되는 일은 없겠지만 유사한 조합은 언제든지 다시 나타날 수 있다. 따라서 과거를 이해하려는 노력의 일환은 우리 자신을 이해하는 데 필요한 노력이다. 홀로코스트는 단순히 역사에 그치지 않는다. 그것은 경고다.

—티머시 시나이더, 『검은 세상: 홀로코스트의 역사와 경고Black Earth: The Holocaust As History and Warning』(2015) 저자

Part 1

머리말

곳곳에 악취가 진동한다. 민족주의 포퓰리즘이란 신新정치사상에서 새어나오는 악취다. 악취는 20세기의 공산주의와 파시즘이 막을 내린 이래 가장 강력한 이념에서 흘러나와 세계적 위협으로 떠올랐다. 이 냄새는 오래되어 역겨운 오드콜로뉴처럼 대학 캠퍼스에 스며들었으며, 종교집단 특히 독선적이고 자기 성찰이 부족한 개신교 종파에 침투했다. 일부 좌파와 우파 정치인, 자유민주당, 최근에는 녹색당에서도 악취가 풍겨온다.

아무리 노력하고 또 간절히 바란다 해도 인류 역사에서 가장 오래된 유대인 증오라는 불쾌한 냄새를 지우는 일은 불가능하다. 반유대주의antisemitism가 돌아왔다. 그것은 1930년대 나치 시대에 만연했던 반유대주의나 소련의 스탈린주의식 반유대주의anti-Jewishness는 아니지만 수많은 사람의 정신을 오염시키고 살인을 정당화한다. 유대 민족을 말살하고 유대 국가인 이스라엘을 절멸하자고 촉구하는 이슬람주의자의 증오 섞인 표현을 듣고 있으면, 유대인 혐오 이념과 유대 민족 절멸 요구로 인해 독일의 나치뿐 아니라 숱한 유럽인이 홀로코스트의 주동자가 되었던 1940년대 초로 곧장 되돌아가는 느낌이다. 이것이 바로 신반유대주의neo-antisemitism다. 신반유대주의는 반유대주의와 마찬가지로 유대 민족 절멸을 지지한다. 신반유대주의는 젊고 미성숙한 남성과 여성의 사고방식 및 사상에 스며들어 이들이 살인과 고문을 정당화하는 비인간적 이념으로 전향하도록 한다.

풀리건이란 곳을 아는지 모르겠다. 아마 처음 들어봤을 것이다. 프랑스 브르타뉴 남쪽 바닷가 마을로 유대인이 스물두 명 살고 있었는데 1942년에 이들 전원이 색출되어 아우슈비츠로 이송된 곳이다. 주민 중에 폴란드인이 둘 있었는데 1939년 초에 폴란드의 오래된 반유대주의를 피해 도망쳐온 사람들이었다. 이들은 팔레스타인 이민 비자를 받고 싶어했다. 이들이 꿈꾸던 팔레스타인은 유대인이 안심하고 살 수 있는 작은 세상이었다. 하지만 이들의 꿈은 아우슈비츠 가스실에 치클론Bzyklon-B가 떨어지면서 산산이 조각났다. 수십 년 뒤에 양심 있는 풀리건 주민들이 마을에서 벌어진 일을 기억하기 위해 작은 기념물을 세웠는데, 이 기념물은 2015년 8월에 끈적끈적한 검은색 페인트로 뒤덮이고 말았다. 신반유대주의는 확실히 어리석고 무분별하지만, 한편으로 우리의 DNA 깊숙이 새겨진 오늘날 문명화된 세계의 특징을 상기시켜주기도 한다. 몇 주 뒤에 베르사유에 있는 영국인 조각가 애니시 커푸어 경의 조형물이 작가가 인도 출신임에도 반유대주의 욕설로 훼손되는 일이 벌어졌다.

록 페스티벌에서 래퍼의 공연을 관람하기를 좋아한다면 스페인에는 가지 말아야 한다. 유대계 미국인 래퍼 마티스야후는 스페인에서 열린 록 페스티벌에 초대받지 못했다. 미국 시민권을 가진 유대인인 그가 팔레스타인 국가를 지지하는 성명서에 서명하라는 공연 관계자의 요구를 거부했기 때문이다. 마티스야후는 이스라엘 시민이 아니므로 이스라엘 선거에서 투표할 수 없고 이스라엘 정부 정책에 어떤 영향도 미칠 수 없다. 그는 유대인이라는 이유로 표적이 된 것이다. 인종과 종교와 국적을 막론하고 팬들을 즐겁게 해주는 조건으로 정치적 성명서에 서명하라고 강요당하는 가수는 없다. 그러나 유대인은 예외다. 마티스야후는 페이스북에 심정을 토로했다. "솔직히 이번 일은 충격적이고 모욕적이다. 유대계 미국인 가수와 공연 일정을 짜놓고는 나에게 정치적 서명을 하도록 강요한 것이다."

2015년 1월 그리스 총선에서 정권을 잡은 급진 좌파 연합 시리자Syriza와 연정을 구성한 우익 민족주의자 국방장관1은 그

1 독립그리스당 당수 파노스 카메노스.

리스의 문제는 "유대인이 세금을 제대로 내지 않는" 현실에서 기인한다고 발언했다. 이란 외무장관 모하마드 자바드 자리프는 이란의 핵 협상 후에 『가디언』의 지면을 통해 중동 뉴딜을 요구했다. 이란에 유대인 혐오가 만연하지 않고 이란 지도자들이 유대인이 박해받지 않는 전 세계의 유일한 국가인 이스라엘을 파괴하자는 요구만 하지 않았더라도 자바드의 주장은 더 설득력을 얻었을 것이다.

이란 외무장관이 핵 협상과 관련하여 미국과 유럽연합을 상대로 의견을 개진하는 동안 이란 최고 지도자 아야톨라 알리 하메네이는 저서 『팔레스타인Palestine』(2001)에서 홀로코스트를 부인한다는 태도를 명확히 했다. "만약 홀로코스트가 실제로 벌어진 일이라고 해도 우리는 그 일이 왜 벌어졌고 또 어떻게 벌어졌는지 알 수 없다."

하메네이는 이스라엘을 파괴하는 문제에 관해 페르시아어 단어 세 가지, 나부디nabudi(전멸), 임하imha(소멸), 자발zaval(말소)을 사용했다.

하메네이는 이스라엘에 사는 유대인의 삶을 피폐하게 만들어 어쩔 수 없이 나라를 떠나도록 하는 장기 전략에 착수했다. 하메네이는 이스라엘이 아닌 팔레스타인 단일 국가의 무슬림이 종교적 소수를 지배하길 바란다. 따라서 이란의 지도자는 이란 핵무기에 대한 미국-유럽연합 협상으로 강대국의 지배 엘리트 사이에 만연한 유대인과 이스라엘을 향한 증오가 완화되길 바라는 사람과 이란인 모두를 모욕한 셈이다.

여기까지 읽으면서 이란이 당면한 문제가 나와 무슨 관계가 있는지 궁금해할 독자도 있을 것이다. 로마의 시인 테렌티우스는 이렇게 답한다. *Homo sum, humani nihil a me alienum puto.*(나는 인간이다. 따라서 인간사에 일어나는 일 가운데 나와 상관없는 일은 없다.) 그는 북아프리카인 노예였고 몇백 년 뒤에 태어났다면 무슬림이 되었을 것이다. 하지만 2000년도 훨씬 전에 그는 한 사람이 당하는 나쁜 일이 모든 사람에게 일어날 수 있는 일이라는 사실을 인지했다.

한 이슬람주의자가 100명을 족히 죽이고도 남을 총알이 든 탄창 아홉 개를 차고 파리의 기차 화장실에서 나왔고, 현장에 있던 파리대학 교수와 62세 영국인 남성, 미국인 셋이 달려들어 총상을 입어가며 그를 제압했다. 상상할 수 없는 용기를 보여준 이들은 이슬람주의자들의 증오가 이끄는 범죄에 저항할 각오를 했다. 그러나 이슬람주의자가 신반유대주의라는 극단적 방식으로 유대인을 혐오 대상으로 겨냥할 때 많은 이는 등을 돌리며 반유대주의 희생자를 비난할 핑계만 찾지 현대의 반유대주의자와 반유대주의 전도사, 선동가에 맞서지 않는다.

이탈리아에서 여론조사를 진행했더니 이탈리아 국민의 25퍼센트가 유대인과 저녁 식사를 하고 싶지 않다는 결과가 나왔다. 영국에는 스포츠용품을 사러 간 두 소년의 일화가 있다. 네이선 로젠과 대니얼 레비탄은 스포츠용품 전문점인 스포츠

증오의 세계화

다이렉트에 갔다. 두 소년은 런던 북부에 있는 야브네학교[2] 배지를 단 재킷을 입고 스포츠다이렉트 보어햄우드 지점에 갔다. 보안 직원은 입구에서 두 소년을 막아 세웠다. "유대인은 안 돼, 유대인은 출입 금지야." 스포츠다이렉트는 바로 사과했지만 두 소년이 받은 상처를 되돌릴 순 없었다.

2주 뒤에 리버풀 FC는 자체 웹사이트에 올렸던 트위트 하나를 삭제했다. 전설적 축구 구단의 유대인 팬들이 유대교 신년제를 잘 보내길 바라는 인사 메시지였다. 하지만 순식간에 반유대주의적 누리꾼들이 남긴 유대인 혐오 메시지가 웹사이트를 도배했고, 인종주의에 관한 소심한 태도를 자랑하는 영국 축구의 전통에 따라 전 세계에 있는 리버풀 FC의 유대인 팬들을 위한 메시지는 삭제되었다.

2014년 유럽 챔피언십에서 이스라엘의 마카비 텔아비브 농구 팀이 스페인의 레알 마드리드 농구 팀을 꺾고 우승했을 때 홀로코스트와 가스실을 언급한 반유대주의 트위트 1만8000개가 트위터에 빗발쳤다. 스페인에 거주하는 유대인이 1만 명 미만이라는 사실만 두고 보더라도 (스페인에서는 유대인 대부분이 1942년에 축출되었으며 당시 스페인 인구의 10퍼센트가 유대인이었다) 소수의 유대인만 사는 스페인에서 반유대주의가 급증한 사

---

2 '야브네'는 랍비 요하난 벤 자카이(기원전 30년경~서기 90년경)가 랍비 학교를 세운 예루살렘 근처의 고대 지명이다. 당시 야브네는 유대인의 가장 중요한 교육 중심지였다.

실은 놀라운 일이다.

그러나 이런 사건들이야말로 바로 21세기 신반유대주의 현상이다. 신반유대주의는 우리 자신에 관한 이야기인 동시에 증오 정책이 반유대주의라는 단골 주제로 돌아온 이유이기도 하다.

인터넷과 소셜미디어는 유대인과 이스라엘에 대한 혐오적 표현을 완전히 바꿔놓았고 현대의 정신적 일상 곳곳에 그 표현을 퍼뜨리고 있다. 믿기지 않는다면 트위터에서 반유대주의적 트위트를 검색하거나 구글로 찾아보길 바란다. 그 결과에 충격을 받을 것이다. 1970년대와 1980년대의 젊은 정치 활동가였더라면 이러한 유대인 증오 표현을 찾는 일이 쉽지 않았을 것이다. 그때도 유대인 혐오가 표출되긴 했지만, 정계 주변부에서 조악하게 쓰인 글에 인쇄도 형편없어서 굳이 찾아다니는 수고를 들이는 사람이 아니면 접하기 어려웠다.

실제로 제2차 세계대전이 끝나고 인터넷이 등장하기까지 몇십 년은 반유대주의와 유대인 혐오에 관한 공적 담론이 오염되지 않은 황금기로 보일 것이다. 전전戰前 소설과 신문 저널리즘은 자주 유대인다움을 어딘가 어둡고 부정적인 것으로 강조하곤 했다. 1930년대에 『데일리 메일』과 영국 최고의 발행 부수를 자랑하는 일간지들이 영국에 이민을 왔거나 일자리를 구하려는 유럽의 유대인을 비난했다. 오늘날 같은 신문이 영국에 일하러 왔거나 영국 경제를 키우려고 온 폴란드인과 다른 유럽 국가에서 온 사람들을 소리 높여 비난하는 모습과 흡사하다.

웹사이트 www.jewwatch.com에 접속하면 놀라서 입이 다 물어지지 않을 것이다. 반유대주의적 분노와 음란물이 난무하니 너무 오랫동안 들여다보지는 마시기를. 사이트는 영어로 제공되는데 다수의 무슬림 국가의 소셜미디어 이용자들이 유포한 온라인 반유대인 포르노를 접하기 훨씬 전부터 있어왔다. 성적으로 여성을 모욕하는 포르노가 미국에서 쏟아져나오고 있지만 연로한 미국의 입법자들은 유대인을 모멸하고 결국 살해하는 내용의 자료를 게재할 '자유'를 저지하거나 제한해야 한다는 의견을 무시한다. 트위터 사용자는 반유대주의적 트위트를 여전히 올리고 있다.

반유대주의 문제를 지적하는 사람들은 항의가 지나치다는 소리를 듣는다. 나치 군복 차림에 팔을 뻗어 "하일 히틀러"라고 경례하고, 노골적으로 유대인을 말살하자며 목청껏 외치는 사람들이 눈에 띄지 않는 이상 우리는 과민반응한다는 이야기를 듣거나 가장 흔한 비방으로 신반유대주의와 관련된 모든 염려가 단지 이스라엘을 겨냥한 비판을 모면하려는 시도라는 말을 듣는다. 코미디언 데이비드 바디엘은 '축구에서 인종주의 몰아내기Kick Racism Out of Football' 운동을 시작했지만, 보통 '이드Yid'(유대인을 가리키는 대단히 모욕적인 단어)를 비롯한 유대인 비방에 맞서 축구 클럽에 항의하면 그저 악의 없는 농담이었을 뿐이라는 소리만 듣는다. '이드' 대신에 '깜둥이nigger'라고 했어도 이렇게 반응하는지 지켜보자.

2015년 초에 『이코노미스트Economist』는 독자들에게 영국에서 "반유대주의가 심해지고 있지 않다"라고 장담했지만 그해 9월 맨체스터 크럼프살의 보커 베일 기차역에서 젊은 유대인 남성 세 명이 심하게 구타당하는 사건이 발생했고 이 중한 명은 혼수상태가 되어 입원하게 되었다. 맨체스터는 유대인이 많이 사는 곳이다. 사건이 일어난 주에 런던 경찰청이 발표한 통계에 따르면 지난 1년 동안 런던에서 반유대주의 폭행이 93.4퍼센트 증가했다.

때마침 영국의 유대인 공동체 지도자는 영국에 사는 사람들이라면 종교와 민족에 상관없이 누구나 마땅히 평탄한 삶을 누려야 하듯이 영국의 유대인 또한 잘 지낸다고 모든 사람을 안심시키려 했다. 맞는 말이다. 영국에서도 아직 2015년의 프랑스와 덴마크 그리고 2014년의 벨기에처럼 유대인을 겨냥한 살인 사건은 발생하지 않았다. 아직은 말이다. 최근까지 덴마크, 프랑스, 벨기에에서 유대인이라는 이유로 사람들이 살해당한 적은 없었다. 그러나 분위기가 변했고 반유대인 이념은 다른 유럽 대륙처럼 영국에서도 팽배해 있다. "그럴 리가 없어. 여기서는 그런 일이 없을 거야"라는 전통적 영국식 안주에 다시 머문다면, 이는 엄청난 실수가 될 것이다.

성공회 주교 스티븐 사이저 목사는 페이스북에 뉴욕 9·11테러의 배후에 부유한 유대인들이 있다는 21세기 반유대주의적 허위 사실을 옹호하는 글을 올려서 주교로부터 일시 자격 정지 처분을 받았다. 이 독실한 목사는 이란으로부터 후원 자금을 받아서 이스라엘을 비난하는 학회에 참석했고 이란이 협찬하는 홀로코스트를 부정하는 텔레비전 프로그램에 출연해 "이스라엘은 홀로코스트를 이용해서 교묘하게 빠져나갈 수 있습니다"라고 발언했다. 애석하고 또 걱정스럽게도 영국노동당의 새로운 지도자 제러미 코빈은 유대인을 비방하는 부끄러운 행동 때문에 징직당한 성공회 주교를 두둔하고 나섰다. 코빈은 사이저 목사가 "시온주의에 맞서는 발언"을 했기 때문에 비판받는 것이라며 그를 지지해야 한다고 주장했다. 앞으로 살펴보겠지만, 유대주의Jewishness에서 '시온주의Zionism'로 혹은 유대인Jews에서 '시온주의자Zionist'로 이어지는 현상은 현대의 반유대주의에서 새롭게 나타난 교묘한 속임수다. 안타깝게도 자신이 극우파나 좌파, 보수적 이슬람교도의 공공연한 반유대주의와 같은 진영에 있다고 상상조차 못하는 수많은 사람이 자기들이 쓰는 단어가 미치는 영향을 전혀 고려하지 못한 채 현대 반유대주의와 동일한 어휘를 그냥 사용한다.

알자지라 잉글리시AJE, Al-Jazeera English는 과거 영국 텔레비전 저널리스트 중에서 최고의 인물을 확보하고 있다. 다수의 저명한 영국의 정치논평가들은 현재 크렘린 궁전이 통제하는 글로벌 텔레비전 서비스인 러시아 투데이RT, Russia Today를 거부한다. 푸틴의 세계관을 따르지 않고 유엔 회원국인 우크라이나와 조지아 두 나라의 영토 일부를 러시아가 합병하는 데 반대하는 모든 개인과 국가에 대한 프로파간다 때문이다.

런던에서 방송하는 이란의 프로파간다 방송국 프레스TV Press TV를 보이콧하자는 의견도 있었다. 방송국 자체가 반유대주의적인 데다 이스라엘에 대한 강경책으로 정평이 난 영국의 정치인을 영입하는 것으로 악명 높기 때문이다. 하지만 지금까지 알자지라 아랍AJA. Al Jazeera Arabic의 아랍 방송이 병적으로 반유대적이라는 사실을 알아차리는 사람은 거의 없다. 방송국은 반유대주의자로 소문난 셰이크 유수프 알카라다위를 진행자 자리에 앉혔다. 2009년에 그는 방송에서 이처럼 천명했다. "오, 알라여, 유대인과 시온주의자 무리를 억압하소서. 알라여, 단 한 사람도 용서치 마시고, 바라옵건대 알라여, 그들의 수를 헤아리시고 마지막 한 사람까지 죽여주소서." 다른 곳에서 알카라다위는 히틀러가 유대인에게 자행한 일을 찬양하면서 ("비록 유대인들이 이 문제를 과장하긴 했지만") 독재자 히틀러가 유대인 탄압을 완수하지 못해서 (짐작건대 알카라다위 자신도) 유감스럽다고 강조했다.

AJA는 AJE와는 자매 방송사지만 완전히 달라서, 노골적으로 반유대주의를 조장하고 유대인을 혐오하는 임무를 충실하게 수행한다. AJA를 연구하는 오하이오주립대학 언론정보대 교수 에릭 니스벳은 AJA가 유대인을 증오하는 이슬람 극단주의자에게 아첨하는 보도를 하는 것은 미국 방송국이 KKK에 방송 시간을 할애하는 것과 흡사하다고 했다. 니스벳 교수는 미국의 텔레비전 방송국이라면 "이슬람 극단주의들에 대해 보도는 하더라도 그들과 심층 인터뷰를 진행하거나 인기 토크쇼에 초대해 그들의 주장을 들어주지 않겠지만, 알자지라 방송은 그렇게 할 것이다"라고 덧붙인다. 그는 "의심할 여지 없이" AJA의 근간에는 반유대주의가 깔려 있다고 주장한다.

아랍 지역의 알자지라 방송은 노골적으로 유대인에게 적대적이다. 인터넷이나 소셜미디어의 신반유대주의 선동처럼 유대인과 이스라엘을 증오하는 유대인 절멸 지지자가 개선될 가능성은 요원해 보인다. 현대 글로벌 언론매체의 반유대주의에 제동을 걸어야 한다는 의견에 동조할 의지는 전혀 없어 보인다.

9·11테러 이후 AJA 진행자는 유대인이 사고 당일 세계무역센터 건물에 출근하지 않았다는 제보가 들어왔다는 보도를 반복했고 이 제보에 이의를 제기하는 사람은 없었다. 제보자는 아랍어로 유대인이 공격을 주도했다고 비난하며 미국이 직접 유대인들을 "처리"해야 한다고 강력하게 촉구했다. 2001년 봄에 알자지라의 인기 토론 프로그램 「반대 방향The Opposite Direction」에서 "시온주의가 나치즘보다 더 나쁜가?"라는 질문으로 시청자들의 응답을 조사한 적이 있다. 1만2000명이 참여한 설문에서 시온주의가 나치즘보다 나쁘다고 대답한 사람은 무려 85퍼센트에 달했고 나치즘이 더 나쁘다고 대답한 사람은

2.7퍼센트에 불과했다.

그러나 영국의 정치인과 저널리스트는 일말의 망설임도 없이 알자지라에 출연한다. 영국 사정도 심각하다. 런던 북부 출신의 42세 남성 이언 캠벨은 골더스그린으로 가는 102번 버스 안에서 "유대인을 증오한다. 싹 다 태워버려라. 이 버스도 내가 태워버릴 것이다"라고 고함을 친 죄로 5주 동안 수감되었다. 이 어리석은 반유대주의자는 아마도 요즘 버스에 카메라가 방송국 스튜디오보다 더 많이 설치되어 있다는 사실을 몰랐던 모양이다. 현장을 목격한 저널리스트의 도움으로 경찰과 지방법원이 신속하게 그를 수소문해 처벌했다. 2014년 영국에서 일어난 세 가지 사건은 유럽을 둘러싼 반유대주의의 거센 물결에 밀물 역할을 했다.

1년 후에 사회안보신탁CST, Community Security Trust은 영국에서 반유대인 증오 사건 빈도수가 50퍼센트 증가했다고 발표했다. 이 단체는 반유대주의 사건을 추적하고 자원봉사자들의 네트워크를 통해 유대인 학교, 유대 회당, 결혼식과 그 밖의 공동체 모임에서 열리는 유대인 행사의 안전을 제공한다.

CST는 엄격하게 반유대주의 혐의를 확인하며 증거에 기초한 심각한 사건만 보고하는데, 반유대주의 사건은 2015년 상반기에 473건이었고 2014년 같은 기간에는 309건이었다. 이는 2013년의 반유대인 사건보다 38퍼센트 증가한 수치다.

중세의 영국은 유대인을 집단으로 추방한 최초의 국가였

다. 2015년은 마그나 카르타Magna Carta[3] 800주년이 되는 해였다. 이 문서는 우여곡절 끝에 자유의 초석이 되었다. 1215년은 또한 가톨릭교회의 제4차 라테란 공의회가 열려 전 세계 기독교 국가에 사는 유대 민족에게 특별한 배지를 착용하라는 칙령이 내려진 해이기도 하다. 이러한 중세의 반유대주의는 결국 1290년에 영국이 유대 민족 전부를 추방하는 유럽 최초의 국가가 되면서 극에 달했다.

오늘날 영국에 외국인과 경제 이민, 망명 신청자들에 대한 포퓰리즘적 외국인공포증이 커지는 와중에도 유대 민족을 영국에서 추방하자고 제안하는 사람은 아무도 없다. 만약 누가 현대판 킨더트랜스포트Kindertransport[4]를 조직해 시리아의 사지 혹은 에리트레아의 잔혹한 독재정권에서 도망친 어린이들을 돕는다고 하면 영국독립당이나 다른 대중 포퓰리즘적 하원의원들이 구급 임무를 비난하면서 납세자들의 돈이 보호소나 난민들 입에 들어간다고 분노를 표출했을 것이다.

영국의 신반유대주의는 다른 국가보다 덜 폭력적이고 덜 노골적이다. 영국 유대인의 대부분은 영국에서 편안하게 살고 있으며 종교가 다르고 인종이 다른 영국 시민과 함께 성공적으로 삶을 꾸려나가고 있다. 하지만 유대인이 자신의 유대인 정

---

3 대헌장, 1215년에 영국의 귀족들이 영국 국왕 존John에게 강요하여 왕권의 제한과 제후의 권리를 확인한 문서. 영국 헌법의 기초가 되었다.
4 제2차 세계대전 직전에 프라하에서 영국까지 유대인 아동들을 구출한 작전. 669명이 영국 가정으로 입양되었다.

체성을 주장하거나 악질적 반유대주의를 주창하는 다른 이념의 지도자와 그들의 비난에 대항하기 위해 우리의 도움을 요청하거나, 특히 뉴질랜드나 캐나다처럼 식민화되고 정복당한 땅이 두 민족국가의 정착민에게 안전한 것처럼, 영국이 유대인에게 안전하다고 생각하여 이 세상에 유대인이 안전한 작은 구획의 땅에 대한 지지를 조금이라도 표명한다면 이야기는 달라진다.

가톨릭 주간지 『태블릿The Tablet』은 유대인 엄마가 유대 회당에서 자상刺傷 방지 조끼를 입게 된 사연을 자세히 실었다. "자상 방지 조끼라니. 이런 걸 입게 되리라고 상상이나 했겠어요?" 그녀는 탄식한다. 정곡을 찌르는 질문이다. 자신이 어찌할 수 없는 요소 즉 유대인이라는 이유로 영국의 시민들이 이렇게 두려움을 느끼며 살아야 하는 기가 막힌 현실을 우리는 직시해야 한다.

영국의 반유대주의 징후로만 반유대주의 조사를 제한한다면 우리는 특정 수준에서 안주할 수 있다. 그러나 공공의 정책이란 한 국가에서만 존재하는 법이다. 오늘날 신반유대주의는 이전의 변종처럼 국경을 가리지 않는다. 언제나 그렇다.

Part 2

신반유대주의 정치

한편 바다 건너 프랑스와 덴마크, 벨기에에서는 유대인의 생존권이 위태로워졌다. 유대인들이 반유대주의의 공격 대상이 되어 목숨을 잃고 있기 때문이다. 2003년에 프랑스와 벨기에에서 유대인 열 명이 살해당했다. 그들이 유대인이었기 때문이다. 2015년 1월 7일, 프랑스 잡지 『샤를리 에브도Charlie Hebdo』[1] 테러에서, 유대인 여성이 포함된 유대인 직원들이 구체적 표적이 되었다. 같은 날 파리에 있는 유대인 식료품점에서 쇼핑하던 유대인들도 마찬가지였다. 3년 전 툴루즈에서 학교에 가던 유대인 아이들과 교사가 무함마드 메라가 쏜 총에 맞아 사망했다. 경찰이 파리 근교 빌쥐프에서 무기고를 발견한 뒤에 프

---

[1] 프랑스의 대표적 풍자 전문 주간지. 만평을 많이 게재한다. 무함마드를 풍자 만평의 소재로 삼으면서 이슬람 세계로부터 종교 모독이라는 반발을 받아왔다.

랑스의 지하드를 체포했을 때, 그가 활동하던 이슬람주의자 조직은 2015년에도 여전히 건재했다.

2014년에 브뤼셀에 있는 유대인 기념관에서 유대인 두 명이 이슬람주의자가 쏜 총에 맞아 목숨을 잃었다. 유대인이 아닌 프랑스 관광객 및 유대인 여성과 무슬림 남성 사이에서 태어난 모로코 남성도 함께 숨졌다.

2004년에 마드리드 간선 기차역에서 그리고 이듬해 런던 지하철에서 이슬람주의자들이 폭탄을 설치했을 때 그들의 공격 대상은 환승하기 위해 지하철을 이용하는 시민들이었다. 마치 아일랜드 테러 조직 IRA(아일랜드공화국군)가 1974년 버밍엄에 있는 술집에 폭탄을 터뜨려 무고한 사람들을 죽였을 때처럼, 이들은 피해자들이 아일랜드 사람인지 영국 사람인지, 가톨릭 신자인지 프로테스탄트 교도인지 또는 무슬림인지 전혀 개의치 않았다.

그러나 2015년 1월 파리 테러 공격, 2월 코펜하겐 테러 공격과 2014년 브뤼셀 테러에서는 확실하게 유대인이 공격 대상이었다. 그런데 어찌된 영문인지 보도된 방송을 보면 반유대주의 공격과 관련한 언급은 찾아볼 수 없다. 사람들은 연대의 의미로 Je suis Charlie(나는 샤를리다)[2]라고 선언했다. 하지만 많지 않지만, 일부는 Je suis Juif(나는 유대인이다)라고 표명했고

---

2 「샤를리 에브도」 테러 사건 이후, 표현의 자유와 종교의 자유를 지지하고 그에 대한 무력 사용을 반대하는 사람들이 내건 슬로건.

증오의 세계화

그런 사람들은 대부분이 보통 유대인들이었다. 그러자 유튜브 영상에 젊은 무슬림들이 여봐란듯이 Je suis Coulibaly(나는 쿨리발리다) 또는 Je suis Kouachi(나는 쿠아치다)라는 이슬람 원리주의 유대인 살인자의 이름을 내걸었다. 그러나 프랑스와 덴마크에서 벌어진 반유대인 성향의 잔혹 행위는 금세 잊히게 되었다. 작가들의 인권 기관인 PEN이 뉴욕 기금 모금 행사에서 『샤를리 에브도』에 상을 수여하자고 제안했지만, 다수의 저명한 작가가 행사 참여를 거부했다. 작가들이 『샤를리 에브도』가 이슬람교를 모욕했다고 주장했기 때문이다. 『샤를리 에브도』는 볼테르의 전통을 따르며 가톨릭교와 유대교를 비롯한 다른 종교도 풍자했다. 볼테르는 "당신의 의견에 동의하지 않지만 나는 죽을 때까지 당신이 말할 권리를 지킬 것이다"라는 특징적 경구와 함께 표현의 자유를 상징적으로 보여준 인물로 유명하다.

볼테르에서 리처드 도킨스를 거쳐 크리스토퍼 히친스까지 진보하는 인류의 역사 속에서 신앙과 종교는 개인과 각자가 믿는 신에 대한 개념으로 변했으며, 정치를 추구하지도 않고 국가를 운영하지도 않으며 여성과 동성애자의 처우를 결정하지도 않는다. 권력이 없는 종교는 무력하며 반대 의견이나 비판을 통제하기 어려워진다. 제1천년기 동안 위대한 무슬림이 정복하고 개척하면서 기독교 십자군이 일어났고 이후에 가톨릭교가 분열하면서 16세기와 17세기에 종교전쟁이 일어났다. 기독교 교회는 유럽 제국주의와 식민주의를 등에 업고 라틴 아메리카와 아프리카·아시아에 사는 다른 인종과 민족을 정복했으며 엄청난 부를 축적하면서 이익을 얻었다.

현재 이슬람교의 정치화가 진행 중이며, 온갖 종교전쟁을 치르면서 신을 대변하고 사람들을 지배하는 무슬림의 주장을 조롱하면, 그들은 종종 치명적 결과를 초래하며 강력하게 반발한다. 마치 표현의 자유와 과거의 종교적 지배에서 해방된 역사 전체가 선지자 아브라함에서 유래한 세 가지 신앙〔유대교, 기독교, 이슬람교〕중 하나에 거스르지 않기 위해 사라져버린 듯하다. 프랑스 독자들이라면 용감한 프랑스 저널리스트 카롤린 푸레스트(1975~)의 저서 『신성모독 찬가Eloge du Blasphème』(2015)를 예로 들 수 있다. 그녀는, 강경한 인종주의적 우파인 국민전선부터 '이슬람인권위원회Islamic Human Rights Commission'〔영국 런던에서 1997년 만들어진 비영리 NGO 단체〕처럼 불쾌한 느낌이 들지 않는 이름으로 종교적 관용과 인권이라는 표현을 써가며 정치적 이슬람 혹은 이슬람주의에 대한 비판을 맹렬히 비난하는 다수의 친이슬람주의 집단까지, 극단적으로 검열이 집중된 단체의 거짓과 부정을 폭로하는 데 평생을 바치고 있다.

1990년대에 '이슬람공포증Islamaphobe'이란 용어가 생기면서 반유대주의와 도덕적으로 동등한 단어로 빠르게 사용되기 시작했다. 바티칸은 현재 유엔에서 여러 문제 가운데 여성 및 동성애자의 권리와 과학에 대한 가톨릭교회의 관점에 도전하는 사람들을 비판하는 데 사용하기 위해 '기독교공포증Christian-phobia'이란 개념을 홍보 중이다.

중도 좌파들은 '이슬람공포증'을 비난을 위한 만능의 도구처럼 남발한다. 가톨릭교도나 독실한 유대교 신자처럼 전통적 의미에서 '이슬람공포증'이란 말을 사용하는 사람들이 지양하는 사회를 많은 무슬림이 상징하고 있음에도, 대부분의 좌파는 이슬람교가 여성, 동성애, 언론의 자유 문제를 비종교적이고 관대하게 다룬다고 주장하는 것이다.

'반유대주의'는 1850년대 독일에서 유대인들이 믿는 유대교가 아닌 그들이 유대인이란 사실을 문제 삼아 유대 민족에게 불리한 정치운동을 촉진하기 위해 생겨난 말이다. 누구든 종교를 버리고 무신론자가 될 수 있으며, 말로만 종교적 관습에 동의하면서 현대의 비종교적 삶을 누릴 수 있다. 그러나 정치적 반유대주의의 경우 유대인이 유대교 관습을 따르든 따르지 않든 유대인이란 정체성은 영원히 남는다.

따라서 '이슬람공포증'이란 단어는 이슬람교가 품고 있는 특징적 종교 신앙을 공격하는 말이 아니고 어떤 측면이든 무슬림의 행태를 비판하는 행위를 공격하는 데 사용된다. '무슬림공포증Muslimphobe'이 더 정확한 말이 될 것이며, 우리는 가령 영국이나 프랑스에 사는 파키스탄 또는 카슈미르 사람을 공격하는 말을 가리켜 인종주의자란 단어를 사용할 수 있을 것이다. 그들은 종교가 원인이 아니라 그들이 유색인종인 데다 관습도 다르고 행실도 달라서 공격 대상이 되었다. 방글라데시 무슬림이나 인도 힌두교 신자임이 분명한 택시 운전사에 대한 공격은 인종주의 공격이다. 영국의 인도 사람들에게 느끼는 적대감을 묘사하는 데 '힌두교공포증Hinduphobia'이란 단어를 사용하는 사람은 아무도 없다. 그러나 이슬람주의자와 그들의 동조자들은—우리는 1920년대 이후로 계속 열렬한 이슬람교 신봉자에 의해 형성된 이념으로 다시 한번 정치적 이슬람과 이슬람주의의 차이점에 대해 유념할 필요가 있다—'이슬람공포증'이란 용어를 민주주의, 표현의 자유, 자신들의 선지자를 조롱하는 행위, 여성의 역할, 동성애자와 소수자의 권리 그리고 유대인과 이스라엘에 대한 자신들의 견지를 비판하는 사람들의 의견을 비난하는 데 사용한다.

그래서 예수를 노골적인 관점으로 묘사하는 시나 그림을 소리 높여 옹호하는 신문은 이슬람 선지자—온갖 결점을 품고 있는 사람—를 경멸적으로 묘사하면 침묵을 지키는 것이다. 부조리는 『샤를리 에브도』 테러가 일어난 후 스카이텔레비전 Sky Television에서 프랑스 작가이자 활동가인 푸레스트를 인터뷰하면서 절정에 달했다. 그녀는 이슬람주의에 관한 글을 논리적으로 쓰는 사람이다. 스카이텔레비전에서 파리에 있는 푸레스트와의 인터뷰를 생중계하고 있었는데 푸레스트가 『샤를리 에브도』의 표지를 들고 이야기를 하려는 찰나 스카이 측은 영상을 갑자기 끊어버렸다. 진행자는 시청자가 불쾌해질 수 있다고 판단해 영상을 끊었다고 해명했다. 그러나 종교를 공격하는 일은 언제나 신자를 불쾌하게 한다. 종교라고 비판이나 논평에서 예외가 될 수 없다는 점이 핵심이다.

터키의 진보 좌파 일간지인 『줌후리예트Cumhuriyet』(터키어로 '공화국' '공화정치')는, 영국 저널리즘이 보여준 비겁한 모습과는 대조적으로, 많은 무슬림 독자를 거느리고 있음에도 『샤를리 에브도』의 표지를 실어 만평이란 누군가를 불편하게 하는 그림이란 사실을 독자들이 확인할 수 있도록 했다. 하지만 이러한 만평의 기본을 문제 삼는다면 『가디언』의 만평을 그리는 스티브 벨과 마틴 로손, 『프라이빗 아이Private Eye』3 또한 만평을 게재하지 말아야 할 것이다.

현대의 지식인들과 거의 모든 주류 언론이 이슬람공포증이라는 딱지가 붙을 것을 두려워한 나머지 이슬람주의 이념을 덮어놓고 비판하지 않는 새로운 공포는 탈공산주의, 탈파시즘, 탈종교화 세계에서 대부분의 민주주의 국가들이 이슬람주의 이념이 낳는 문제를 해결하기 위해 솔직하게 논의하는 데 커다란 걸림돌이 된다.

물론 모든 정치 지도자는 현대의 반유대주의를 맹렬하게 비난한다. 영국독립당 대표 나이절 패러지는 프랑스 우익 인사

---

3 영국에서 발행되는 격주간지. 주로 영국의 시사와 풍자를 다룬다.

장마리 르펜이 포함된 유럽의회의 인종주의 당 연합에 가입하기를 거부했다. 그는 르펜이 이끄는 "국민전선은 여전히 반유대주의가 뿌리 깊기 때문이다"라고 이유를 밝혔다. 그러나 패러지는 극우파 민족주의 폴란드 정당과 공식적으로 동맹을 맺었다. 폴란드 정당의 지도자는 히틀러가 홀로코스트와 아무런 관련이 없다고 주장하는 사람이다. 패러지는 이런 관점이 비난받아 마땅하다고 생각하지만, 유럽의회에서 200만 유로에 육박하는 자금을 충당하기 위해 이 폴란드 정당을 포용해야 했다. 그러면 자신이 이끄는 스트라스부르의 반유럽연합 단체가 다른 유럽 국가들 사이에서 존재감을 여실히 드러낼 수 있는 데다 매우 유용하게 사용할 수 있는 의회 보조금에 대한 소유권을 주장할 수 있기 때문이다.

따라서 영국 정치인들은 신반유대주의의 핵심 요소이자 유대인에게 끔찍한 정책과 이념을 공개적으로 지지하는 일이 가능하게 되었다. 전 영국 자유민주당 하원의원 앤드루 워드는 이스라엘에 미사일을 날릴 준비가 되었다고 말했다. 또 다른 하원의원 조지 갤러웨이는 "이스라엘인이 없는" 브래드퍼드 시市를 보고 싶다는 발언을 했다. 2015년 총선에서 유권자들은 갤러웨이를 외면했지만, 영국 유대인들이 문제 삼는 유대인에 대한 그의 적대감은 계속해서 영국 내에 퍼져가고 있다.

1930년대 독일에서 "유대인에게서 물건을 사지 말자Kauft nicht bei Juden"라는 구호가 나왔다. 나치가 도착하고 얼마 지나지 않아서 베오그라드의 나치 친위대 사령관은 베를린에 메시지를 보냈다. "세르비아의 수도에 이제 유대인은 없다."

현대 영국에서 우리는 이제 어린 소년들에게 너희들은 유대인이기 때문에 영국에서 가장 인기 있는 상점에서 물건을 살 수 없다는 말을 하고 요크셔에서 가장 아름다운 도시를 떠나라고 한다.

이 같은 사건은 유럽 곳곳에서 훨씬 더 위협적이다. 프랑스와 이탈리아에 있는 회당과 묘지는 정기적으로 스와스티카로 훼손된다. 새로운 방식의 나치 경례인 크넬quenelle⁴은 이제 유대인이 모이는 곳이면 어디서나 볼 수 있으며 특히 극우 반유대주의가 힘을 모으고 있는 프랑스에서 자주 눈에 띈다.

최근 프랑스의 정치 부문 베스트셀러 저자는 에리크 제무르다. 그가 쓴 『프랑스의 자살Le Suicide français』(2014)은 날개 돋친 듯 팔렸다. 제무르는 최근 40년간의 자유주의적 개혁을 모두 다 비난하고 이민을 격렬하게 반대하는 사람이다. 제2차 세계대전을 기술하면서 그는 필리프 페탱⁵이 "프랑스의 유대인을 구하기 위해 타국의 유대인을 희생시켰다"라고 주장했다. 이 주장에 대한 근거는 없다. 1940년 6월에 페탱이 득세하자마자 비시 정부 관리들이 광범한 반유대인 법령을 시행했고 유대인

---

4 한쪽 팔을 아래로 꼿꼿이 향하게 한 다음 다른 쪽 손을 그 반대편 어깨 쪽으로 올리는 동작.
5 1856~1951. 프랑스의 군인·정치가. 제2차 세계대전 때에 나치스에 협력하고 비시 정부를 수립해, 전쟁이 끝난 후 반역죄로 종신 금고형을 받았다.

대부분이 공직에서 강제로 쫓겨났다. 나치가 프랑스 전역을 점령하기 훨씬 전에 벌어진 일이다. 하지만 포퓰리즘 저널리즘이 좋은 (프랑스) 유대인과 나쁜 (이민자) 유대인을 구별하는 행위는 이방인과 외국인, 이민자, 난민 때문에 순수 영국인 혹은 프랑스인의 삶이 훨씬 힘들어진다는 오늘날 계속되는 논지에 놀아나는 꼴이다.

유럽의회에는 다양한 극우 정당 출신의 유럽의회 의원들이 다수 포진해 있고 일부는 노골적으로 반유대주의적이다. 그러나 유권자들이 계속 지지하는 한 반유대인 정책의 부활을 막는 일은 불가능해 보인다. 1933년에 엄청난 득표율로 선거에서 승리한 히틀러처럼 말이다.

1945년 초에 소련의 적군Red Army이 아우슈비츠를 해방한 후 수십 년 동안 반유대인 발언은 용인되지 않았다. 2015년 현재 홀로코스트가 막을 내린 지 70주년이 되었고 반유대인 발언을 금지하던 장벽은 흔적도 없이 사라졌다. 대부분의 유럽 정치인들은 우파, 좌파, 중도 우파, 중도 좌파, 녹색당, 극좌파 혹은 민족주의적 정책을 지지하는 각양각색의 유럽회의주의 Euroscepti 여부를 떠나서 반유대주의 이상으로 훨씬 더 격렬하게 이스라엘을 비난할 준비가 되어 있다.

수년 동안 반유대주의와 이스라엘을 어떤 식으로든 분리할 수 있다는 허황한 이야기가 나돌았다. 많은 사람이 이스라엘 정부를 전폭적으로 지지하는 사람들을 비난한다. 하지만 잔인하고 비난받아 마땅한 이스라엘에 대한 공격은 반유대주의 정서에 영향을 받은 것이다.

이 같은 관점은 이스라엘에 아무런 잘못이 없다는 말을 지지하는 사람들에게는 덧없는 위안일 뿐이다. 그러나 이스라엘을 비판하거나 싫어하는 감정이 변질하여 반유대주의적 이념이 되었다는 사실이 명확하게 증명되었다.

이런 현상을 가장 극명하게 보여주는 사례는 정치인들이 중동이 긴장 상태에 놓인 책임을 이스라엘의 존립 자체에 지우는 것이다. 영국의 녹색당 하원의원 캐럴라인 루카스는 BBC 텔레비전에서 2008년 뭄바이에서 파키스탄계 이슬람주의 테러리스트들이 불 유대인 호스텔을 찾아내 그곳에 있던 사람들을 살해한 잔혹 행위를 두고, 피해자들이 인도나 카슈미르의 정책을 지지했기 때문이 아니라 유대인이라서 살해당했다며 뭄바이 테러의 책임을 이스라엘 탓으로 돌렸다. 더 최근에는 영국 자유민주당 정치인이자 외교 정책 전문가 멘지스 캠벨 경이 BBC에서 "ISIS[6]와 알카에다al-Qaeda가 부상하는 원인이 무엇입니까?"라는 질문에 이렇게 답했다. "원론적 이유를 대자면 이스라엘과 팔레스타인 사이에 분쟁이 계속되기 때문입니다."

ISIS와 알카에다가 이슬람주의 조직인 것은 사실이다. 이슬

---

6 이라크샴이슬람국가Islamic State of Iraq and al-Sham. 이슬람국가IS, Islamic State의 과거 명칭이다.

람주의란 의미 그대로 유대인을 증오하고 이스라엘 국가를 제거하는 것이 이론적 목표다. 하지만 칼리프를 만들어낸 것은 이슬람주의자들이 사우디아라비아의 배교와 여러 걸프 지역 및 아랍 국가에서 이슬람 순수주의가 결핍되는 현상을 겨냥한 것이다. 1920년대에 이슬람주의 이념이 형성되고 1930년대와 1940년대에 문서로 틀이 잡혔는데, 이는 이스라엘 국가가 탄생하기 전이었다. 이스라엘은 당장 내일 사라질 수도 있으며 IS의 지도자와 수니파 칼리프의 사상을 주창하는 사람들은 종교가 있든 없든 걸림돌이 되는 사람이라면 누구든지 참수하거나 산채로 태워 죽일 것이다.

확실히 루카스와 캠벨은 반유대적 감정이 조금도 없는 사람들이긴 하지만 다음과 같은 분쟁의 원인을 이스라엘 탓으로 돌리고 있다.

- 수니파와 시아파 사이의 분쟁
- 이슬람주의자와 그들이 변절자라고 여기는 독재자 사이의 분쟁
- 독재자 혹은 주요 무슬림 국가의 군 통치자와 민주주의를 외치는 사람들 사이의 분쟁
- 국가가 지원하는 테러 혹은 세계 문제에 안일하게 대처하고 이를 명확하게 파악하지 못하는 민주주의 국가에 사는 무슬림 시민이 저지르는 이념적 테러 공격

ISIS가 영국, 이라크, 시리아 사람들을 참수한 사건의 원인을 이처럼 이스라엘 책임으로 돌리는 일은 터무니없지만, 영국과 여러 유럽 국가의 주류 정치인들은 연단에서 발언할 때 정기적으로 이 같은 관점을 시사한다. 영국의 반유대주의 논의는 기이한 가식으로 축소될 수 있다. 작가이자 아나운서 윌 셀프는 『가디언』 전면에 자신이 왜 "유대인이기를 포기했는지"를 설명하는 글을 실었다. 이 글은 이스라엘계 프랑스인 괴짜 '역사가' 슐로모 샌드가 쓴 책의 서평이다. 샌드는 1950년대 아서 케스틀러(1905~1983)가 제기한 이론을 전하는 현대판 전도사다. 케스틀러는 유대인은 결코 실제로 존재한 적이 없으며 2000년 혹은 3000년 전에 중앙아시아 어귀에서 유목하던 사람들이라고 주장했다.

그러자 또 다른 『가디언』 칼럼니스트 하들리 프리먼은 "친유대주의자"로 불리는 사람들을 비난하는 (그녀 표현에 따르면) 재미있는 칼럼을 썼다. '친유대주의자'에 해당하는 사람들은 줄리 버철과 마틴 에이미스[버철은 영국의 칼럼리스트이자 소설가이고, 에이미스는 영국의 소설가다], 전 보수당 하원의원 루이즈 멘스다.

프리먼은 2014년 멘스가 현재 트위터에서 "누구든 나를 시온주의자라고 부르면 자동 차단"이라고 올렸던 문구를 인용한다. 누군가 그녀에게 "그러니까 테오도어 헤르츨7을 차단했다는?"이라고 트위트를 날리자 멘스는 이렇게 받았다. "시온주의자라는 말을 쓰면 차단함. 유대인을 가리키는 천박한 암호. 반유대주의. 있을 수 없는 일."

전 보수당 하원의원이자 현재 루퍼트 머독의 직원으로 시온주의 역사를 잘 알지 못하는 사람[멘스]을 조롱하기는 쉽다. 멘스가 옹호한 대로 "내가 시온주의자라는 말을 들을 때 나는 사람들이 무슨 이야기를 하는지 안다. 그것은 반유대주의다"라고 했던 마틴 루서 킹의 의견을 기억한 건 잘한 일이다. 그래서 프리먼은 눈치 빠른 칼럼을 통해 정확하게 지적했지만 아마도 큰 그림은 보지 못한 것 같다. 전 세계적으로 이슬람주의자와 이스라엘 증오자는 유대인이란 단어 사용을 자제하고 유대 민족을 공격하기 위해 "시온주의자"라는 암호를 선호한다.

그러나 결론만 놓고 보자면, 영국에서 반유대주의를 경시하는 분위기이고 중동과 팔레스타인에서는 이스라엘이 전적으로 잘못했으며 모든 유대 민족을 몰살해야 한다고 촉구하는 하마스와 그 헌장을 지지하는 세력이 힘을 얻고 있다. 이러한 이유로 영국은 다른 국가들과는 대조적으로 20세기 반유대주의의 공포라는 막다른 길에서 탈출했다.

독일은 영국과는 달리 유대인 증오와 이스라엘 제거를 추구하는 이슬람주의 이념에 극도로 주의를 기울이고 있으며 연관

---

7 1860~1904. 헝가리 출신의 오스트리아 유대인 신문기자·작가. 유대인 국가 건설을 주장했으며, 시온주의 운동의 보급을 도모하여 1897년 제1회 시오니스트 대회를 주최했다. '시오니즘의 아버지'라 불린다.

성을 주시하고 있다. 독일 최대 규모의 언론 그룹 악셀 슈프링거Axel Springer는 민주주의와 유럽연합과 이스라엘에 대한 명확한 견해를 밝힌 사규가 있다. 그룹 소속 저널리스트들은 보편적인 언어로 셋 모두를 지지해야 하고 그렇지 않을 경우 악셀 슈프링거 그룹에서 일할 수 없다.

프랑스 또한 다른 대부분의 국가에 비해 훨씬 반유대주의 성향이 강하고 이스라엘의 존립권에 반대하는 노선이 존재한다. 최근에 프랑스 대통령이 이스라엘이 철수한 뒤 하마스 지배하에 있는 가자 지구를 두고 "수용소"라고 칭했는데, 이는 데이비드 캐머런이 터키를 방문해서 터키 우파의 종교적 독재자 레제프 타이이프 에르도안이 이끄는 강력한 반이스라엘 정부의 비위를 맞췄던 것만큼이나 상상조차 할 수 없는 일이었다.

『르피가로Le Figaro』는 최근 머리기사 밑에 전면을 할애하여 "프랑스의 민주주의가 위태롭다"라는 기사를 게재했다. 저명한 프랑스 싱크탱크의 책임자들, 사회주의자, 보수 우파 대중운동연합UMP, Union pour un mouvement populaire의 정치인들은 유대인 국가 혹은 유럽-대서양 공동체 국가의 결함 여부를 떠나서 유대인을 일방적으로 증오하고 이스라엘을 악마로 묘사하는 일을 당장 중단해야 한다고 말했다. 프랑스 전역에서 반유대주의 세력이 무슬림의 증오심을 자극할 속셈으로 이런 논리를 끌어왔으니, 이는 모든 형태의 민주주의에 위배되는 일이다. 『르피가로』는 다음처럼 주장한다. "이스라엘 비판을 가장한 새로운 반유대주의가 인터넷의 도움으로 세계화 시대에 활개를 치고 있다."

명망 있는 중도 좌파 싱크탱크의 지도자가 보수당과 노동당 하원의원과 함께 『가디언』이나 『더 타임스The Times』에 비슷한 논평을 쓰는 일은 상상도 할 수 없는 일이고 두 일간지의 편집자가 이런 기사의 게재를 허용한 것 또한 믿기지 않는 일이다. 1930년대와 1940년대 프랑스와 독일을 비롯한 여러 유럽 국가가 겪었듯 실제로 반유대주의 정부 치하에 있던 역사가 없어서인지, 영국에서 이스라엘의 존립권을 증오하는 현상을 이해하는 사람은 없고 천박한 반유대주의는 이제 많은 사람의 정신에 녹아들고 있다.

좋은 뜻에서 팔레스타인 사람들이 스스로 국가를 세우고 통치해야 한다고 주장하는 사람들이 쓴 글에서, 하마스 헌장에서 유대인을 죽이라고 선동하고 헤즈볼라나 하마스 같은 단체에서 팔레스타인을 대변한다면서 이스라엘을 제거하자고 촉구하는 일이 IS와 알카에다의 이슬람주의 성명과 명백하게 일치한다는 사실을 지적하는 내용은 거의 없다. 기자들과 국제 구호 활동가들이 잔인하게 참수당하는 사건으로 전 세계가 충격에 빠졌다. 그러나 2014년 한여름에 팔레스타인의 이름으로 이슬람주의자들이 유대인 10대 청소년 세 명을 납치하여 잔인하며 신속하고 효율적으로 살육했을 때, IS의 이슬람주의자들처럼 영상이 올라오지 않아서인지 영국 정부 관료는 피해자들이 이스라엘의 유대인 어린이기 때문에 하원에서 특별 논의를 해야 한다고 강력하게 요청하기는커녕 이 사건에 상응하는 어떤 비난이나 우려도 표명하지 않았다.

확실히 상당수의 불쾌하고 혐오스러운 정치인들이 겉으로는 이스라엘의 존립권을 인정하지만 협조적이지도 않고 일관성도 없으며 재정적 지원도 하지 않고 신반유대주의와 전반적 이스라엘 증오에 반대하는 캠페인을 공개적으로 지지하지도 않는다. 보수당과 노동당 하원의원들이 만든 '이스라엘의 친구들Friends of Israel'이란 이름의 소규모 의회 모임이 있긴 하지만, 지원금은 걸프 국가들과 이슬람주의 이념 그리고 이스라엘을 반대하고 팔레스타인을 지지하는 단체가 지원하는 엄청난 자금에 비해 턱없이 부족하다. 이 같은 반유대주의적 분위기는 영국 의회를 관통하고 있다.

의회에서 반유대주의 반대운동은 오랜 세월 하원의원 한 사람이 주도했다. 안타깝게도 같은 당의 의원들까지 마구잡이로 비난하는 그의 왕성한 활동으로 인해 그 의원은 하원에서뿐만 아니라 정계에서도 위치가 위태로워졌다. 영국에서는 반유대주의를 책임지는 대의명분에도 새로운 정치 조직의 힘이 필요한 실정이다. 모든 정당 조직의 많은 의원이 거의 반사적이고 무의식적으로 유대인과 그들의 국가를 제거하자는 의견을 지지하는 데 비해, 유대인과 이스라엘이 평화적으로 안전하게 살 권리에 대해 소리 높여 이야기하는 사람은 하원에서 거의 찾아볼 수 없다.

하지만 스페인 전 법무장관으로 재능이 뛰어나고 열정적인 중도 좌파 유럽의회 의원 후안 페르난도 로페스 아길라가 주도하여 유럽 의회 내에 반유대주의 연구 단체가 설립되면서 유의미한 도약을 하게 되었다. 이 단체의 첫 모임에 참석한 영국 의원은 단 한 명도 없었다. 또다시 영국을 제외한 유럽의 정책에서 이스라엘의 존립권을 지키고 반유대주의에 맞서는 더 견고하고 일관성 있는 대응을 볼 수 있다.

어떤 조처를 해야 이 같은 상황을 타개할 수 있는지 알아내기란 어려운 일이다. 노동당 좌파의 최고 영웅 어나이린 베번은 공인된 시온주의자로 1947년 이스라엘과 팔레스타인 국가의 건국을 지지했으며 영국이 유대인의 팔레스타인 이민을 더 많이 허용해야 한다고 주장했다. 그는, 리처드 크로스먼과 당시 외무장관 어니스트 베빈이 반대하고 클레멘트 애틀리8가 내각에 "유대인 의원이 이미 너무 많다"라며 싸늘한 반응을 보였던 해럴드 윌슨 같은 좌파 정치 지식인도 지지했다.

그러나 오늘날 다수의 젊은 영국 무슬림의 마음속 깊이 자리 잡은 미온적 이슬람주의의 지능적 부정을 밝히는 데 전적으로 헌신하는 힘 있고 설득력 있는 언변을 갖춘 노동당 정치

8 1883~1967. 1945년 총선에서 처칠이 이끌던 보수당을 누르고 압승한 영국의 정치가. 노동당 단독 내각의 총리로도 당선되었다.

인은 없는 실정이다. 이러한 미온적 이슬람주의는 지하드나 폭력에 별다른 관심을 두진 않지만, 중동과 주요 무슬림 국가의 빈곤과 민주주의 결핍, 부패와 탄압 문제를 유대인과 이스라엘 탓으로 돌리며 가차 없이 비난한다. 미온적 이슬람주의는 다수의 젊은 영국 무슬림의 정신을 관통하고 있다. 진보 좌파가 침묵하는 요인 한 가지는 무슬림 노동당원과 진보 민주당 활동가들, 카슈미르나 방글라데시와 연계된 지방의회 의원들이 상당수 있다는 사실에 움츠러들기 때문이다.

2003년에 나 또한 이런 경험을 했다. 사우스요크셔 이웃 선거구의 젊은 무슬림이 유대인을 살해하기 위해 이슬람주의 훈련을 받고 텔아비브에 갔다가 결국 자살로 생을 마감한 일이 있었다. 나는 영국 무슬림 공동체에 영국적 가치관을 되찾고 이슬람주의를 거부하자고 대중에 호소했으며 언론에도 같은 논지의 글이 실렸다. 하지만 당시에 중요한 무슬림 정치인이었던 노동당 하원의원 샤히드 말릭을 비롯한 나의 모든 무슬림 친구와 지방의회 의원들은 나를 집중적으로 공격했다. 『가디언』과 『옵서버Observer』 등 중도 좌파 일간지는 런던 지배층의 핵심 인물인 트레버 필립스9를 내세워 특히 맹렬하게 비난했다. 영국의 젊은 무슬림들이 이슬람주의자의 동조자가 되기 위한 훈련을 받고 종종 끔찍한 결과를 초래하는데도 아무도

9 영국 작가이자 방송인, 노동당 소속의 정치가. 당시 인종평등위원회Commission for Racial Equality 위원장을 맡고 있었다.

나의 주장과 경고에 귀 기울이지 않았다.

당시 외무장관 잭 스트로는 외무부 이인자로서 나의 의견을 거의 일축했으며 형식적으로나마 사과해야 한다고 나에게 강요했다. 나는 그런 제안을 거절할 수가 없었다. 2년 뒤 2005년 7월에 노동당과 노동당 정부 그리고 영국 전체가 영국의 이슬람주의자들이 런던 지하철과 버스에 폭탄을 터뜨려 사람들을 죽이는 사고를 목격하면서 이슬람주의자와 유대인 증오에 영감을 받은 이념이 어떤 식으로 결말이 나는지 똑똑히 보게 되었다. 그러나 애석하게도, 이런 일을 겪어도 이스라엘을 향해선 날을 세우지만, 변함없이 이슬람주의를 지지하는 걸프 국가에 대해선 함구하는 사람들에게는 별다른 영향이 미치지 못했다. 그들은 또다시 반이스라엘이라는 토사물을 핥아먹는 늙은 개처럼 행동하는 것이다.

이 같은 상황을 쉽게 바꿀 방법은 없다. 이스라엘에서 좌파는 상당한 국제적 유대와 함께 조직력이 있었고 20세기에 이스라엘 노동조합과 이스라엘노동당이 전성기를 구가했지만, 다른 유럽 국가들과 마찬가지로 현재는 사라지고 없다. 좌파는 더는 대중운동도 아니고 노동계층에 뿌리를 내리지도 않는다. 오히려 사상을 표현할 수 있는 대학이 정치적 조직책과 활동가를 교육하면서 좌파를 지배하게 되었다.

일부 좌파들이 하는 약간 유치한 놀이가 있다. 반유대주의의 원인이 히틀러를 우러러보는 유럽 정치인이나 외국인공포증인 영국의 우파 정치인뿐인 척하는 것이다. 전쟁이 끝난 이후 영국에 정착한 폴란드인을 두고 그들이 찾은 일자리와 그들이 얻은 집들이 영국 사람들에게 돌아갔어야 한다고 비판하며 폴란드인에게 적대적 캠페인을 벌이는 사람들을 두고, 조지 오웰은 1946년의 이런 반폴란드인 정서야말로 "신반유대주의"라고 썼다.

반면에 반유대주의가 순전히 좌파들 책임이라고 비난하고 싶어하는 사람들이 있는데, 여기에는 영국과 이스라엘, 미국의 신보수주의 및 신자유주의 진영과 관련된 작가들도 포함되어 있다. 이러한 어리석은 비난은 실제 유대인 증오자들과 이스라엘 파괴자들 즉 이슬람주의자와 네오나치를 숭배하는 우익이 반기는 소식이다. 이들은 민주주의 국가를 무너뜨리고 싶어하지만 아직 성공하지 못하고 있다. 유대인 차별 반대 단체 ADLAnti-Defamation League(1913년 미국에서 설립되어 반유대주의와 싸우고 있으며 현재까지 세계적인 반유대주의에 관한 심도 있는 연구를 위한 기준이 되고 있다)의 마이클 살버그는 2015년 영국에서 벌어진 반유대주의 사건 보고서를 바탕으로, 사건의 절반이 백인들 책임이며 이스라엘과 시온주의 또는 중동 관련 사건은 7퍼센트에도 미치지 못한다고 지적했다. "우익 극단주의자의 반유대주의는 영국을 비롯한 여러 나라에서 심각한 문제입니다."

영국노동당 정치인 코빈은 노동당 대표 선거운동 기간에 반유대주의자들과 이스라엘의 절멸을 촉구하고 유대인을 공격하는 잔인한 헌장이 있는 하마스 같은 반유대주의 지지 단체와 함께 연단에 올라 빈축을 샀다. 30년 넘게 코빈을 만났지만 그는 반유대주의와 거리가 먼 사람이다. 코빈의 문제는 그가 자신을 지지하는 사람들이나 단체의 관점에 전혀 주의를 기울이지 않는다는 사실이다.

코빈의 지지자들은 코빈이나 코빈이 내세운 대의명분이 반유대주의와 결이 같다는 지적에 분노에 차서 코빈을 옹호했다. 하지만 반유대주의 범주에서 이스라엘을 비판하는 사람에게 반유대주의 혐의를 제기하는 일이 어리석다면, 이스라엘을 공격하는 모든 사람이 고결하고 순수한 동기에 이끌리는 이들이라고 주장하는 일 또한 어리석다. 이스라엘을 공격하는 행사를 준비하고 대학 캠퍼스에 학회를 조직하거나 기자 간담회를 열고 반이스라엘 정책을 장려하기 위한 "진상 조사fact-finding" 여행에 비용을 대는 단체는 어디에도 없으며 글에서 반유대인 관점이라곤 전혀 찾아볼 수 없다는 것이다.

좌파 언론의 영웅이자 가장 영향력 있는 좌파의 젊은 기자로 주로 『가디언』에서 활동했던 오언 존스는 자신의 강력한 언론에서의 발판을 코빈을 지지하는 데 사용했지만, 이 문제에는 신중한 반응을 보였다. 존스조차 코빈과 관련된 모든 반유대주의 이념 공격을 다 무시할 수 있는 건 아니라는 태도의 글을 써야 했다. 오히려 존스는 이처럼 주장했다. "제러미 코빈을 향한 여론의 비판에 대한 대응은 방어적으로 해야 하며 더 좋은 방법은 반유대주의가 진보운동에 스며들어 있다는 사실과 반유대주의를 인정하고 뿌리 뽑아야 한다는 사실을 받아들이는 것이다." 중동의 삼엄한 국경 너머에서 유대인들이 평화롭게 살 권리에 대해 그럴듯하게 편파적 입장이었던 언론에서 좀처럼 보기 드문 솔직한 모습이었다.

영국에서 기자나 정치인들이 역사를 공부하고 중동 긴장 상태의 기원과 세력 간 실질적 균형을 이해하려고 한다면 상황은 물론 훨씬 더 좋아질 것이다.

그러나 중요한 사실은 제2차 세계대전 이래 2015년 현재 반유대주의가 가장 심하고 조직적인 형태로 다시 돌아왔다는 점이다. 많은 이가 유대인이 지배하는 이스라엘을 병적으로 싫어한다. 하지만 안타깝게도 그들의 국가는 신반유대주의의 중심에 자리하고 있다. 반유대주의에 맞서 싸우는 사람들은 이제 현대 반유대주의를 타파하려는 적절한 담화와 해결책 없이 이스라엘의 존립권을 지키는 일이 불가능하다는 사실을 솔직하게 인정해야 한다.

전 『인디펜던트』 외신부장이었고 현재 『가디언』 편집차장인 아치 블런드는 "일반적으로 나는 반유대주의 문제가 발생했을 때 그 사실을 인정하고 이해하는 데 서투른 것이 이스라엘에 대한 좌파의 문제 때문이라는 것에 동의한다. 최근에 이스라엘이 가자를 급습했을 때(2014년 7~8월) 일부 언론은 영국 유대인들이 이스라엘이 저지른 행위를 두고 이스라엘에 등을 돌려야 한다고 요구하는 등 우스꽝스러운 반유대주의적 태도를 보였다. 마치 그들이 이스라엘과 의절하지 않으면 영국인이 아니라는 식으로 말이다."

1790년에 조지 워싱턴은 로드아일랜드 뉴포트에 있는 유대인 공동체에 서신을 보냈다. "아브라함의 가지에서 나온 자손들이 이 땅에 살면서 계속해서 다른 주민들의 호의를 받고 누릴 것입니다. 모든 사람이 포도나무와 무화과나무 아래 평안히 앉아 있는 동안엔 아무것도 그들을 두렵게 하지 못할 겁니다." 유대인을 향한 이런 관용 정신은 안타깝게도 영국을 비롯한 유럽의 어떤 국가에서도 부족한 게 현실이다.

영국과 유럽 무슬림들과의 연대의식 또한 부족하다. 경제적 전망은 어둡고 사람들은 이슬람교를 멸시하며 이슬람주의자의 테러나 IS의 범죄가 일어날 때마다 모든 무슬림을 싸잡아 어이없이 한통속 취급을 하는가 하면 취업 경쟁에서 능력이 뛰어나더라도 인종적으로 배제되는 등 무슬림은 여러 가지로 불리한 상황에 있다. 하지만 인종주의에 반대하는 모든 이가 꼭 갖추어야 하는 지식과 정치적 반응의 하나인 연대 의식은 반이스라엘주의로 가장한 반유대인 증오와 맞닥뜨렸을 때만큼은 접어야 한다.

우익 이슬람 혐오주의자나 무슬림 이민을 반대하는 선동가들은 사우디아라비아, 파키스탄, 터키와 여러 주요 무슬림 국가가 없어져야 한다는 식으로 말하지 않는다. 하지만 반유대주의자는 이스라엘을 두고 부당한 군사적 불가항력의 결과라고 묘사하며 마치 무함마드와 그 뒤를 이어온 칼리프와 무슬림 군부 정권의 지도자들은 평화적 설교를 통해 사람들이 자발적으로 개종한 결과 무슬림 세계를 키웠다는 식으로 말한다.

1066년은 영국 역사에서 노르만 정복의 해로 기록된다. 1066년은 또한 스페인 남부 그라나다 지방의 무슬림이 안달루시아의 유대인을 대량 학살한 해이기도 하다. 이는 무슬림에게 위안을 주는 신화다. 무함마드 이후에 아랍 세계가 아랍의 심장부에서 멀리 떨어진 곳의 땅을 정복하고 합병하여 관용과 공존의 공간을 창조한 것이기 때문이다. 이는 역사적으로 말도 안 되는 소리다. 종교적 지배 혹은 제국주의 지배에서 무력과 폭력이 빠졌던 적은 단 한 번도 없었다.

Part 3

반-반유대주의를 발전시킬 수 있는가?

결국 반유대주의가 몸집을 키워 현대의 세계 평화와 안보를 위협하는 현실을 볼 수 있는 사람은 거의 없는 셈이다. 종교와 인종, 성별, 동성애 등의 이유로 다른 사람들이 살아갈 권리와 말하고 쓰고 저항하는 근본적 인권을 부정하는 모든 형태의 이념은 세계의 안보를 위태롭게 한다. 그 밖에도 심각한 위협은 존재한다. 빈곤을 비롯해 국가 내부와 국가 간의 터무니없는 불평등과 중동과 아프리카 전쟁으로 인해 아랍 국가의 무슬림과 아프리카 사람들이 대대적인 피난을 떠나는 현실이 그것이다.

10년 전에 나는 영국의 반유대주의와 관련해 영국 하원 고위급 조사위원회 의장을 맡아달라는 요청을 받았다. 우리는 여러 방면에서 증거를 채택해가며 신중하게 일상적 의회 업무

증오의 세계화

를 수행했다. 유럽의 여러 도시를 방문하고 여행하면서 유럽의 국가 공동체 내에서 사례를 발견하려고 했다. 우리는 보고서를 제출했다. 당시 총리였던 토니 블레어는 보고서에 담긴 많은 권고 사항을 수락했다. 그의 뒤를 이어 다우닝가에 입성한 고든 브라운과 데이비드 캐머런은 모두 영국의 반유대주의와 다시 한번 싸우기 위해 우리가 작성한 제안들을 약속했고 또 이행했다.

나 또한 의회 내부의 신반유대주의를 몰아내기 위해 민주주의 세계의 최고 인권운동가 어윈 코틀러의 도움을 받아 의회 내부에 연합체를 세우는 데 일조했다. 그는 캐나다의 훌륭한 법학자로 전 법무장관이자 몬트리올의 뛰어난 하원의원이다.

그래서 우리는 문제를 해결하는 데 성공했을까? 우리의 활동이 대중의 이목을 끌어 영국을 비롯한 여러 국가에서 반유대주의가 줄어들었을까? 그렇지 않다. 제2차 세계대전이 끝난 이래 러시아 군대가 독일의 절멸 수용소를 해방하고 참상이 밝혀지면서 반유대주의가 세상에 알려진 현재, 신반유대주의와의 전투라는 우리의 임무는 그 어느 때보다 더 시급한 문제로 남아 있다. 오늘날 반유대주의는 적어도 일곱 형태로 확인할 수 있다.

국가가 허용하는 반유대주의

■

전 세계 여러 지역에서 현재 국가와 정부의 공식 정책은 유대인 증오를 조장하는 것이다. 가장 지독한 사례는 물론 이란의 전 대통령 마무드 아마디네자드다. 서방 분석가들은 이란의 종교적 지도자와 선거에서 당선된 대통령과 장관을 구별하고 싶어하지만, 이는 진정한 구별이 아니다. 선출된 정치인들이 펼치는 이란의 정책과 종교적 관점은 유대인과 이스라엘을 향한 증오에 사로잡혀 있다.

아마디네자드는, 홀로코스트는 결코 일어난 적이 없으며 이 사건은 이스라엘 선동가들의 산물이라는 주장을 몇 번이고 반복했고 이 세상에서 이스라엘이 사라져야 한다는 자신의 악명 높은 요구를 재차 천명했다. 국가가 사라지면 국가의 시민이라는 의미에서 국민 또한 사라질 운명에 처하게 된다. 그의 발언에 반유대인 요소가 내포되어 있다는 사실은 명확하다. 이 끔찍한 인물을 옹호하는 사람들은 그의 발언이 왜곡되었다고 계속해서 주장한다. 그러나 제 버릇 남 못 주듯이 아마디네자드는 매년 혹은 한 해 걸러 한 번씩 위대하고 영광스러운 페르시아 문화라는 미명하에 이스라엘에 대한 자신의 관점을 선포한다.

게다가 뉴욕의 유엔 총회와 유엔 산하 많은 단체에서 극도의 편파적인 태도로 이스라엘을 공격하는 결의안을 끊임없이

증오의 세계화

내놓고 있다. 유럽의회는 이스라엘을 지목하여 비난하는 행위가 반유대주의의 한 형태라고 지적한다. 여기서 핵심은 이스라엘을 자체 권한으로 존립할 수 없는 국가로 특별 취급하는 것이다. 이스라엘을 비판하고 웨스트뱅크 점령을 끝내라고 호소하는 일은 터키에서 키프로스 북부 점령지에서 물러나라는 호소만큼 또는 인도 군대에 카슈미르 점령과 억압을 끝내라고 요구하는 일만큼이나 철저하게 이성적이다. 유럽의회는 반유대주의에 대해 정의하며 "이스라엘 국가의 존립이 인종주의적 노력이라고 주장하면서 유대인들의 자기 결정권을 부정하는 행위는 현대 반유대주의의 한 형태다"라고 주장한다.

그러나 우리는 유엔이나 여러 다양한 단체에서 북부 키프로스에 주둔한 3만5000명의 터키 군대나 카슈미르를 점령한 50만 군대에 대한 원성을 들어본 적이 없다. 터키나 인도를 향해, 국내외의 테러리즘에 맞서 시민을 보호해야 한다는 요구 또한 들어본 적 없다. 이는 곧 전 세계 국가의 존립과 정부의 권한이 최고 수준으로 발현된 유엔이란 조직이 안타깝게도 유대인과 유대인 단체가 수십 수백 년 전에 맞닥뜨렸던 절멸 정책이 존재하지 않는다고 확신하기 위해 세운 국가에 대한 적대적인 새로운 흐름에 국가적 차원에서 한몫 거드는 셈이다.

국가가 주도하는 반유대주의의 또 다른 예로 남아프리카공화국 외무차관 에브라힘 에브라힘이 남아프리카공화국 시민은 이스라엘을 방문하면 안 된다고 호소했던 일을 들 수 있다.

40년간 외교와 국제정치 분야에서 일하면서 이런 경우는 처음이었다. 나는 1970년대와 1980년대에 정기적으로 동유럽을 방문해 당시 소비에트 제국의 압제에 맞서 투쟁하는 체코슬로바키아 사람들과 폴란드 사람들을 만났고, 1980년대에 상당 기간을 남아프리카공화국에서 보내면서 아파르트헤이트에 대항하는 흑인 노동조합 동료들의 투쟁에 함께 참여했다. 나는 팔레스타인 운동에 연대하는 사람들을 존중한다. 하지만 이스라엘 정책의 변화를 보고 싶은 사람들에게 중요한 일은 이스라엘 사람을 피하지 않고 오히려 더 자주 만나는 것이다.

이스라엘 주변에는 사우디아라비아나 바레인과 같이 인권을 말로 못할 만큼 잔혹하게 억압하는 국가들이 있다. 남아프리카공화국 사람들은 데즈먼드 투투 주교의 노벨평화상 수상(1984)을 축하했다. 중국에서 노벨평화상(2010)을 수상한 류샤오보는 수감 중이다.[1] 만약 에브라힘이 남아프리카공화국 사람들은 혐오스러운 인권 탄압에 저항할 목적으로 사우디아라비아나 바레인·중국에도 가면 안 된다고 발언했다면 나름대로 일관성 있게 자기 뜻을 확고히 했겠지만, 유감스럽게도 그는 전 세계의 단 한 국가만 지목했고 그 나라의 시민 대부분은 유대인이다. 당시에 에브라힘은 미국이나 유럽의 군사적 중재에 적용되는 적법한 비판과 유사한 이스라엘의 정부 정책을

---

1 류샤오보는 2009년 12월 국가권력 전복 선동 혐의로 징역 11년형을 선고받아 수감 중(4번째)에 있다.

정치적으로 비난하면서 선을 넘었으며, 거기서 멈추지 않고 이 위대한 남아프리카공화국인은 한 술 더 떠서 이스라엘의 유대인과 접촉하면 안 된다는 발언까지 했다. 발언은 상당한 비판을 받으면서 국가 주도의 반유대주의라는 선을 넘고 말았다.

정치 단체나 언론에서 노골적으로 유대인 증오를 선동하는 것을 허가한 국가는 국가가 대놓고 반유대주의를 주창하도록 허용하는 격이다. 이집트의 거물급 성직자 셰이크 유수프 알카라다위는 아랍의 봄Arab Spring 운동을 지지하기 위해 타흐리르 광장에 초대받은 자리에서 알자지라 방송을 통해 다음처럼 발언했다.

유사 이래 알라께서 그들의 부패 때문에 [유대] 사람들이 벌을 받아야 한다고 말씀하셨습니다. 히틀러의 손을 통해 마지막 형벌이 내려졌습니다. 히틀러가 유대인에게 저지른 모든 일은 [유대인들이 과장하긴 했지만] 유대인을 그들이 있어야 할 곳으로 보낸 것입니다.

알카라다위는 입으로만 반유대주의를 외치는 성직자가 아니다. 그는 이슬람 세계의 빌리 그레이엄이자 제리 폴웰(둘 모두 미국의 기독교 목사다)과 같이 수많은 추종자를 거느린 인물이다. 간단한 실험을 해보자. 주류 이슬람 국가의 일간지나 언론에서 유대인 대신에 '흑인'이나 '아프리카인'을 경멸하는 기사가 실린다면 이 공공연한 인종주의에 치를 떨며 일제히 들고일어날 것이다. 그러나 이 세상은 유대인과 유대인 단체가 초점이 되는 인종주의에 대해선 눈과 입을 닫는다.

정치적 반유대주의

■

유럽은 제2차 세계대전의 여파가 가시지 않은 시기에도 정치적으로 미성숙한 곳에서는 언제나 반유대주의가 도사리고 있었다. 오늘날 반유대주의적 정치는 물과 양분을 충분히 받으며 주류 정치 풍토에서 새롭게 자라나고 있다. 2014년까지 유럽의회 영국인 의원 두 명은 반유대주의적 성향을 노골적으로 드러낸 영국국민당 출신이었다. 국민당 당수 닉 그리핀은 자신의 이름으로 얇은 책을 한 권 출간했는데, 책에는 유대인이 영국의 언론을 통제한다는 주장이 담겨 있다. 또 홀로코스트를 부정하는가 하면 당원들에게 유대인을 절대로 공격하지 말라는 조언과 함께 유대인을 시온주의자로 지칭하라고 충고한다.

형가리의 요비크당Jobbik('더 나은 헝가리를 위한 운동')은 의회 의원과 유럽의회 의원 모두를 배출했다. 요비크당 지도자는 유대인에 대해 이야기하면서 "할례받은 하찮은 좆"이라는 모욕적인 표현을 썼다. 이 당은 극우 민족주의 정치가 출현하는 데 한몫 거들었으며 중앙 유럽에 상당한 긴장을 초래하고 있다. 최근에 요비크당은 당 최고 대변인 중 한 명이 유대 민족의 후손임이 밝혀지는 바람에 약간 골치 아픈 문제를 겪어야 했다. 당은 즉시 그를 축출했다. 반유대인 정책에서 인종적 순수성을 지키는 일이 무엇보다 중요했기 때문이다. 요비크당은 현재 헝가리 제3당이고 중도 좌파 사회주의자들을 월등히 앞지르고 있다. 제2차 세계대전 때 나치에 협조해 헝가리의 유대인을 절멸시킨 독재자 미클로시 호르티 제독의 동상 제막식을 열기도 했다. 요비크당은 또한 '헝가리 경비대Magyar Gárda(Hungarian Guard)'를 창설해 1930년대 반유대인 불법 무장 단체의 형태를 모방한 제복을 입고 주변을 행진하기도 했다.

헝가리 집권당 피데스Fidesz(청년민주동맹)는 반유대주의적 우파에 달라붙어 그 지지를 계속해온 만큼 민족주의적이고 외국인을 배척하는 태도가 더 강하다. 하지만 우파 정책이 외국인 혐오증에 영합할수록 노골적으로 반유대적 성향의 요비크당은 더욱 번창한다. 요비크당은, 프랑스의 국민전선처럼, 반유대인 성향을 지우려 노력하는 한편으로 국방 경비대는 여전히 건재하며 인종주의와 외국인을 혐오하는 민족주의적 포퓰리즘은 어느 때보다 강력하게 남아 있다.

프랑스의 국민전선에는 최고 명예회장으로 여전히 장마리 르펜이 그 자리를 지키고 있다. 르펜의 딸이자 현재 국민전선 당수인 마린 르펜이 아버지를 당에서 축출하려 노력하고 있지만 프랑스 법정은 장마리 르펜의 당원 자격을 인정하고 있다.

마린은 아버지가 유대인에 집착하는 모습이 당에 심각한 부작용을 안겨준다는 사실을 알고 있지만, 무슬림이나 가난한 유럽 국가에서 온 사람들 또는 프랑스에서 외국인으로 분류되는 사람들에게 적대감이 집중되기를 바랐다. 장마리 르펜은 수차례에 걸쳐 홀로코스트를 "역사의 세부사항"으로 묘사했고 프랑스 정치인들의 이름과 나치 소각장으로 상스러운 말장난을 하면서 나락으로 떨어졌다. 프랑스의 반유대주의는 그 뿌리가 깊고 끝을 알 수 없다. 런던대학 교수 앤드루 허시는 『프랑스의 인티파다The French Intifada』(2014)에서 프랑스의 코미디언 디외도네 음발라 음발라에 대해 이렇게 썼다. "한때 따뜻하고 모난 데 없는 모습으로 영국의 흑인 코미디언 래니 헨리처럼 인기를 구가하던 사람이었다. 현재 디외도네는 악질적인 반유대주의로 유명하다." 『워싱턴 포스트Washington Post』의 한 기자는 디외도네가 유대인을 증오하는 기미를 발견했다.

많은 관객이 지켜보는 가운데 그는 알랭 자쿠보비치 흉내를 냈다. 자쿠보비치는 디외도네의 유머를 두고 혐오 표현이나 마찬가지라고 했던 프랑스의 유대인 지도자다. 디외도네가 자쿠보비치를 날카롭게 공격하는 동안 다윗의 별이 스크린 위에서 빛났고 다양한 연극적 대사로 홀로코스트를 깎아내렸으며 역겨운 과장이라고 조롱했다.

증오의 세계화

독일에서는 사민당 정치인 틸로 자라친을 예로 들 수 있다. 그는 유대인은 비유대인과 유전자가 다르다는 발언을 한 인사다. 동유럽에서 폴란드의 법과정의당Prawo i Sprawiedliwość과 극단적인 가톨릭라디오마리야Catholic Radio Maryja는 이스라엘의 친구라고 자처하는 당 지도자들이 반대했음에도 불구하고 은근히 심화하는 반유대주의를 계속해서 허용하고 있다. 우익 폴란드 유럽의회 의원을 지낸(2009~2014) 미할 카민스키는 1941년 폴란드 동북부에서 폴란드인이—나치가 아니고—이 유대인을 끔찍하게 대량 학살한 사실에 대해 폴란드 정치인이 사죄한 사실을 비판하면서, 유대인이 폴란드인에게 한 짓에 사과를 한다면 자신 또한 폴란드인이 유대인에게 저지른 짓에 사과하겠다고 했다. 안타깝게도 이 꼴사나운 대중영합주의자의 반유대인 표현은 폴란드 사람들의 공감을 얻었다. 카민스키는 유럽의회를 떠났지만, 현재 미국이 자금을 지원하는 우익 자문회사에서 활동하고 있다.

라트비아에서는 3월이 되면 라트비아무장친위대Latvian Waffen SS Division의 기념제가 정기적으로 열린다. 라트비아무장친위대는 전쟁 중에 반유대인 집단학살에 가담했던 라트비아의 많은 민족주의자를 수렴하면서 만들어진 단체로 다른 무장친위대처럼 당시 유럽에서 유대인을 절멸하기 위한 핵심 기구였다. 홀로코스트에서 라트비아인 부모나 조부모를 잃은 유대인들은 그 기념제에 찾아가 항의를 하다가 비참한 꼴을 당했다.

리투아니아 일간지는 랍비의 사진과 함께 실제로 모든 리투아니아 시민들이 종교와 상관없이 마땅히 납세의 의무를 다하고 있는데 왜 랍비들은 세금을 내지 않느냐는 기사를 실었다. "이드"란 표현은 동유럽 대부분 지역에서 모욕적 의미로 사용되고 있다.

그리고 정치적 반유대주의의 최선두에는 유럽의 이슬람주의 정치 단체가 다수이며 그중 일부는 무슬림형제단의 네트워크와 연결되어 있고 다른 단체는 더 강경한 노선인 살라피스트Salafist[2] 정책과 관련 있다. 게다가 이슬람주의 조직은 이슬람 국가들의 아마추어 살인자로 혹은 남성 이슬람주의자 전사를 위한 성 노예나 주방 노예로 유럽의 젊은 남녀를 보내면서 반유대인과 반이스라엘 혐오를 고의로 자극한다.

물론 긴 안목에서 이 같은 현상을 바라보는 일이 중요하다. 무슬림 혐오자들이 조장하는 가장 치명적인 신화는 무슬림이 유럽을 장악하는 '유라비아Eurabia'(유럽과 아라비아의 합성어)다. 우익 무슬림 혐오 작가는 이슬람교를 이야기하면서 "죽음의 종교집단"이라고 했다. 이렇게 일부 신자가 저지르는 나쁜 행동을 들어 종교를 비난하는 행위는 가톨릭–개신교 전쟁의 세기처럼 그 뿌리가 깊으며 폭력과 차별이 사실임을 보여준다. 그

---

2 이슬람 원리주의 신봉자로 '무자헤딘'을 이르는 말. 이슬람 원리주의 집단으로, '살라프(선조)를 따르는 사람'이라는 뜻이다. 샤리아법을 기반으로 했던 7세기 이전의 이슬람 세계로 돌아가야 한다고 주장하며, 이를 위해 무력 사용을 허용하고 이슬람 세계 건설을 목표로 한다.

러나 반유대주의를 타파하기 위해 반이슬람주의를 조장하는 것은 앞뒤가 안 맞는 일이다.

물론 이러한 표현은 이슬람공포증 세력에 직면한 영국 및 유럽의 많은 비사상적 무슬림과 강경한 이슬람주의자들의 비판을 돋우는 꼴이다. 1994년에서 2012년까지의 하원의원 시절, 나의 선거구에는 무슬림 유권자가 8000~9000명가량 있었고 나는 날마다 무슬림과 함께 일하며 그들을 만났다. 그들은 평화와 존엄성을 아는 사람들이다. 어떤 사람들은 과거 영국의 아일랜드계 가톨릭 신자처럼 신앙에 독실하다. 다수의 개신교 신자는 아일랜드계 신자들을 끔찍하게 차별하고 조롱했다. 보수당 총리였던 솔즈베리 경은 "나는 호텐토트Hottentot 사람들3보다 아일랜드 사람들에게 일말의 민주주의도 행하지 않을 것이다"라고 발언했을 정도다.

그러나, 아일랜드 가톨릭 공동체의 작은 요소가 IRA라는 파시스트적 테러리즘을 초래했듯이, 매우 적은 수의 유럽 무슬림들 또한 이슬람주의 지하드 테러리즘이라는 광신자들을 암묵적으로 또는 더 직접적으로 지지할 것이다. 따라서 유대인과 이스라엘을 반대하는 이슬람주의 이념과 싸우는 일은 유럽과 영국의 시민으로서 동등하게 중요한 일이다. 21세기 유럽의 모든 종교와 문화·인종은 현재 21세기 유럽에서 다문화, 다원적

---

3 남아프리카공화국 원주민의 하나로, 아프리카 남부에 사는 코이코이족. 호텐토트는 백인들이 코이코이족에 대해 '열등하다'는 의미로 쓰는 용어다.

신앙, 다민족 상태로 존재할 권리와 함께 혼재한다.

따라서 유럽에서 이슬람주의자가 반유대주의를 정치적으로 표출하는 것은 심각한 일로서 반드시 공개적으로 지적되어야 하지만, 이는 유럽의 무슬림에게 노골적인 적대감을 품거나 명예 훼손을 하는 게 결코 아니다.

특정인의 반유대주의적 행위와 발언

■

오늘날 전 세계 많은 나라에서 사람들이 유대 민족과 유대주의, 유대인 단체에 관해 이야기하는 방식은 전쟁이 끝나고 몇십 년 동안 상상할 수도 없었던 모습일 것이다. 유대 회당은 훼손당하고 랍비들은 거리에서 공격당한다. 특히 프랑스에서는 유대인이 다윗의 별이나 키파와 같이 유대인의 정체성을 나타내는 표식을 하면 공격 대상이 된다.

프랑스는 아직도 파리 테러(2015)와 툴루즈 테러(2012)의 충격에서 벗어나지 못하고 있다. 이슬람주의자에 영감을 받아 반유대적 편견이 섞인 극단주의 우파의 유대인 발언으로 프랑스가 일촉즉발의 위기 상태가 된 것은 분명한 사실이다. 메라가 툴루즈 살인 사건을 저질렀고, 사이드 쿠아시와 셰리프 쿠아시 형제 및 동료 이슬람주의자 아메디 쿨리발리가 파리 살인 사건을 저질렀다. 이들 모두 사건을 일으키기 전 몇 년 동안 프랑스의 이슬람주의 반유대인 지하드 네트워크에 속해 있었다. 메라의 누나 수아드는 동생이 유대인을 살해한 사실을 찬양한다. "[동생이] 자랑스럽다. 난 빈라덴을 좋게 생각한다. 무함마드[무함마드 메라]는 용기를 내서 실천한 것이다. 자랑스럽고 자랑스럽고 또 자랑스럽다. (…) 지금껏 수많은 무슬림을 살해해온 유대인을 나는 증오한다." 프랑스어를 하는 [영국] 작가 제이슨 버크가 말하는 유럽의 이슬람주의에 대한 견해에 따르면, 오늘날 유럽의 일부 젊은 무슬림은 "뿌리 깊은 반유대주의와 동성애혐오"가 침투한 "쿨한 지하드jihadi cool" 문화의 일부다. 파리의 정치 엘리트 일부를 비롯하여 유럽 대부분의 언론은 메라의 세계관에 자리 잡은 반유대주의적 뿌리에 대해 논하는 것을 좋아하지 않는다. 그러나 프랑스 곳곳에서 메라 같은 인물이 배양되고 있다.

또 하나의 일반적 입장은 반유대주의적 이슬람주의자를 단순한 범죄자로 생각하는 것이다. 호브에 사는 『가디언』 구독자 제니 백웰은 코펜하겐 살인사건4에 대해 신문에 투고하면서 살인자는 "흔히 볼 수 있는 범죄자로 정치범이 아니"라고 주장했다. 백웰의 주장은 명백한 오류다. 코펜하겐 사건의 주범인 오마르 엘후세인은 요르단인과 덴마크인 사이에서 태어났으며

---

4 2015년 2월 14일 덴마크 코펜하겐에서 열린 『샤를리 에브도』 테러 피해자를 추모하는 '예술, 신성모독과 표현의 자유'와 관련한 토론회에서 일어난 충격 사건. 가해자로 추정되는 1명을 포함해 3명이 사망하고 경찰 5명이 부상당했다.

2014년 덴마크 보안기관은 보고서에 그를 "극단적으로 종교적인" 인물로 묘사했다. 그는 쿠아시 형제와 메라처럼 이슬람교 사원에서 시리아로 표류했고 억울한 처지에 있는 유럽의 많은 무슬림이 그러했듯이 이따금씩 감옥에 갇혔다가 그들이 처한 문제의 해결책으로 이슬람주의로 돌아서게 된 것이다.

오마르 엘후세인은 ISIS 지도자 아부 바크르 알바그다디에게 충성을 맹세한 후에 반종교적 만평을 포함한 표현의 자유를 보호하는 토론회 참가자에게 기관총을 난사한 뒤 코펜하겐 유대교 본 회당에 가서 유대인 보안 요원을 살해했다.

확실히 모든 범죄행위는 범죄자라 불리는 사람들이 저지른 행동이다. 하지만 명백한 이념적 동기와 함께 이런 사건이 벌어진다면, 그 사건들은 일반적으로 또 어쩔 수 없이 그냥 우연히 발생한 폭력 사건 이상으로 보일 수밖에 없다. 살해할 대상으로 유대인을 지목하는 행위는 남쪽 해안가에 사는 『가디언』 독자조차 실제로 어떤 일이 벌어지는지 현실을 제대로 보지 못하게 하는 듯하다.

파리대학 교수로 급진적 이슬람주의 심리학에 관한 책을 쓴 페시 벤슬라마는 쿠아시 형제에 대해 가정교육이나 성장 배경이 그들이 파리 공격을 개시한 이유를 설명해주지 못한다고 서술한다. 그는 "형제는 '그들을 급진적으로 만든 사람'을 만났을 때 변했으며, 지하드 이념이 증오라는 감정과 함께 이상을 제공했기에 그들이 폭력을 지향하게 했다"라며 이상주의와 증오의 동맹은 모든 지하드의 공통 특징이라고 주장한다. 그들이 듣는 단 하나의 증오 메시지는 안타깝게도 코란에서 나온 내용으로 유대인을 표현한 것인데, 도저히 성서에 기록될 수 없는 수준으로 반이스라엘 감정과 결합하면 젊은이들을 살인자로 만든다. 이 같은 사실을 눈가림하려는 노력은 설명할 수도 납득할 수도 없는 범죄행위에 불과하다.

튀니지계 무슬림 벤슬라마 교수는 증오의 두 형태를 구별하면서 다음 견해를 더한다. "첫 번째 증오는 다른 이가 차지한 무언가를 갖고 싶은 욕구 즉 질투를 기반으로 한다. 두 번째는 더 급진적인데 증오의 대상이 힘이 있고 그 때문에 증오의 주체가 삶을 누리지 못한다고 생각한다." 이 견해는 현대의 유대인과 이스라엘 증오에 내재하는 본질을 분명하게 보여준다. 이러한 사고 체계에서 〔증오의 대상인〕 유대인과 이스라엘은 너무 막강하고 부유해서 증오의 주체가 강해지거나 부유해지는 걸 막는다는 것이다.

영국 경찰은 그레이터맨체스터에서 겉보기에 평범해 보이는 커플 모하메드와 샤스타 칸을 체포했다. 덕분에 영국 북부의 유대인들은 운 좋게 위험에서 벗어날 수 있었다. 그들은 유대인과 유대인 공동체 건물을 습격할 계획을 세웠고 집에서 폭탄을 제조했으며 기관총까지 구매했다. 두 사람은 북부 맨체스터 주변을 돌아다니면서 유대인이 많이 살고 있다는 사실을 확인하고는 이들 유대인을 공격 대상으로 삼았다. 유대인을 증오하는 이슬람주의 이념에 사로잡혀 영국판 쿠아시 형제처럼 준비했는지 아니면 준비할 수밖에 없었는지 알 수 없지만, 이전에 그들은 터키에서 휴가를 보내는 부유한 영국 시민처럼 보였다. 다행스럽게도 영국 경찰이 그들의 극악한 계획을 막아 냈다. 하지만 맨체스터를 비롯한 다른 지역에서 유대인 학교에 다니는 학생들이 유대인을 나타내는 표식을 하고 다니면 버스나 지하철에서 심하게 떠밀리곤 한다.

영국 정부는 유대인 공동체에 하는 것처럼 유대인 학교를 위한 특별 보호 비용을 지원해야 했다. 영국의 어떤 종교학교도 반유대인 감정 때문에 보안 보호제도 아래 운영되지는 않는다. 그러나 유대인이라는 이유로 영국의 보통 초등학생과 다른 삶을 살아야 한다는 사실이 사회적으로 용인될 수 있는지가 논의에 부쳐지는 대신 영국에서 이 같은 사실은 일반적인 것으로 받아들여진다.

강간 혐의가 있는 위키리크스 설립자 줄리언 어산지를 예로 들 수 있다. 그는 최근에 은퇴한 런던의 『가디언』 편집장 앨런 러스브리저를 두고 그가 유대인이 아닌데도 유대인 비밀조직을 이끌며 자신을 깎아내린다고 주장했다. 전 런던시장 켄 리빙스턴은 자신에게 질문했던 유대인 기자를 두고 나치수용소 경비대같이 행동한다는 발언을 했다. 리빙스턴이 혐오 발언을 했던 당시에 나와 함께 점심을 먹었던 보수당 고위급 하원의원의 언급은 아직도 소름이 끼친다. 그가 약간 피곤하고 감정적 상태로 술에 취해 연회장을 떠나면서 했던 말이다. 내가 켄이 사과를 했으면 좋겠다고 말하자 나의 보수당 동료는 이렇게 말했다. "바보 같은 소리 하지 말게, 데니스. 히브리 사람들이 거만하게 굴고 있잖나." 해럴드 맥밀런이 대처 내각을 두고 "이튼 출신보다 더 이튼 출신답다"라고 했던 말이나 "필요 이상으로 유대인을 싫어하는 것"이라는 반유대주의 정의의 책임을 영국 정치 엘리트의 여러 후발 주자에게 떠넘기는 것 등, 영국의 하원의원들이 부적절하게 유대인에 접근하는 방식에는 오랜 전통이 있다.

노동당 하원의원 폴 플린은 이스라엘의 영국 대사 매슈 굴드가 유대인이기 때문에 대사가 되면 안 된다면서 "영국에 뿌리를 둔" 사람이 대사가 되어야 한다고 했다. 상상해보라! 플린이 남아프리카공화국 주재 영국의 전 고등판무관이고 나의 친구이자 전 동료 하원의원 폴, 그러니까 지금의 보텡 경이 부모님이 모두 가나 출신이라 첫 흑인 남아프리카공화국 고등판무관이 돼서는 안 된다고 말하는 것을. 왜냐하면, 그는 "영국에 뿌리를 두지" 않았으니 말이다. 플린은 처음에는 자신의 발언에 동조해야 한다고 강조했지만 결국 압력에 못 이겨 자신이 한 모욕적인 발언에 대해 사과를 했다. 좌파와 우파의 많은 정치인이 자신이 내뱉는 유대인 발언이 파급하는 영향력에 둔감하다는 사실은 확실히 우려스러운 일이다.

프랑스의 좌파 정당〔좌파당〕 지도자인 장뤼크 멜랑숑은

2012년에서 2014년까지 프랑스 유대계 사회주의 정치인이자 현재 유럽연합 집행위원회 경제 담당 집행위원 피에르 모스코비시가 프랑스의 경제·재정·대외무역 장관으로 재직하던 시절에 그를 공격했다. 멜랑숑은 모스코비시가 "더는 프랑스인이 아닌 사람처럼 행동하며, 국제 금융이란 언어로 사고한다"라고 비난했다. 유대인 정치인 모스코비시가 프랑스인이 아니라는 언급이나 유대인 대사 굴드를 두고 영국인이 아니라고 하는 언급은 조악하고 누가 봐도 뻔한 비난이다. 선거 유세 중에 장마리 르펜은 전 프랑스 총리 레옹 블룸, 피에르 망데스-프랑스, 로랑 파비위스를 맹렬하게 비난했다. 왜 세 사람을 지목했을까? 물어보나마나다. 세 사람이 유대인이기 때문이다.

떠오르는 젊은 좌파 논평가로 좌파의 모든 대의명분을 지지하는 오언 존스는 『가디언』 독자들에게 이제는 선을 그어야 하며 반유대주의는 좌파의 문제라고 지적하는 놀랄 만큼 용감한 글을 썼다.

팔레스타인의 정의를 지지하는 일부 열성 지지자들은 반유대주의가 있다는 사실을 부정하고 반유대주의를 비난하는 행위는 모두 이스라엘을 향한 비판을 무마하려는 시도라고 간주한다. 그들은 이를테면 흑인이나 무슬림에 대한 인종주의가 존재한다는 사실을 절대 부정하진 않겠지만, 반유대주의가 이스라엘 점령을 군사적으로 지지하는 사람들이 고안한 정치적 도구라고 생각한다. 그리고 반유대주의에 대해 미온적 태도를 보이고 있다.

그리고 혹자는 '유대인 로비'라는 단어를 사용한다. 이는 전형적인 반유대주의 수사로, 조직화한 유대인 비밀조직이 막후에서 전 세계에 영향을 미친다고 생각하는 것이다.

반유대주의는 너무 심각해서 정적의 명성을 훼손하는 편리한 수단이 되었다. 반유대주의는 위협스러운 존재다. 노골적 반유대주의만 위험한 것이 아니라 은근하게 서서히 진행되는 치명적 반유대주의 또한 위험하다. 좌파가 반유대주의를 경시하고 좌파 내부에 반유대주의 따윈 존재하지 않는다고 눈가림하는 것은 용납할 수 없는 일이다. 방어적 자세를 버리고 반유대주의라는 암을 퇴치할 기회를 잡아 영원히 제거해야 한다.

존스는 좌파의 스타 저널리스트인 고故 크리스토퍼 히친스처럼 너무 정직해서 그러니까 오웰다운 면이 있어서 신반유대주의에 맞서는 일을 피하지 않는다. 신반유대주의는 이스라엘과 팔레스타인 문제에 관한 전 세계 좌파 담론의 특징일 뿐 아니라 미온적 이슬람주의 담론에 도전하는 것을 거부하고 작가 루슈디와 선지자 무함마드를 조롱하는 만평을 게재한 덴마크 일간지 『윌란스포스텐Jyllands-Posten』을 공격한 뒤에 발전했던 자기검열을 영속적으로 강요하는 것이다.

그러나 좌파뿐만이 아니다. 보수당의 떠오르는 스타인 하원 의원 에이단 벌리를 우리는 어떻게 이해해야 하는가? 2011년에 그는 프랑스 알프스에 있는 식당에서 친구의 총각 파티를 준비했다. 돼지 머리가 나오진 않았지만, 파티의 주제가 제3제국이었다. 그는 나치 제복을 빌렸다. 식당에서 식사하던 프랑스 사람들은 영국의 보수당 하원의원과 그의 친구들이 "힘러,[5] 힘러, 힘러, 아이히만, 아이히만, 아이히만"이라고 구호를 외치는 것에 경악했다. 그들은 히틀러 경례도 했다.

그 광경에 놀란 프랑스 손님들이 휴대전화로 반유대인 정치인들의 정신 나간 행사를 영상으로 찍었다. 처음에는 동료 하원의원들이 그를 옹호했다고 하지만 벌리는 이 사건 후에 하원을 떠났다. 충격적인 사실은 영국의 젊은 정치 엘리트가 친구를 축하하는 데 반유대주의 나치즘이라는 극단주의 이념을 상기시키는 구호와 제복이 용인된다고 생각할 만큼 무뎌진 우리의 정치 감각이다.

반이스라엘 운동은 또한 막대한 자금을 지원받는다. 사람들은 이스라엘 로비에 관해 이야기하지만, 이스라엘 로비는 반이스라엘 로비에 들어가는 자금과 재원에 비하면 아무것도 아니다. 정치인들에게 끊임없이 중동의 여러 지역으로 떠나는 여

---

5 하인리히 힘러(1900~1945)는 독일의 정치가다. 나치스의 친위대장과 게슈타포의 장관 등을 지냈으며, 유대인 학살의 최고 책임자로, 뒤에 연합군에게 붙잡히자 자살했다.

행 비용을 대주고, 엄청난 교육비를 지원하여 그들이 걸프 국가에서 진부한 연설을 하도록 독려하며, "진상 조사 여행"을 핑계로 정치인들을 걸프 만 관광 중심지로 여행을 보내주는가 하면 불가사의할 정도로 엄청난 자금을 캠퍼스 내 활동에 지급한다.

이것이 가장 악질적으로 나타난 사례가 바로 1980년대 남아프리카공화국의 아파르트헤이트를 반대하는 학생운동이 활발하게 진행되었던 영국과 북아메리카의 대학 캠퍼스에 등장한 소위 "이스라엘 아파르트헤이트Israel-apartheid" 주간週間이다. 이스라엘을 남아프리카공화국의 아파르트헤이트와 비교하는 것은 최근에 성공을 거둔 참으로 충격적인 세계적 정치 선동이다.

25년 전 아파르트헤이트를 약화하기 위해 남아프리카공화국에서 국제 노동조합 임원으로서 많은 유대인과 다른 진보 인사들과 함께 일했을 때 내가 묵었던 호텔에 진보적 노동조합 남아프리카공화국노동조합회의COSATU, Congress of South African Trade Unions 소속인 흑인 친구를 초대할 수 없었다. 나는 프랑스계 베트남인인 아내에게 우리가 만약에 휴가를 더반에서 보낸다면 당신과 내가 서로 다른 해변에서 수영했을 거라는 농담을 하곤 했다. 2012년에 마지막으로 이스라엘에 갔을 때가 두 번째 이스라엘 방문이었는데 (참고로 자비로 다녀온 여행이다) 그때 이슬람교 아이들과 유대인 아이들 그리고 그 가족들이 텔아비브 해변에 나란히 있는 것을 보았고 같은 바다에서 수영하고 같은 식당에서 식사하는 모습을 보았다.

〔부하 여직원〕 성추행 혐의로 전 이스라엘 대통령〔모세 카차브, 재임 2000. 8. 1~2007. 7. 1)을 투옥한 대법원 판사는 아랍계 이스라엘 시민이었다. 이스라엘 의회인 크네세트에서는 의원으로 당선된 아랍인들을 만날 수 있다. 따라서 이스라엘을 설명하는 데 어떤 묘사를 하든 또 이스라엘의 웨스트뱅크 점령과 이스라엘이 그 정치적 합의에 실패한 결과를 어떻게 비난하든, 이스라엘을 인종차별 국가로 묘사하는 행위는 의도적으로 부정적이고 교묘한 위조인 셈이다.

그러나 캠퍼스에서 증오를 도발하는 데 어느 정도 성공했다. 런던대학에서 대학이슬람사회College Islamic Society 회장 우마르 타로크 압둘마타는 몇 년 전에 "반테러 주간"이란 모임을 조직했고 목표물은 오직 하나 즉 이스라엘에서 안전하게 사는 우파 유대인이었다. 가자에서 날아오는 수천 개 폭탄이 남부 이스라엘에 떨어진다는 현실이나 이스라엘에 사는 유대인을 겨냥한 소규모 테러가 정기적으로 벌어지고 있다는 언급은 물론 없었다.

압둘마타는 크리스마스에 디트로이트로 가는 비행기에서 자살폭탄 테러를 시도하면서 더 유명해졌다. 그의 공격은 실패했지만, 이 사건으로 우리는 공항에 물병이나 아기에게 먹일 우유를 갖고 들어가지 못하게 되었다. 압둘마타가 만들어낸 반이스라엘 증오를 비난하는 대신에 런던대학 학생회장은 표현의 자유 문제를 들먹이며 이런 증오 표현을 무시했다.

그렇다면 향후 영국의 군주가 될 윌리엄 왕자와 그의 아내 케임브리지 공작부인 케이트의 모교인 성앤드루대학은 어떠할까? 2011년에 1년간 성앤드루대학에 교환학생으로 온 뉴욕 출신 유대인 학생은 자기 방에서 조용히 화학 공부를 하고 있었다. 팔레스타인연대운동PSC, Palestine Solidarity Campaign 소속 학생 두 명이 갑자기 그의 방에 쳐들어와 그가 나치의 전술을 지지하는 테러리스트라고 주장했다. 그가 이스라엘의 존재 측은히 여긴다는 이유 때문이었다. 두 영국 학생은 그의 싱크대에 오줌을 갈겼고 그중 한 명이 미국 학생이 가져와 벽에 걸어둔 이스라엘 국기로 손을 닦았다. 공정하게도 성앤드루대학 당국은 런던대학과는 달리 강력하게 대응했고 스코틀랜드 학생들은 처벌을 받았으며 법원에도 출두했다.

이와는 대조적인 일이 같은 해 옥스퍼드대학에서 일어났다. 거의 모든 원로 보수당 정치인들이 통과의례처럼 거쳐가는 옥스퍼드대학 학생 정치 단체 옥스퍼드대학보수연합OUCA, Oxford University Conservative Association이 작년 가을 학기에 학내 전당대회를 열었는데, 한 학생이 일어나 징글벨 가락에 맞춰 개사한 노래를 불렀다.

제3제국 사이로　　　　　　　We're dashing through the Third Reich,

검은 벤츠를 타고   In a black Mercedes Benz,

유대인 죽이는 기분   Killing all the kikes,

상쾌도 하다 하하하   Ra–ta–ta–ta, ra–ta–ta–ta.

노골적인 캠퍼스 반유대주의에 탐닉했던 이 학생은 아무런 처벌도 받지 않았다.

대학에서 일어나는 또 다른 문제는 중동의 역사를 제대로 가르치는 데 철저하게 실패하고 있다는 사실이다. 나는, 필위원회가 1938년 영국의 위임통치권 문제에 관해 보고하면서 팔레스타인 국가를 제안했다는 사실을 알고 있는 학생을 지금껏 만난 적이 없다. 팔레스타인에 사는 아랍인들은 이 제안을 거절했다. 더구나 10년 뒤에 유엔이 인정한 국가인 이스라엘은 예루살렘 동쪽에 있는 수도와 웨스트뱅크 지역 전체를 비롯한 그 밖의 영토를 포함해 팔레스타인 국가를 수립할 수 있도록 국경이 나뉘어 있었다. 1938년과 1948년 당시에 팔레스타인 국가를 수립하지 못했던 이유는 유대인이나 이스라엘의 교묘한 술책 때문이 아니라 베를린에 가서 히틀러에 협력해 유대인 절멸 정책을 지지했던 사람들을 포함하여 팔레스타인 지도자들과 아랍 국가가 전략적으로 또 정치적으로 철저하게 실패했기 때문이다.

버크는 권위 있는 저서 『이슬람의 호전성에서 기인하는 새로운 위협The New Threat from Islamic Militancy』(2015)에서 "반유대주의는 이슬람 세계에서 오랫동안 존재해왔지만 반시온주의와 결합하여 새롭고 악질적인 힘을 얻게 되었다. 1967년에 이슬람 세계가 이스라엘과 치른 전쟁에서 패하면서 분노, 상실감, 굴욕감이 더 깊어졌다"라고 지적했다.

마치 대부분의 영국 대학들이 중동의 역사가 1967년에 시작되었다고 믿는 듯하다. 수천 년 전부터 예루살렘이 다른 누구도 아닌 유대인의 도시였다는 사실을 아는 사람은 거의 없다. 1917년 11월에 영국이 유대인에게 고향에 돌아갈 권리를 인정한 밸푸어 선언에 앞서 같은 해 6월에 프랑스 외무장관 쥘 캄봉이 선언하여 그의 이름이 붙은 캄봉 선언에 대해 아는 사람은 많지 않다.

1948년에 유엔이 유대 국가와 팔레스타인 국가의 분리 독립을 제안했을 때, 이슬람 세계가 그 제안을 거부했고 아랍연맹 소속 5개국의 군대가 이스라엘을 침공하여 유엔이 독립시킨 국가를 파괴하려 했던 사실을 아는 사람은 얼마나 될까? 또 당시 팔레스타인 지도자인 하즈 아민 알후세이니가 히틀러가 총애하던 반유대주의자로 제2차 세계대전 때 나치의 귀빈으로 베를린에 가서 무슬림 나치 친위대를 세워서 보스니아에 살던 유대인 대부분을 죽이고 독일 측에 팔레스타인의 유대인도 그런 식으로 죽여달라고 간청했다는 사실을 아는 사람은 얼마나 될까?

하산 알반나는 무슬림형제단의 창시자이고 그의 손자 타리끄 라마단은 스위스 국적의 교양 있는 이슬람주의자로 외관상 현대적이다. 알반나는 강박적으로 유대인을 혐오하여 1948년 중년의 나이에 이스라엘을 침공하는 이집트 군대에 자원하여 전투 중 다친다. 1948년 이슬람 국가들이 정당한 이유 없이 이스라엘을 침공한 결과 1990년대 발칸전쟁으로 인해 전 유고슬라비아 시민 100만 명이 자신들의 영토와 보금자리에서 쫓겨난 것과 마찬가지로 70만 팔레스타인 사람들이 고향에서 쫓겨난 사실은 전 세계 사람들이 알고 있다.

이스라엘의 비평가 이츠하크 라오르는『자유민주주의 시온주의의 신화The Myths of Liberal Zionism』(2009)에서 신반유대주의 쟁점을 이처럼 거론한다. "오늘날 이스라엘에서 1948년 전쟁 중에 이스라엘 군인들이 저지른 잔혹 행위를 조사하기란 쉬운 일이 아니다." 나는 라오르가 과연 이스라엘 사람인지 의심스럽다. 나는 30년간 베니 모리스와 소위 이스라엘의 신역사주의자들이 쓴 글을 읽기 위해『뉴욕 리뷰 오브 북스New York Review of Books』와『런던 리뷰 오브 북스』의 사본을 공개했다. 그들은 1948년 전쟁 중에 이스라엘 군인들의 잔혹 행위를 다룬 저서로 세계적 명성을 얻은 사람들이다.

팔레스타인 사람들에게 이 끔찍한 일화는 '나크바Nakba'[6]로 통한다. 하지만 1948년 이후로 유대인 70만 명 또한 조상 대대

---

6 아랍어로 '대재앙'이라는 뜻이다. 1948년 5월 14일 이스라엘이 독립을 선언하면서 약 70만 명에 이르는 팔레스타인 유민이 발생한 것을 말한다.

로 살던 아랍 국가나 주요 무슬림 국가에서 쫓겨났다는 사실을 아는 사람이 몇 명이나 될까? 오스만 제국이 수백 년간 통치했던 이집트, 이라크, 시리아, 모로코에서 유대인들은 평화롭게 살았을까? 1948년 이후에 유대인들은 반유대주의에 고취된 그들의 새로운 민족주의 통치자에 의해 추방당했으며 이집트와 시리아의 정치 지도자들은 나치 전범과 고문 기술자들에게 피신처를 마련해줬다.

1967년 6일전쟁 중에 이집트의 지도자 나세르가 세운 카이로 라디오 방송국이 영원한 전쟁을 부르짖으며 "시온주의자의 존재를 **최종**(저자의 강조) 절멸" 해야 한다고 호소했던 사실을 아는 사람은 얼마나 될까? 그로부터 25년 전 베를린 교외의 반제 회의에서는 독일의 최고위층 지도자들이 유대인 문제에 대해 "최종 해결final solution" 즉 유대인 절멸을 모의했다.

아랍 군대를 상대로 승전한 뒤에 이스라엘 군대가 예루살렘 동쪽에 도착해서 웨스트뱅크를 점령했을 때조차 이스라엘 지도자들은 분노에 찬 수십만 팔레스타인인을 점령군이 통치하는 것은 끝나지 않는 분쟁이라는 지옥의 문을 여는 것임을 알고 있었다.

캐나다, 오스트레일리아 혹은 전 세계 각지에서 보금자리를 만들려는 유럽인의 권리를 문제 삼을 사람은 없을 것이다. 그러나 유대인들이 이스라엘과 같이 작은 국가를 세우려고 한다면 완전히 다른 논의와 기준이 제기된다. 1993년 8월, 넬슨 만델라 대통령은 남아프리카유대인대표자회의South African Jewish Board of Deputies에서 이렇게 말했다.

우리는 유대인 국가 시온주의의 적법성을 인정하듯이 팔레스타인 민족주의의 적법성 또한 운동으로 인정합니다. 이스라엘 국가가 국경을 확보한 채 실존할 권리가 있으며 팔레스타인의 민족자결권 또한 함께 열렬하게 지지해야 한다고 주장하는 바입니다.

유대인의 권리 표현으로 '유대인 국가'를 세워야 한다는 '시온주의의 적법성'을 존중하던 만델라 정신은 20년이 지난 지금은 대부분의 대학 캠퍼스에서 사라지고 없다. 이집트 지도자 안와르 사다트가 이스라엘 의회에서 이스라엘 유대인과의 전쟁이 아닌 평화를 촉구했다는 이유로 살해당했다는 사실을 떠올리는 사람은 거의 없다. 이스라엘 지도자들이 팔레스타인을 인정하고 협상하려 한 결과 이츠하크 라빈은 광신적 유대인에게 암살당했으며 일련의 거부파가 일으킨 폭력은 또 다른 거부파의 폭력을 낳았다. 이스라엘 총리 에후드 바라크와 에후드 올메르트 모두 각각 다른 시기에 1967년에 점령한 모든 영토의 90퍼센트 땅에 더하여 예루살렘 동쪽을 팔레스타인 국가의 수도로 제안했다.

팔레스타인 절대주의 지도자들은 두 사람의 제안을 거절했다. 이런 모습은 영국이 북아일랜드를 통치한다는 이유로 아일랜드 독립을 위해 싸우던 사람들이 1920년의 평화협정을 거절했던 때와 닮았다. 한 세기 뒤에 타협하지 않은 아일랜드 민족주의자들이 일으킨 영국과의 헛되고 성과 없는 전쟁이 시작되면서 수천 명이 목숨을 잃었으며, 북아일랜드 사람 대다수는 여전히 영국의 통치 아래에서, 더 넓게는 유럽 시민이라는 체제 안에서 살고 싶어한다.

2005년에 이스라엘 장군 아리엘 샤론이 총리가 되면서 정착촌에 살고 있던 유대인 거주자들을 철수시켰다. 유대인들이 성스러운 땅의 보금자리라고 여겼던 정착촌에서 유대인 여성과 어린이들을 이스라엘 군인들이 강제로 쫓아내는 모습을 전 세계가 지켜봤다. 조심스럽게 말하자면, 샤론은 그다지 훌륭한 인물이 아니었지만 여느 우파의 군사 지도자처럼 그는 준비된 지도자였다. 그가 받은 응보는 극단적 절멸주의의 반유대인 단체인 이슬람주의 조직 하마스가 가자를 점령해 그곳이 국경 너머 이스라엘에 사는 유대인을 공격하는 미사일 발사장이 된 현실을 보는 것이었다.

가자의 국경을 닫은 사람은 극단적 이슬람주의 단체 하마스를 두려워하던 이집트 지도자 사다트였고 그는 이슬람주의자에 의해 암살당했다. 하지만 어찌된 영문인지 데이비드 캐머런이 가자를 "수용소prison camp"라고 묘사하면서 모든 잘못이 이스라엘의 유대인에게 있으며 이집트와 하마스에는 아무런 책임이 없다는 암시를 하자, 이스라엘이 모든 비난의 표적이 되고 말았다.

1967년 전쟁 이후 가자 지구를 비롯하여 이스라엘이 정복하거나 부분적으로 점령한 지역에서 팔레스타인 사람들이 겪는 고난은 가슴 찢어지는 일이며, 땅을 점령한 세력이 그렇듯이 이스라엘의 잔인성은 비난받아야 하고, 이 같은 사연은 이스라엘 일간지 『하아레츠Haaretz』에서 정기적으로 다뤄지고 있다. 하지만 어찌된 영문인지 영국의 대학에서 이스라엘에 대해 논의를 할 때 이러한 역사적·정치적 특성은 얘기되지 않으며 편파적인 조롱거리로만 이스라엘이 거론될 뿐이다. 라오르는 "유대인에게 우호적인 불쾌하고 공격적인 친유대주의 성향이 서유럽에 존재한다"라고 썼다. 이스라엘에 우호적인 새로운 경향이 정확히 어디서 발생하는지 찾아낼 수 있다면 흥미로운 일이겠지만, 그 장소가 이스라엘 증오 경향으로 가득 찬 영국의 대학이 아닌 건 분명하다.

캠퍼스 반유대주의의 한 예는 영국의 대학 강사와 교수로 이루어진 노동조합인 영국 대학연맹이 유럽연합이 정의한 반유대주의를 거부하는 모습에서 찾아볼 수 있다. 이는 유럽연합에서 반유대주의의 귀환을 방지하기 위한 대책을 세우기 위해 상당한 숙고를 거친 절충안이다. 이스라엘이 실존할 권리를 부정하는 것과 이스라엘을 편파적으로 비난하려는 노력은 현대적 반유대주의의 표출임이 분명하다. 이는 유럽 대부분의 정부와 정치인 사이에서 이론의 여지가 없다. 그러나 유럽연합이 정의한 반유대주의의 존재를 인정하지 않는다는 명백한 견해 표명이나 반유대인 비유와 표현을 포용하는 노조의 행태에 경악하는 사람들과 어떤 논쟁도 허용하지 않겠다는 태도는 도저히 용납할 수 없는 문제다.

많은 유대인 대학 교수와 학교 선생은 자신들의 국가로부터 2등시민으로 취급당하는 현실을 유감스럽게 생각한다. 과거의 한때 영국의 노조는 모든 형태의 반유대주의에 대항하는 캠페인의 최선두에 섰다. 그런 시대는 지나갔다.

이스라엘의 유대인을 향한 보이콧과 제재

■

반유대주의는 또한 유대인이 이스라엘에서 살 권한을 위협하는 경제를 일으키려는 시도로 표출된다. 나는 전 세계에서 만들어진 모든 상품의 원산지를 분명하게 표기해야 한다고 생각한다. 그러면 인권 탄압 측면에서 중국의 정책에 반대하는 사람들은 중국에서 생산된 제품을 구매하지 않을 테니 말이다. 우리가 차에 넣는 휘발유의 원산지가 인권 유린이 잔인하게 자행되는 사우디아라비아라고 표시된 스티커가 주유기에 붙어 있다면 흥미로운 일이 될 것이다. 하지만 이스라엘 회사 제품을 철저하게 보이콧한다는 이야기를 들었을 때 나는 머릿속에

"유대인에게서 물건을 사지 말자"라는 1930년대의 나치의 강령이 떠올랐다. 구글에서 '야파Jaffa'[7]를 검색하면 같은 이름의 이스라엘 오렌지를 구매하지 말자는 페이지로 자동 연결 된다. 그러나 영국의 슈퍼마켓 체인 테스코에서 내가 마지막으로 샀던 자파 오렌지의 원산지는 남아프리카공화국으로 표시되어 있었다. 이스라엘에서 생산되었다고 보이콧 대상이 된 과일이 실제로 남아프리카공화국에서 왔다는 사실은 얼마나 모순적인가!

물론 웨스트뱅크에서 일어난 일은 잔인하고 있을 수 없는 행위다. 우리는 이스라엘의 도시에서 경제 이민자이자 망명 신청자인 아프리카 흑인에 대한 충격적인 인종주의 또한 목격한 바 있다. 이스라엘에서 종교적 근본주의자는 팔레스타인 사람들이 사는 집에 불을 질러 아이가 불에 타 죽게 하고, 이스라엘에 있는 기독교 교회를 없애버려야 한다고 주장하는가 하면, 게이 프라이드Gay pride 행진을 하던 유대인 10대 청소년을 칼로 찔러 죽인다. 이스라엘의 악질적이고 추한 측면은 강경한 우파 지도자들도 통제하지 못하는 듯하다.

나는 헤브론에서 도시의 유대인 구역에 사는 사람들이 탐폰과 오물이 묻은 휴지 등을 이슬람 헤브론의 대로를 덮은 철망 위로 던지는 모습을 직접 목격했다. 이곳은 이스라엘과의 합

---

7 Jaffa는 발음에 따라 껍질이 두꺼운 오렌지 품종을 의미하고, '야파'로 읽으면 이스라엘 서부 지역을 의미한다.

의로 현재 팔레스타인이 관할하는 지역이다. 이는 혐오스럽고 비난받아 마땅한 행동이며 이스라엘의 시민들은 이 행동에 책임을 져야 한다.

이스라엘 작가 아리 샤비트는 『약속의 땅The Promised Land』 (2013)에서 1980년에 젊은 평화운동가가 "웨스트뱅크에 [정착한] 수많은 유대인 이스라엘인이 만약 2만 명에서 10만 명으로 다섯 배가 되면 이스라엘은 가망이 없을 것이다. 오늘날 웨스트뱅크의 유대인 이스라엘 정착민은 40만 명에 달한다"라는 우려를 표명하는 팸플릿을 무슨 사연으로 언제 쓰게 되었는지 기술했다.

샤비트는 계속해서 핵심을 찌르는 질문을 던진다. "유대 국가가 유대인 정착을 해체하는가 아니면 유대인 정착이 유대 국가를 해체하는가?" 이스라엘은 위험하게도 비종교 국가가 아닌 종교 국가 쪽으로 밀려가고 있으며, 중동에서 입지와 평화를 둘러싼 경쟁은 종교적 충돌이 되어 폭력을 일으키고 정치적 해결책을 찾는 일은 요원하다. 이스라엘은 전 세계 어떤 국가도 고려하지 않는 국가의 존립 자체를 두려워하고 있다. 영국제도에서 안정된 역사를 일구고 민주적으로 진화하여 수백 년 동안 살고 있는 영국에서는 상상도 할 수 없는 일이다.

영국은 1950년대와 1960년대에 점령하던 식민지에서 철수했다. 영국의 지배를 거부한 사람들을 군사적으로 점령하고 유지하는 일을 되풀이하지 않는 국가로 성장하기 위해서다.

1967년 이후로 이스라엘은 분쟁 해결 이념을 어떻게 통과시켰는지 알지 못한다. 샤비트는 분명하게 주장한다. "21세기에 우리처럼 다른 사람들을 점령하고 있는 국가는 없으며 우리처럼 위협당하고 있는 국가 또한 존재하지 않는다."

신반유대주의의 등장과 이스라엘 국가를 제거하려는 절멸주의를 주창하는 국가인 이란이나 하마스, 대부분의 이슬람 국가들을 향한 지지는 '불매, 투자 철회 및 제재BDS, Boycott, Disinvestment and Sanctions'란 이름의 운동으로 활성화되고 있으며, 이들의 논리적 결론을 따른다면, 이는 이스라엘을 소멸하는 수단이 될 것이다. BDS를 기반에 둔 남아프리카공화국 아파르트헤이트 반대 캠페인이 종종 본보기로 인용된다. 하지만 남아프리카공화국은 이미 유엔에 의해 합법적 민족국가의 롤콜roll call**8**에서 제명되었다. 이는 어느 모로 보나 도리에서 어긋나는 일이다. 이스라엘은 민주주의 국가의 세계적 공동체에서 완전하지만 다소 이견이 있는 회원국으로 남아 있다. 이스라엘 주변국들이 모두 인권과 소수집단 억압, 비이슬람 종교 차별, 잔인한 고문과 처형 방식으로 유엔의 기준을 훨씬 심하게 위반하고 있다. 그러나 이들 가운데 BDS 운동 대상이 된 국가는 없다.

---

8 유엔이 채택하고 있는 공개투표의 일종. 추첨으로 선정된 국가부터 알파벳 순서에 따라 의장이 국가명을 호명하면 해당되는 각국 대표는 찬성, 반대, 기권 의사를 표시한다.

증오의 세계화

BDS 운동에 열성적인 사람들은 운동을 시작하게 된 계기가 이스라엘 점령지에서 팔레스타인 사람들의 처우를 보고 분노를 느꼈기 때문이라고 주장한다. 그러나 이스라엘 내의 정책을 바꿔야 한다는 주장에 필요한 것은 고립과 보이콧이 아닌 유럽과 북아메리카 민주적 세력의 연대와 지지다.

1970년대에 북아일랜드에서 지독한 사건이 발생했다. 유럽 인권재판소에서 영국이 고문 혐의로 유죄판결을 받은 것이다. 우리는 이라크 침공 이후에 아부그라이브 교도소[9]를 포함해 어떤 일이 벌어졌는지 똑똑히 보았다. 미국 정부는 물고문을 허용했고 심지어 오늘날 관타나모 수용소에는 너무 많은 사람이 정당한 법 절차 없이 구금되어 있다. 그러나 미국을 보이콧하자는 요구를 들어본 적 없거니와 1970년대에 영국이 생산하는 제품을 보이콧하자거나 영국에서 투자를 철회하자는 요구를 들어본 기억 또한 없다. 팔레스타인 사람들보다 살인과 폭력적인 여성 학대, 인권 부정에 훨씬 더 심각하게 고통받는 이란이나 파키스탄 혹은 중국 출신의 문화 그룹, 예술가, 오케스트라나 가수를 반대하는 시위를 벌이는 사람을 본 적이 있는가? 1974년 이후 터키 군대가 키프로스인이 조상 대대로 살아온 땅을 점령했다고 런던이나 뉴욕에서 터키 예술가들의 공연

9 아부그라이브 시에 위치한 이라크 최대의 정치범 수용소. 2003년 4월 미군의 바그다드 점령 이후, 후세인 정권의 처참한 인권 유린 사례의 하나로 알려졌다.(2004년 3월에는 미군이 이라크 포로를 학대한 사실이 알려지기도 했다.) 2014년 4월 15일 폐쇄되었다.

이나 영화 상영을 막으려고 했던 키프로스 동조자들이 있었던 가? 없었다. 이 세상의 단 한 국가, 국민 대다수가 유대인인 이 스라엘에서만 이런 식의 보이콧을 받아들여야 한다.

2012년 마리카나에서 파업하던 광부들에게 남아프리카공화국 경찰이 등 뒤에서 총격을 가해 많은 사람이 총을 맞아 쓰러지거나 경찰과의 대치를 피해 도망한 것처럼, 이스라엘 경찰이 팔레스타인 노동자 34명에게 총격을 가했다면 몇 주 동안 전 세계가 신문 1면에 이 소식을 전했을 것이며, 이 같은 식으로 노동자를 학살하는 사건이 일어나도록 용납한 국가와 수교를 단절하라는 대규모 시위가 일어났을 것이고, 유엔과 여러 국제기구에서 국제 심사위원회를 열고 그 국가를 규탄하라는 요구도 있었을 것이다. 하지만 남아프리카공화국에서 그러한 비극적 사건이 발생했을 때, 일간지에 잠깐 동안의 주요 기사로 다뤄졌을 뿐이다. 마리카나 학살은 확실히 남아프리카공화국 정치사에 남을 엄청난 사건이었고 남아프리카공화국 당국과 정계가 이 사건을 정말 심각하게 받아들였지만, 이스라엘에서 정당성 여부를 떠나 경찰로 인해 사람이 목숨을 잃는 사건이 발생했을 때처럼 이스라엘에 그동안 쌓였던 비난과 냉담하게 동일시되는 세계적 수준의 비난은 일지 않았다.

휴먼라이츠워치Human Rights Watch와 국제사면위원회Amnesty International가 확인한 사실에 따르면 터키가 북키프로스를 점령했고 최근 20년간 인도 경찰이 카슈미르 지방에서 무슬림 7만

명을 살해했지만, 터키와 인도를 반대하는 BDS 운동이 일어난 적은 없다. 무슬림 7만 명이 카슈미르에서 숨진 사건은 최근 몇십 년 안에 이스라엘과 팔레스타인 사이에 일어난 모든 분쟁의 사망자 수보다 훨씬 많다. 그러나 무슬림형제단과 여러 이슬람주의 단체를 비롯한 대부분의 무슬림 국가는 인도를 비난한 적이 없다. 인도와 외교관계를 끊으라는 요구도 없었다. 인도 수출품을 거부하거나, 인도에서 투자를 철회해야 한다거나, 인도를 제재하자는 요구 또한 없었다. 유대인이 사는 나라에만 이러한 인정머리 없는 이중 잣대를 적용하는 것은 부당하고 비난받을 일이며, 더 신중하게 검토되어야 한다.

홀로코스트 부정에서 폄하까지

∎

몇 년 전에 나탄 샤란스키[10]는 이스라엘을 적대하는 'D'로 시작하는 반유대주의적 단어로 악마화Demonisation, 이중 잣대 Double standard, 비합법화Delegitimisation 셋을 뽑았다. 2015년에 들어와 현재 우리는 'D'로 시작하는 단어를 새롭게 세 개 더 추가하게 되었다. 첫째는 홀로코스트의 폄하Devaluation, 둘째는 이중 학살Double Genocide 테제, 셋째는 반유대주의라는 현

10 1948~. 우크라이나에서 태어나 이스라엘로 이주해 '예루살렘 국외 유대인 담당' 등 여러 장관직을 지낸 정치가.

상 자체의 부정Denial이다. 반유대주의를 부정하는 이른바 신 반유대주의가 아마도 가장 치명적인 요소일 것이다. 앞서 언급 했듯, 제2차 세계대전이 끝난 후에 조지 오웰은 반유대주의가 사멸했으며 영국의 반유대주의는 1939년 독일과 러시아가 폴란드를 침공하면서 영국으로 피란 왔다가 정착하기 시작한 폴란드 군인과 난민들에 대한 혐오로 대체되었다고 서술한 바 있다. 폴란드인들은 광산에서 일했고 주택을 구매한 후에 임대업으로 돈을 벌었다. 오웰의 판단에 따르면, 영국인이 혐오하는 대상이 유대인 이민자에서 폴란드의 가톨릭교도로 대체된 셈이다.

30년도 훨씬 전에 처음으로 내가 반유대주의를 조사하면서 팸플릿을 쓰고 언론에서 인종주의 반대 캠페인을 벌일 때, 반유대주의는 그야말로 역사적 맥락에서만 존재했다. 1930년대 『데일리 메일』 같은 일간지의 반유대주의 성명과, 1970년대 내가 기자 일을 시작했을 때의 『데일리 메일』 및 다른 일간지의 반이민·반흑인 보도는 뚜렷한 차이를 보였다.

1994년, 내가 영국 하원의원이 되었을 때에도 반유대주의는 이미 역사가 되었다는 생각이 존재했다. 외견상 반유대주의는 과거의 산물이었다. 확실히 많은 사람이 6일전쟁과, 유엔이 정한 이스라엘의 공인된 국경에 포함되지 않는 영토를 이스라엘이 점령하면서 발생한 문제를 해결하기 위해 각고의 노력을 기울여야 한다는 것을 절감하고 있었다. 하지만 지난 20년간 우리는 의회 차원에서 조사위원회를 마련하고 당대의 신반유대주의를 반대하는 캠페인을 시작해야 하는 지점에서 반유대주의가 폭발하는 현상을 봤다.

반유대주의의 상투성은 그 자체로 대단히 충격적이다. 다른 신앙이나 인종 공동체를 겨냥한다면 용인될 수 없는 경멸과 비난이 유대인을 겨냥하거나 유대인 관련 이야기를 쓰면서 이루어지면 용인된다.

20세기 유대교의 중심 사건 즉 홀로코스트에 대해서는 악명 높은 반유대주의자조차 계속해서 이를 부정하는 것은 어리석은 일임을 깨닫고 대체로 인정하는 분위기다. 그러나 여전히 홀로코스트를 20세기에 일어난 여느 대량 학살과 동일선상에 놓고 그저 그중 하나일 뿐이라고 깎아내리고 있다. 1915년의 아르메니아 학살11이나 1943년과 1944년에 영국의 쌀 수탈 정책으로 인도 벵골 지역에서 발생한 벵골 대기근, 르완다에서 발생한 끔찍한 학살이나 (1992~1995년 보스니아내전 당시) 스레브레니차에서 유럽의 무슬림들이 대량 학살당한 일 모두 집단학살이나 집단학살에 버금가는 사건으로 판정되었다. 러시아와 우크라이나 농민 계급의 의지를 꺾을 목적으로 1930년대 스탈린이 일으킨 우크라이나의 끔찍한 기근으로 수백만이 굶어 죽은 사건은 공명하고 위대한 국가적 대의로 승격되었다.

---

11 1915년 4월 24일 밤부터 25일 사이에 이스탄불에서 아르메니아 지식인의 체포를 시작으로 자행된 아르메니아인 집단학살과 강제 이주 사건.

그러나 스탈린 반대자들은 스탈린 앞에서 굽실거리거나 정책을 포용하면서 스탈린의 패악과 타협할 수 있었다. 하지만 반유대주의적 홀로코스트 기계 앞에서 스스로 비유대인이 될 수 있는 유대인은 존재하지 않았다. 전 세계 역사를 통틀어 전례를 찾아볼 수 없는 사건이었다. 유대인은 1939년에는 소련의 적군에 의해 그다음 1941년에는 독일 군대에 의해 홀로코스트라는 총탄에 맞아 국경 없는 공간 속 거대한 무덤에 파묻히게 되었다. 소총이나 기관총으로 대량 학살을 자행하는 것은 새로운 일이 아니다. 그러나 1942년 이후로 독일의 모든 기술적, 과학적, 관리적, 산업적, 군사적 치안과 운송 천재들은 (자신의 신분을 바꿀 수 없었던) 한 인종인 유대인을 유럽 전역에서 색출해 수천 킬로미터를 부지런히 달려 가스실로 보내버렸으며 시체는 소각장에 내던졌다.

프린스턴대학의 폴란드계 미국 역사학자 얀 그로스가 제시하듯, 홀로코스트로 인한 엄청난 경제적 이익이 있었다. 홀로코스트의 심각성을 축소하려는 노력은 인류 역사상 유일무이한 사건인 홀로코스트의 역사적 중요성을 폄하하는 일이다. 홀로코스트를 여느 학살이나 집단적 대량 살인으로 규정하는 것은 물론 계산된 이념적 시도다. 이는 유대인이 이 세상에서 홀로코스트 같은 사건이 절대 일어나지 않을 유대인 국가를 가질 권리를 부정하는 것이다.

유럽 우파는 어떻게 이중 집단학살 테제를 조장하는가

■

그리고 이중 집단학살Double Genocide 테제가 있다. 이는 소위 '역사가 논쟁Historikerstrei'과 관련되며 독일에서 역사가들이 실제로 스탈린과 히틀러 중에 누가 더 나쁜지를 두고 언쟁하는 것을 가리킨다. 이들은 또다시 나치즘 특유의 반유대인 본질을 스탈린주의의 공포와 동일선상에 두려고 노력한다. 스탈린은 물론 반유대주의적 인물이었고 그의 통치 시기 최후에 진행된 흐름이 다른 처형은 소비에트 러시아의 유대인을 겨냥한 것이었지만, 이는 유럽 우파 인사들과 단순히 극우파뿐만 아니라 유럽 주요 국가의 보수주의자 특히 북유럽 국가와 독일, 새로운 유럽연합 회원국들이 스탈린과 공산주의를 히틀러와 나치즘과 같은 위치에 두려는 과격한 정책의 대상이 되었다.

히틀러주의와 나치즘은 물론 완전히 소멸했다. 하지만 유럽 대륙의 우파를 위한 정치적 프로젝트로서 유럽의 공산주의가 정치적 지원을 받았으며 스탈린의 특정 범죄와 확연히 구분되는 경제적·사회적 평등주의를 위한 정당화가 있었다는 사실을 지우는 작업이 필요하다. 따라서 유럽의 어리석은 좌파가 초超신자유주의 우파 제국주의자들이 노동자의 권리를 침해하고 사회정의를 제거하는 데 한몫 거든 일로 보수당 전체를 비난하듯이, 극도로 이념적인 보수주의자와 우파도, 공산주의나 심지어 사회주의와 관련된 어떤 이념도 나치즘보다 나을 게 없다고 말할 필요가 있었다.

이 같은 비난의 최종 결과가 무장친위대를 예우하고 스탈린주의에 맞서 싸운 사람들의 유산을 주장하면서 정치적 지지를 얻길 바라는 이들, 특히 동유럽 반유대주의 우파(국내 정치적 맥락에서 반유대를 외치지만, 역설적이게도 이스라엘을 지지하는 발언도 목격된다)의 손에서 놀아나는 꼴이다. 그러나 이중 집단학살 테제의 대가는 무엇보다 홀로코스트의 격하로, 홀로코스트가 단순히 이스라엘 사람들의 프로파간다일 뿐이라고 말하는 이란 대통령 같은 사람들의 손에 놀아나는 것이다.

반유대주의는 없다는 새로운 부정

■

세 번째 'D'는 반유대주의의 존재 자체를 부정하는 것이다. 이는 물론 때때로 정확한 균형을 찾기가 힘든 주장의 일부다. 다시 말해, 이스라엘의 정부 정책을 합법적으로 적절하게 비판하면서 이스라엘을 지지하는 유대인과 전 세계에 흩어져서 사는 수많은 유대인 존재의 일부가 이스라엘이라는 의식을 공격하는 식이다. 나의 선거구였던 남부 요크셔에 사는 무슬림에게 카슈미르가 존재의 일부이거나, 또는 1970년대 보스턴의 아일랜드인 공동체가 얼스터와 영국의 신교도 지상주의에 반대하는 아일랜드 가톨릭 민족주의 캠페인을 지지하면서 우파

IRA 테러리즘에 항복하기를 거부하는 것과 마찬가지다.

내 생각에 이러한 현상은 자연스럽고 건강해 보인다. 우리는 모두 복합적으로 연결되어 있으며 네트워크를 지원하고 호감을 느끼지만, 우리와 관련된 한 국가에 불편한 감정을 느낀다고 해서 그 나라의 존재가 파괴되거나 부정되는 걸 볼 각오가 된 것은 아니다.

나의 무슬림 친구들은 그들의 선지자가 만평, 영화, 책에서 조롱당하면 격분한다. 나는 표현의 자유를 믿는 진보적인 사람으로서 작가, 편집자, 만평가나 영화감독에 대한 폭력적 발상이나 파트와를 받아들일 수 없지만, 다수의 무슬림에게 가장 문제시되는 공격성에는 공감할 수 있다. 그런데 어찌된 일인지 이슬람교의 선지자가 존중받을 권리가 있다고 굳게 믿는 무슬림에 대한 예우는 지켜지는 반면 이스라엘의 존립권과 공격당하지 않을 권리를 굳게 믿는 유대인한테는 이러한 예우가 동일하게 적용되지 않는다. 무슬림에게 허용된다면 유대인에게도 허용되어야 한다. 그러나 무슬림들에게는 그들 자신이 중요하게 생각하는 문제에 대해서는 특별대우를 요구하는 반면 자신들과 같이 이스라엘을 믿고 사랑하는 유대인 시민들에게는 동일한 예우를 적용하지 않는 이중 잣대가 존재한다.

프랑스에서 파리정치대학 교수로 여론조사기관 폰다폴 Fondapol을 이끄는 도미니크 레니에는 프랑스의 유대인 비율이 전체 인구의 1퍼센트로 유지되는 가운데 2004~2013년에 유대인 살인사건 수 건을 포함해 반유대주의 행위가 이전 10년과 비교해 세배나 늘었다고 지적했다. 조사에 따르면, 프랑스 전체 인구의 25퍼센트가 "금융업계에서 유대인의 입김이 너무 세다"라는 주장에 동의했으며 프랑스 무슬림의 67퍼센트가 이 주장에 동의했다고 한다. 그러자 반유대주의를 부정하는 사람들은 여론조사를 두고 레니에를 공격하면서 그가 잘못된 방향으로 통계 자료를 조작했다고 주장했다.

위건 애슬래틱 FC 회장은 "유대인만큼 돈 밝히는 사람도 없다"는 말을 했다고 전해진다. 명백하게 인종주의적이고 반유대주의적인 문자 메시지를 주고받았던 그는 스스로 항변하기를 "내 생각엔 전혀 공격적인 말이 아니다"라고 했다. 위건 감독 말키 매카이는 유대인 축구 에이전트에게 이처럼 말했다. "돈이 빠져나가는 걸 그냥 보고만 있다니 전혀 유대인답지 않은데."

하지만 단연코 반유대주의 부정의 가장 막강한 측면은 반유대주의 문제를 제기하는 사람을 이스라엘에 대한 모든 비판을 막으려 하는 사람 취급하는 것이다. 마치 실제로 그들이 이스라엘에 대한 모든 비판을 막으려고 한다는 듯, 아니 어쩌면, 그랬으면 좋겠다는 듯 말이다.

이스라엘에 대한 모든 비판이 반유대주의 혐의를 받는 것은 명백한 사실이다. 그러나 유대인 비밀조직이나 유대인 로비에 관한 『시온 장로 의정서』나 강력하고 전능한 유대인 금융가나

　　　　　　　　　　　증오의 세계화

언론 통제자들 혹은 정치적 영향력을 매수하는 유대인 네트워크와 관련한 추잡한 표현은 전통적 반유대주의 비유의 반복이다.

나는 이제껏 이스라엘을 비평하는 사람 중에 조금이라도 유대인에 대한 반감을 내비친 사람을 만난 적이 없다. 그리고 이스라엘을 지지하는 일부 반유대주의자를 만난 적도 있다. 하지만 앞서 주목했듯, 마틴 루서 킹은 "내가 반시온주의를 듣고 있다면 나는 반유대주의를 듣는 것이다"라고 한 발언에서 핵심을 잘 파악했다. 용어를 선택할 때 "유대인the Jew"이란 단어는 잘 사용하지 않는 대신 "시온주의자the Zionist" 또는 "Zio"란 단어를 자주 사용하는데 특히 'Zio'는 세 글자로 쓸 수 있어서 트위터에서 유행하고 있다. 영국국민당 지도자 그리핀은 자신의 지지자들에게 '유대인'이란 단어를 사용하면서 공격하지 말 것을 당부하며 '유대인' 대신에 '시온주의자'를 사용하라고 지시했다. 그 누구도 속으면 안 된다. 이스라엘의 극단주의 종교 정책과 정착 정책을 비판하는 것은 문제 되지 않는다. 그러나 오른쪽 팔을 허공에 뻗는 대신 가슴을 가로질러 내리는 나치 경례 '크넬'처럼 '유대인'의 대체품인 '시온주의자'에 속아 넘어갈 사람은 아무도 없다. 자신을 반유대주의자라고 인정하는 사람은 아무도 없지만, 반유대인 노선에 지지를 얻고 싶을 때 이스라엘 증오자들은 자기 자신을 '반시온주의자'라고 묘사한다. 우리는 그들이 사용하는 단어의 의미를 반드시 파악해야 한다.

고향이 있었으면 하는 소망이란 측면에서 보면 시온주의는 다양한 민족주의 특히 19세기의 프랑스혁명이나 공산주의가 막을 내린 이후에 우리가 목격했던 유럽 국가들의 모습과 다르지 않다. 지구 위에 우리 땅이라고 주장할 수 있고 안전하게 살 수 있고 우리의 언어로 소통하고 관습과 신앙이 존중받는 공간을 바라는 열망은 대대로 전해진다. 이스라엘을 비판하는 일은 여느 유엔 회원국을 비판하는 일과 마찬가지로 정당한 일이라는 사실은 아무리 말해도 지나치지 않다. 그러나 이스라엘을 지지하는 유대인을 비난하고 그들에게 완전한 시민이 아니라고 오명을 씌우는 것은 있을 수 없는 일이다. 그리고 이 같은 반유대주의를 부정하는 것은 실제로 현대 반유대주의의 가장 최악의 표출이다.

증오의 세계화

Part 4

무엇을 할 것인가?

지금까지 신반유대주의를 알아보았는데 이제 우리가 할 일은 무엇일까? 반유대주의 문제에 대해 30년 동안 고심하고, 이 문제에 관한 다양한 목소리를 접하려 했으며, 하원의원과 장관, 유럽의회 대표로서 유대인 혐오 문제를 타파하려고 애썼지만 나로선 간단하고 쉬운 답을 얻진 못했다. 하지만 여기서 신반유대주의를 물리치는 해결책 열 가지를 제시하고자 한다.

1. 반유대주의가 인종주의임을 명확히 한다. 반유대주의는 현대 인종주의의 가장 오래된 증오이며 중심 요소다. 반유대주의를 근절하는 것은 인종주의와 모든 종교에 대한 증오를 타파해야 하는 것과 마찬가지로 정치적 의무다.

2. 반유대주의 발언이나 행위가 일어날 때마다 저항하라. 25년 전에 미테랑 대통령은 카르팡트라의 유대인 묘지가 훼손되자 그곳에서 시위를 주도했다. 그러나 〔2012년〕 툴루즈에서 유대인 아이들이 살해당했을 때 대중 시위는 일어나지 않았다. 유대인은 물론이고 표현의 자유까지 공격한 파리의 살인 사건이 발생하면서 파리에서 대규모 시위가 벌어졌다. 우리는 유대인이 살해당하기 전에도 시위할 필요가 있다. 반유대주의적 행위와 발언은 영국에서 별다른 반응 없이 지나쳐간다. 런던 북부에 사는 한 여성이 영국 보수당 하원의원 300명에게 라트비아의 유럽의회 의원이 제2차 세계대전 당시 무장친위대 지지 세력에 연루된 사실과 유럽의회의 보수적 의원으로 같은 단체에 누가 있는지에 대해 편지를 썼다. 그녀에게 답장을 보낸 의원은 단 한 명뿐이었다. 그러나 나는 소귀에 경 읽기였다 하더라도 그녀가 기울인 노력이 옳았다고 생각한다. (많은 보수당 하원의원이 반유대주의를 확고하게 반대하고 있다는 사실이 놀라울 뿐이다.)

우리는 유대인이 겪고 있는 현상에 대해 다시 격분해야 하며 반유대주의 정책이나 제2차 세계대전 당시 나치와 그 일당이 저지른 만행을 지지하는 사람들을 성토해야 한다.

3. 우리가 유대인과 유대교와 관련된 활동을 열정적으로 비난하는 것처럼, 여성과 동성애자의 권리를 옹호하고 종교적 폭력

을 절대적으로 거부하는 민주주의 법제 아래 무슬림이 종교 활동을 펼칠 권리를 공격하는 행위와 무슬림을 증오하는 행위를 강력하게 비난하라. 인종주의에 대항하는 싸움은 반드시 전 방위로 이루어져야 한다. 반유대주의를 비난하면서 유럽의 무슬림에 대한 공격에 침묵하거나 '유라비아'라는 발상으로 표출되는 유럽의 무슬림을 향한 인종주의에 탐닉하는 사람들은 함께하는 싸움이라는 토대를 침식시키고 약하게 한다. 반유대인 이념에 뿌리를 둔 이슬람주의와 살라피즘Salafism을 비판하는 일은 필요하지만 정확하고 엄중하게 집중해야 한다. 그러나 우리가 의식하지 못한 사이에 이와 같은 표현이 일반화된 반무슬림 공격이 이루어진다면 반유대주의 비난보다 하등 나을 바 없다.

4. 언급하기에 민감한 사항이지만, 종종 유대인 지식인과 정치 활동가들이 신반유대주의를 타파하는 운동을 맡는 편이 과연 최선일지 의문이 든다. 저명한 유대인 작가나 연사를 폄하하자는 건 아니지만, 그들이 열정적으로 반유대주의를 비난할 때 "유대인이니까 저렇게 얘기하지. 안 그래?"라고 반응하고 싶은 유혹이 생길 것이다. 조너선 프리들랜드, 데이비드 아로노비치, 하워드 제이컵슨, 멜라니 필립스, 데이비드 바디엘이나 헤들리 프리먼 같은 작가는 유대인으로서 때때로 반유대주의에 대한 글을 쓴다. 하지만 사이먼 젱킨스 경이나 맥스 해

스팅스 경 또는 메리 리들이 반유대주의에 대한 글을 쓰면 어떨까? 오언 존스는 좌파의 반유대주의를 비판하는 영향력 있는 비유대인 저널리스트로 손꼽힌다. 이러한 활동을 그 혼자서 하면 안 된다. 유대인 공동체 밖으로 눈을 돌려, 신반유대주의에 맞서 싸우는 일이 일상적 현대 정치의 일부라고 여기는 비유대인을 지지하는 일은 중요하다. 사람들이 받아들이는 정치적 입장이 미묘하게 다르므로 나 같은 중도 좌파는 반유대주의 반대운동을 하는 보수당 친구들과는 약간 다르게 문제에 접근하고 분석할 것이다. 그러나 비유대인의 정치적 목소리가 더 많이 들려야 상황이 나아지리라 생각한다.

5. 대학에서 반유대주의 강좌를 개설하거나 담당 교수를 둔다. 예일대학이 반유대주의를 연구하는 훌륭한 학부를 폐쇄한 일은 유감스럽지만, 찰스 A. 스몰이 설립한 '세계적 반유대주의 및 정책 연구협회ISGAP, Institute for the Study of Global Antisemitism and Policy'가 미국과 캐나다 대학에서 매우 인상적인 강연회와 세미나를 연달아 연 일은 희망적이었다. 유럽에서도 이와 유사한 시도가 있어야 한다. 런던의 버벡대학은 런던의 피어스재단Pears Foundation의 도움으로 반유대주의 학과를 개설했다. 영국의 다른 대학들도 기부를 받아 반유대주의를 연구하는 학부나 교육과정을 신설해 역사적 선행과 당대의 표현이라는 관점에서 공정하게 과학적이고 범죄를 분석하는 방식으로 이 주제

를 연구하도록 허용해야 한다.

6. 반유대주의의 해악을 교육하는 데 가장 효과적인 도구는 홀로코스트 교육이다. 영국의 홀로코스트 교육 재단은 모든 영국 학교 학생들에게 아우슈비츠를 방문할 기회를 제공하려 한다. 전 총리 고든 브라운에게 경의를 표한다. 그의 부친은 스코틀랜드 국교 성직자로서 스코틀랜드–이스라엘 교회위원회의 총무였고 아이들에게 유사 이래 유대교 신앙과 이상이 이바지한 부분을 가르쳤다. 브라운은 영국 총리였을 때 영국 정부 예산에서 자금을 확보해 홀로코스트 교육 지원을 돕고 견학 비용을 지원했다. 이와 같은 교육사업은 반드시 지속되어야 하며 또 확대되어야 한다. 반유대인 증오의 종착지가 어딘지를 배운다면 유대인과 이스라엘을 향한 적대행위에 회의적인 사람이 될 것이다.

7. 하원의원 시절에 이슬람주의자들과 반유대주의에 관한 나의 작업에 반대하는 사람들은 나를 두고 "친이스라엘주의자 Israel firster" 또는 "시온주의자", 심지어 "비밀 유대인a secret Jew" 이라고 비난했다. 내가 지지하는 가치와 대의명분에 반대하는 사람들에게 수년 동안 조롱을 당하고 나니 나의 역량은 커지고 얼굴도 두꺼워졌다. 사회주의자들은 종종 내가 스탈린주의를 비난했다는 이유로 나를 싫어한다. 트로츠키주의자들도 주

기적으로 나를 공격한다. 내가 전통적인 사민주의자이기 때문이다. 영국 정계의 반유럽파는 나를 "악취odious"라고 부른다. 내가 유럽연합 국가에서 국경을 개방하고 공통법 아래 살자는 발상을 지지하기 때문이다. 단일문화주의자들 또한 정기적으로 나를 공격한다. 내가 다양한 인종, 사람들, 종교, 공동체, 성별, 성적 기호의 사람들이 함께 살아가자는 입장을 옹호하기 때문이다.

영국 각지와 전 세계를 돌아다니면서 강연을 할 때 나는 종종 이스라엘이 문제가 아니라 반유대주의가 문제라고 한다. 내가 유대인 국가를 지지하는 것은 의심할 여지가 없다. (드러나진 않지만 이스라엘에 대해 비판도 한다.) 하지만 나는 좌파 반유대주의, 우파 반유대주의, 무슬림 반유대주의, 가톨릭 반유대주의, 살라피스트 반유대주의 그리고 살롱이나 저녁식사 자리의 반유대주의 등 정치적 스펙트럼 곳곳에 깔린 세계적 신반유대주의에 초점을 맞추기를 선호한다. 물론 오늘날 반유대주의와 이스라엘이 연관된 것은 사실이다. 그러나 나는 여전히 가끔은 반유대주의 논의의 처음과 끝이 항상 이스라엘 문제로 결론 나지 않는 편이 도움 된다고 생각한다.

반유대주의는 중동 문제와는 별개다. 르펜은 무슬림 아랍인의 가혹한 대우와 헤즈볼라 같은 이슬람주의 단체의 군사 공격 때문에 이스라엘에 대해 호의적으로 말하지만, 프랑스 우파는 여전히 중세의 전통적 반유대인 편견을 신봉하며 르펜의 분노가 일부 표출될 때도 있다. 반유대주의는 또한 세계적인 현상이다. 현재 라틴 아메리카 특히 베네수엘라의 유대인들이 치명적인 압박을 받고 있으며, 일본에서 반유대주의 징후가 포착되고 있고, 오스트레일리아에서 험악한 반유대주의적 인종주의가 관찰되고 있다.

8. 이러한 현상을 보면서 나는 반유대주의가 의심할 여지 없이 인종주의의 한 형태라는 핵심적인 결론에 도달했다. 주장하건대 반유대주의는 해묵은 인종주의다. 반유대주의는 사람들이 어찌할 수 없는 요소로 사람들을 엉망으로 만든다. 종교는 언제든지 버릴 수 있다. 그러나 당신이 흑인이라는 정체성, 피부색이 약간 어두운 아시아인이란 정체성, 유대인이라는 정체성은 바꿀 수 있는 것이 아니다. 그래서 반유대인 비난은 완벽한 인종주의이며 우리는 명백하게 폭력적인 공격부터 자기네 나라에 사는 유대인에 대한 경멸에 이르기까지 반유대주의 스펙트럼 내의 인종주의자를 규탄해야 한다.

9. 반유대주의와 그 추종자에 맞서는 법적 대응을 피해선 안된다. 모든 형태의 저항은 지지받아야 마땅하다. 유대인 공동체에는 평지풍파를 일으키지 않고 눈을 내리깔고는 조용히 다른 길을 선택해가는 뿌리 깊은 전통이 있다. 반유대주의 세력과 그 어떤 충돌에도 말려들지 않기 위해서다. 물론 유럽의 유

대인들이 고개를 쳐들고 유대인 스스로 악에 맞서길 거부한 일은 유럽의 유대인들이 저지른 엄청난 역사적 실수 중 하나다. 오늘날 대다수 유럽 유대인들이 그저 그들의 인생을 살고 가정을 이루고 직장을 갖고 사업을 하고 그들의 집을 갖고 교육적 성취를 유지하고 싶어하며 독실한 유대교 신자로서 신앙의 의무를 다하지만, 반유대주의 문제를 둘러싼 새로운 정치 투쟁에 실제로 관여하지 않으려고 하는 바람은 충분히 이해한다. 그러나 나는 이런 모습을 보면 유대인들이 잘못 생각하고 있다는 생각이 든다. 반유대주의를 규탄하는 일은 상황을 악화시키지 않을뿐더러 뜻있는 사람들이 우리 가운데 확산하는 반유대주의를 대하는 태도에 변화를 줄 수도 있다. 그래서 반유대주의자에 대항하는 법적 대응, 소송은 필수적이다. 영국 유니버시티 칼리지 런던UCL 같은 노조에서 유대인 회원을 열등한 존재로 대우하며 이스라엘 대학의 유대인 학자들과 만나선 안 된다는 발언을 하는 것은 인권의 기준을 위반하는 것이며, 전통적으로 보수적인 배경의 영국 엘리트 법관들이 공감하지 않더라도 반드시 법적으로 대응해야 한다.

10. 더 많은 사람이 반유대주의 출판물을 접하고 읽을 필요가 있다. 나 또한 반유대주의 주제에 관해 쓴 책을 손질하고 재출간하려 노력하는 대단치 않은 저자임을 인정한다. 하지만 반유대주의에 맞서 싸울 준비가 되어 있는 전 세계의 지성인들이

쓴 여러 작품과 글이 존재한다. 이런 책들이 서점에서 판매되어 더 많은 독자에게 읽혀야 한다.

결론

■

끝으로 내가 그동안 신반유대주의와 싸우면서 써온 글과 활동이 내 평생을 바쳐온 투쟁의 연장선임을 분명하게 밝히고 싶다. 나는 사람들이 안정을 느끼고 보금자리라고 여기는 국가와 공동체에서 그들의 삶을 정의하는 온전한 삶을 살 권리를 부정하는 이념과 인종적 혐오에 반대한다. 내가 30년 전 처음으로 쓴 정치 기사는 바로 인종 문제와 흑인, 아시아인, 다른 소수민족 공동체를 비롯한 영국의 소수 시민을 공격하는 영국 언론 보도의 끔찍한 행태를 폭로하는 내용이었다. 솔직한 얘기로, 30년이 지나서도 여전히 이 싸움이 계속되는 현실에는 힘이 빠진다. 영국과 유럽의 무슬림을 폄하하고 증오와 두려움을 양산하려는 사람들에 대항하는 싸움은 인구통계학, 군사적 영향력, 문화에 의해 정당화되지 않았다.

제2차 세계대전이 끝나고 70년 가까이 지났는데도 여전히 영국 시민들과 전 장관, 의원들이 현대 반유대주의 문제에 깊게 관여해야 하는 현실에 정말 놀란다. 현재 반유대주의 문제 말고도 기운과 시간을 써야 할 문제가 많은데, 특히 국민투표로 영국을 유럽에서 고립시키려는 시도를 무마하는 일이 그것이다. 그러나 증언하는 의무는 내가 정치활동을 시작했을 때와 마찬가지로 오늘날에도 시급한 문제로 남아 있다. 악을 규탄하거나 폭로하는 데 실패한 사람들은 반유대주의가 교묘하고 억압적으로 발생하고 있음을 알게 될 것이다.

나는 이스라엘의 정책이나 논란이 되는 점령지에 대한 사람들의 발언권을 부인하지 않는다. 일부 이스라엘인이 이슬람주의자들과 하등 다를 바 없이 극우 종교적 테러를 자행하는 현상을 비판하고 그들이 저지른 악행을 폭로하는 일은 우리의 의무로 남아 있다. 유대인 인종주의와 극단주의는 무슬림 인종주의·극단주의와 동등하게 위험하기 때문이다. 어린 유대인 소녀가 이스라엘에서 동성애자 행진에 참여했다가, 극단주의 유대인 동성애 혐오자가 종교의 이름으로 휘두른 칼에 맞아 사망한 사건은 이란에서 동성애자라는 이유로 청소년들에게 사형선고를 내린 판사와 전혀 다를 바 없다. 두 종교에 존재하는 동성애 공포증이라는 범죄의 사례다. 펠릭스 포젠[1]이 주장하듯, 유대인이라는 경험은 종교나 이스라엘 국가를 지지하는 유대인으로 축소될 수 없다. 유대인 문화, 사고, 철학은 신앙만큼 중요하다. 포젠은 다음처럼 기술한다. "종교적 독실함에서 세

---

1 1928~. 독일 태생의 자선가·무역인. 포젠 재단의 창립자이며 반유대주의 연구센터와 반유대주의 서지 프로젝트 진행으로 유명한 히브리대학의 주요 후원자다. 예루살렘과 텔아브비에 대학을 세웠으며, 이스라엘 고등 교육기관에 세속적 유대교에 대한 교육 프로그램을 만들었다.

속주의로, 점진적으로 그러나 꾸준하게 이동하는 움직임이 있다. 오늘날 대다수 유대인은 종교적 모습과는 거리가 멀다. 사람들은 지난 수 세기 동안 유대인이 훌륭한 문학작품을 생산하고 예술작품을 만들어냈다는 사실을 알아야 한다." 이는 중요한 통찰이며, 앞으로 이스라엘을 지지하는 사람들이라면 정치적이고 여론을 형성하는 계층으로 하여금 현대 국가가 종교로 규정될 수 없다는 사실을 반드시 인정하도록 요구해야 한다. 만약 이스라엘이 소수의 근본주의적 극단주의자들이 특히 자유행동을 제한하는 정부 형태를 지지하길 바란다면 자유민주주의적이고 비종교적인 민주주의로 축소되어야 할 것이다.

하지만 나는 남부 이스라엘의 유대인에게 폭탄 투하를 금지하고 2012년 예루살렘의 버스 정류장에 폭탄을 터뜨리는 일을 막기 위한 휴전 동의가 왜 불가능한지 이유를 묻고 싶다. 버스 정류장 폭발로 죽은 사람은 은퇴한 스코틀랜드 교사였다. 그는 성지로 역사 여행을 떠났을 뿐이다.

나에게는 유럽의 시민으로서 모든 형태의 반유대주의를 규탄하고 이를 폭로할 권리, 이로 인해 비난받지 않을 권리가 있음을 밝히며 글을 마친다.

옮긴이 후기

■

『증오의 세계화』는 역사 속에 면면이 존재하는 반유대주의를 현대적 관점에서 바라보는 책이다. 영국의 진보 성향 일간지 『가디언』 기자 출신으로 노동당 하원의원을 지냈던 저자는 날카로운 정치적 감각으로 반유대주의 현상을 기술했다. 저자는 반유대주의의 범위와 구체적 양상, 반유대주의적 인물과 단체를 조사했으며, 반유대주의가 어떻게 국가와 사회의 갈등 요인이 되는지, 그 피해와 규모는 얼마나 심각한지, 우리가 간과하고 있는 사실은 무엇인지, 앞으로 우리가 어떻게 행동해야 하는지 고찰한다.

이 책을 읽기 시작한 독자는 상식처럼 알고 있던 유대인 이야기가 실은 알게 모르게 주입된 반유대주의적 담론임을 발견하고 놀랄 수도 있다. 중동뿐만 아니라 유럽을 비롯한 전 세계 여러 국가에서 공개적으로 유대인임을 밝히는 것이 용기가 필요한 일임을 우리는 이제 이해할 수 있다. 단순히 논쟁으로 끝나지 않고 위협과 물리적 폭력, 최악의 경우에 살인까지 일어나는 현실까지 확인하면 반유대주의 현상의 심각성이 이미 오래전에 한계를 넘었음을 깨닫게 된다.

반유대주의 담론은 그 뿌리가 깊고 널리 퍼져 있는 데다 막대한 영향력으로 유대인을 위협한다. 또한 여러 국가와 민족의 이해관계가 복잡하게 얽혀 있기 때문에 저자는 이 문제에 초국가적으로 접근해야 한다고 생각한다. 단순히 한 국가의 정부가 처리할 수 있는 수준의 문제가 아니다. 여러 국가가 함께 다각도로 분석하여 조심스럽게 접근하는 자세가 필요하다는 입장이다. 이해관계가 서로 다른 일부 국가와 단체가 왜 한결같이 반유대주의를 외치는지 그 이면을 우리는 이 책을 통해 볼 수 있다. 직간접적으로 반유대주의를 주장하는 사람들의 바탕에는 다름을 배척하고 경계하는 자세가 깔려 있다. 차별과 처벌로 응징하다가 혐오와 분노로 결국 존재를 파괴하는 비극적 현실은 우리에게 낯설지 않다. 유럽에서 외국인을 차별하면서 이민을 반대하는 극우정당들이 대부분 반유대주의 성격을 띠는 현상은 결코 우연이 아니다.

이 책에 여러 번 등장하는 『시온 장로 의정서』는 고질적인 반유대주의 이념의 핵심을 보여준다. 한나 아렌트는 『전체주의의 기원The Origins of Totalitarianism』에서, 거짓과 날조로 작성된 조악한 문서가 전 세계적인 반향을 일으켰던 사건을 두고 이렇게 기술한 바 있다.

달리 말하면 『시온 장로 의정서』 같은 명백한 날조가 정치운동 전체의 교본이 될 정도로 다수의 사람들이 그것을 믿는다면, 역사가의 과제는 더 이상 날조를 폭로하는 데 있지 않다. 그들의 과제는 분명 정치적·역사적인 사건의 진상, 즉 날조가 믿어진다는 사실을 간단히 처리하는 설명을 꾸며내는 것이 아니다. 날조가 믿어진다는 사실은 그것이 날조라는 (역사적 관점에서 볼 때 단지 이차적인) 정황보다 더 중요하다.

『시온 장로 의정서』의 내용보다 그 책이 일으킨 반향과 사람들의 반응에 더 주목해야 한다는 주장이다. 잊지 말아야 할 사실은 반유대주의가 폭력으로 일상화되어 전 세계적으로 굳어진 현실이다. 조롱과 멸시, 차별과 편견, 혐오와 증오에서 시작한 폭력은 기물파손, 폭행, 살인, 테러, 더 나아가 전쟁으로 이어진다. 반유대주의의 시작은 일견 사소해 보일지 모르지만 무지와 무관심으로 일관하면 거대한 폭력이 탄생할 수 있음을 저자는 경고한다.

이 책을 옮기면서 수많은 분쟁, 전쟁 관련 기사를 검색하고 유대인과 그들의 역사를 기술한 관련 서적을 참고했다. 역사적으로 반유대주의가 얼마나 복잡하게 수많은 국가와 민족과 얽혀 있는지 확인할 수 있었다. 반유대주의는 일방적 폭력이고 우리가 사는 세계의 무서운 현실이기 때문에 저자의 글이 단호하면서 열정적일 수밖에 없다고 생각했다. 데니스 맥셰인이 『증오의 세계화』를 집필한 건 2006년이다. 10년이 지난 2016년 현재 세계적으로 반유대주의 현상은 더 심해졌다. 이제 전 세계인의 화두가 된 것이다. 늦었지만 이제라도 이 책을 우리나라 독자들이 읽을 수 있어서 다행이라고 생각한다. 독자들은 이 책을 읽고 어떤 질문을 떠올릴까. 궁금하다.

2016년 8월
황승구

참고문헌

■

Education on the Holocaust and on Anti-semitism, an Overview and Analysis of Educational Approaches, Published by the OSCE Office for *Democratic* Institutions and Human Rights (ODIHR), 2006.

Hate Crime, 2007 Survey, Published by Human Rights First, New York, 2007.

Report of the All-Party Parliamentary Inquiry Into Antisemitism, All-Party Group Against Antisemitism, London: The Stationery Office Limited, September 2006.

Abitbol, Michel, *Juifs et Arabes au XX siècle*, Paris: Perrin, 2006.

Badinter, Robert, *Un antisémitisme ordinaire, Vichy et les avocats juifs (1940-1944)*, France: Fayard, 1997.

Beckett, Francis, *The Rebel Who Lost His Cause, The Tragedy of John Beckett MP*, London: London House, 1999.

Beinin, Joel, *The Dispersion of Egyptian Jewry*, Cairo, New York: The American University in Cairo Press, 2005.

Blanrue, Paul-Éric, *Le Monde Contre Soi*, Paris: Éditions Blanche, 2007.

Brauman, Rony and Finkielkraut, Alain, *La Discorde: Israël-Palestine, les Juifs, la France*, France: Mille et Une Nuits, 2006.

Brook, Stephen, *The Club - The Jews of Modern Britain*, London: Constable, 1989.

Burke, Jason, *Al Qaeda: The True Story of Radical Islam*, London: Pen-

증오의 세계화

guin Books, 2004.

Burke, Jason, *On the Road To Kandahar: Travels through Conflict in the Islamic World*, London: Penguin Books, 2006.

Byrnes, Robert F, *Anti-Semitism in Modern France, Vol. 1: The Prologue to the Dreyfus Affair*, New Brunswick, New Jersey: Rutgers University Press, 1950.

Cesarani, David, ed., *The Making of Modern Anglo-Jewry*, Oxford: Basil Blackwell Ltd, 1900.

Charfi Mohammed, *Islam et liberté. Le malentendu historique*, Paris: Albin Michel, 2006.

Chesler, Phyllis, *The New Anti-Semitism*, San Francisco: Jossey-Bass, 2003.

Cohen, Nick, *What's Left? How Liberals Lost Their Way*, London: Fourth Estate, 2007.

Cohen, Stuart A., *English Zionists and British Jews, The Communal Politics of Anglo-Jewry 1855-1920*, Princeton, New Jersey: Princeton University Press, 1982.

Cohn-Sherbok, Dan, *The Paradox of Anti-Semitism*, London: Continuum, 2006.

Collette, Christine, and Bird, Stephen, *Jews, Labour and the Left, 1918-48*, England: Ashgate, 2000.

Davies, Norman, *God's Playground, A History of Poland*, Oxford: Clarendon Press, 1981.

Dawkins, Richard, *The God Delusion*, London: Bantam Press, 2006.

Debray, Régis, *Supplique aux nouveaux progressistes du XXI siècle*, Paris: Gallimard, 2006.

Edelman, Todd M., *The Jews of Britain 1656-2000*, Berkeley: University of California Press, 2002.

Feldman, David, *Englishmen and Jews, Social Relations and Political Culture 1840-1914*, New Haven and London: Yale University Press, 1994.

Ferguson, Niall, *The War of the World*, London: Allen Lane, Penguin Books, 2006.

Fineberg, Simon, Samuels, Shimon, and Weitzman, Mark, eds., *Anti-semitism, The Generic Hatred: Essays in Memory of Simon Wiesenthal*, London: Vallentine Mitchell, 2007.

Fourest, Caroline, *Frère Tariq*, Paris: Bernard Grasset, 2004.

Garton Ash, Timothy, *Free World: Why a Crisis of the West Reveals the Opportunity of Our Time*, London: Allen Lane, Penguin Books, 2004.

Gilbert, Martin, *Churchill and the Jews*, London: Simon & Schuster UK

Ltd, 2007.

Glucksmann, André *Le discours de la haine*, Paris: Plon, 2004.

Gojman de Backal, Alicia, *Camisas, escudos y desfiles militares*, Mexico: Fondo de Cultura Económica, 2000.

Gove, Michael, *Celsius 7/7*, London: Weidenfeld & Nicolson, 2006.

Halevy, Efraim, *Man in the Shadows*, London: Weidendfeld & Nicolson, 2006.

Hamel, Ian, *La vérité sur Tariq Ramadan*, Lausanne: Favre, 2007.

Harris, Geoffrey, *The Dark Side of Europe, the Extreme Right Today*, Edinburgh: Edinburgh University Press, 1990.

Harrison, Bernard, *The Resurgence of Anti-Semitism*, Plymouth, England: Rowman & Littlefield Publishers, Ins., 2006.

Herf, Jeffrey, *The Jewish Enemy*, Cambridge, Mass., and London, England: The Belknap Press of Harvard University Press, 2006.

Hitchens, Christopher, *God Is Not Great: The Case Against Religion*, London: Atlantic Books, 2007.

Husain, Ed, *The Islamist*, London: Penguin, 2007.

Judt, Tony, *Postwar: A History of Europe*, London: Heinemann, 2005.

Keith, Graham, *Hatred Without a Cause? A Survey of Anti-Semitism*, Carlisle, Cumbria: Paternoster Press, 1997.

Kepel, Gilles, *The Roots of Radical Islam*, Paris: Éditions La Découverte, 1984.

Kepel, Gilles, *Fitna*, Paris: Gallimard, 2004.

Kepel, Gilles, *Terreur et Martyre*, Paris: Flammarion, 2008.

Kepel, Gilles, and Milelli, Jean-Pierre, *Al Qaeda in Its Own Words*, Cambridge, Mass.: Harvard University Press, 2008.

Khadra, Yasmina, *The Sirens of Baghdad*, London: William Heinemann, 2007.

King, Oona, *House Music, The Oona King Diaries*, London: Bloomsbury, 2007.

Klein, Emma, *The Battle for Auschwitz*, London, Portland, OR: Vallentine Mitchell, 2001.

Langham, Raphael, *The Jews in Britain*, New York: Palgrave Macmillan, 2005.

Laqueur, Walter, *The Changing Face of Anti-Semitism*, Oxford University Press, 2006.

LeBor, Adam, *City of Oranges: Arabs and Jews in Jaffa*, London: Bloomsbury, 2006.

Lebzelter, Gisela C., *Political Anti-Semitism in England 1918-1939*, Lon-

증오의 세계화

don: Macmillan, 1978.

Lewis, Bernard, *Semites and Anti-Semites: An Inquiry into Conflict and Prejudice*, London: Phoenix, 1997.

Lineham, Thomas, *British Fascism 1918-1939: Parties, Ideology and Culture*, Manchester: Manchester University Press, 2000.

Lipman, V.D., *A History of the Jews in Britain since 1858*, Leicester: Leicester University Press, 1990.

London, Louise, *Whitehall and the Jews 1933-1948: British Immigration Policy, Jewish Refuges and the Holocaust*, Cambridge: Cambridge University Press, 2000.

Mearsheimer John J. and Walt Stephen M., *The Israel Lobby and US Foreign Policy*, New York: Farrar, Straus and Giroux, 2007.

Meddeb, Abdelwahab, *Sortir de la malediction: L'islam entre civilisation et barbarie*, Paris: Seuil, 2008.

Mende, Tibor, *De l'aide à la recolonisation*, France: Seuil, 1975.

Menocal, María Rosa, *Ornament of the World*, New York, Boston: Little, Brown and Company, 2002.

Merkel, Peter H. and Weinberg Leonard, eds., *The Revival of Right-wing Extremism in the Nineties*, London: Frank Cass, 1997.

Morin, Edgar, *Le monde moderne et la question juive*, Paris: Seuil, 2006.

Mosse, Werner E., ed. *Second Chance: Two Centuries of German-Speaking Jews in the United Kingdom*, Tübingen: Mohr, 1991.

O'Brien, Conor Cruise, *The Siege*, London: Weidenfeld & Nicolson, 1986.

Parkes, James, *The Emergence of the Jewish Problem 1878-1939*, London: Oxford University Press, 1946.

Patten, Chris, *Not Quite the Diplomat: Home Truths About World Affairs*, London: Allen Lane, Penguin Books, 2005.

Phillips, Melanie, *Londonistan*, London: Gibson Square, 2006.

Poliakov, Léon, *Histoire de l'antisémitisme, 1: L'âge de la foi*, Paris: Calmann-Lévy, 1981.

Poliakov, Léon, *Histoire de l'antisémitisme, 2: L'âge de la science*, Paris: Calmann-Lévy, 1981.

Poliakov, Léon, *The History of Anti-Semitism, Vol. IV: Suicidal Europe 1870-1933*, Oxford: Oxford University Press, 1985

Prior, Michael, *Zionism and the State of Israel, A Moral Inquiry*, London: Routledge, 1999.

Raphael, Frederic, *The Necessity of Anti-Semitism*, Manchester: Carcanet, 1977.

Roxburgh, Angus, *Preachers of Hate: The Rise of the Far Right*, London:

Gibson Square, 2002.

Roy, Olivier, *Secularism Confronts Islam*, New York: Columbia University Press, 2007.

Roy, Olivier, *Le croissant et le chaos*, Paris: Hachette Littératures, 2007.

Rubinstein, W.D., *A History of the Jews in the English-Speaking World*, London: Macmillan, 1996.

Ruthven, Malise, *A Satanic Affair: Salman Rushdie and the Wrath of Islam*, London: Hogarth Press, 1990.

Saad-Ghorayeb, Amal, *Hizbu'llah*, London: Pluto, 2002.

Sasson, Donald, *The Culture of the Europeans - From 1800 to the Present*, London: HarperCollins, 2006.

Sen, Amartya, *Identity and Violence: The Illusion of Destiny*, London: Penguin, 2006.

Stephens, Robert, *Political Leaders of the Twentieth Century: Nasser*, England: Penguin Books, 1973.

Sterman, Lionel B., *Paths to Genocide: Antisemitism in Western History*, London: Macmillan, 1998.

Sternhell, Zeev, *The Founding Myths of Israel*, Princeton, New Jersey: Princeton University Press, 1998.

Taguieff, Pierre-André, *L'Imaginaire du Complot Mondial*, Paris: Mille et Une Nuits, 2006.

Thurlow, Richard C., *Fascism in Modern Britain*, England: Sutton Publishig, 2000.

Vidal-Naquet Pierre, *Les assassins de la mémoire*, Paris: La Découverte, 2005.

Waitzfelder, Monica, *L'Oréal Took My Home: The Secrets of a Theft*, London: Arcadia, 2008.

Weber, Eugen, *My France: Politics-Culture-Myths*, Cambridge, Mass.: Harvard University Press, 1991.

Wheatcroft, Geoffrey, *The Controversy of Zion*, Harlow, England: Addison-Wesley Publishing Company, 1996.

Wieviorka, Michel, *La tentation anti-Sémite*, Paris: Laffont, 2005.

Winock Michel, *Nationalisme, antisémitisme et fascisme en France*, Paris: Seuil, 2004.

Wistrich, Robert S., *Anti-Semitism: The Longest Hatred*, London: Thames Methuen, 1991.

찾아보기

■

증오의 세계화

초판 인쇄	2016년 8월 22일
초판 발행	2016년 8월 29일

지은이	데니스 맥셰인
옮긴이	황승구
펴낸이	강성민
편집장	이은혜
편집	좌세훈 장보금 박세중 이두루 박은아 곽우정
편집보조	조은애 이수민
마케팅	정민호 이연실 정현민 김도윤 양서연
홍보	김희숙 김상만 이천희
독자모니터링	황치영

펴낸곳	(주)글항아리	출판등록 2009년 1월 19일 제406-2009-000002호
주소	10881 경기도 파주시 회동길 210
전자우편	bookpot@hanmail.net
전화번호	031-955-8891(마케팅) 031-955-1934(편집부)
팩스	031-955-2557

ISBN	978-89-6735-360-5 03300

글항아리는 (주)문학동네의 계열사입니다.

이 도서의 국립중앙도서관 출판시도서목록(CIP)은 서지정보유통지원시스템 홈페이지 (http://seoji.nl.go.kr)와 국가자료공동목록시스템(http://www.nl.go.kr/kolisnet)에서 이용하실 수 있습니다. (CIP제어번호 : CIP2016019313)